AGORA O MEU CHÃO SÃO AS NUVENS

Hugo Monteiro Ferreira

AGORA O MEU CHÃO SÃO AS NUVENS

As famílias contemporâneas e os desafios na educação de crianças e adolescentes

autêntica

EDITORAS RESPONSÁVEIS
Rejane Dias
Cecília Martins

ASSISTENTE EDITORIAL
Cecília Castro

PREPARAÇÃO DE TEXTO
Cecília Castro

REVISÃO
Deborah Dietrich

CAPA
Diogo Droschi
(Sobre imagem de Adobe Stock)

DIAGRAMAÇÃO
Guilherme Fagundes

Dados Internacionais de Catalogação na Publicação (CIP)
(Câmara Brasileira do Livro, SP, Brasil)

Ferreira, Hugo Monteiro
Agora o meu chão são as nuvens : as famílias contemporâneas e os desafios na educação de crianças e adolescentes / Hugo Monteiro Ferreira. -- 1. ed. -- Belo Horizonte, MG : Autêntica Editora, 2025.

ISBN 978-65-5928-615-7

1. Adolescentes - Comportamento 2. Adolescentes - Aspectos sociais 3. Crianças - Aspectos sociais 4. Crianças - Desenvolvimento 5. Educação - Finalidade e objetivos 6. Escuta (Psicologia) 7. Família e escola 8. Família - Relacionamentos 9. Vulnerabilidade I. Título.

25-287836 CDD-370.11

Índices para catálogo sistemático:
1. Educação : Finalidade e objetivos 370.11

Eliete Marques da Silva - Bibliotecária - CRB-8/9380

GRUPO **AUTÊNTICA**

Belo Horizonte
Rua Carlos Turner, 420
Silveira . 31140-520
Belo Horizonte . MG
Tel.: (55 31) 3465 4500

São Paulo
Av. Paulista, 2.073 . Conjunto Nacional
Horsa I . Salas 404-406 . Bela Vista
01311-940 . São Paulo . SP
Tel.: (55 11) 3034 4468

www.grupoautentica.com.br
SAC: atendimentoleitor@grupoautentica.com.br

Para

Afonso Borges, *meu amigo*

Josete Targino, *minha esposa*

Clara Monteiro, *minha filha*

Talvez seja quando o sentimento de urgência se faz mais premente que convém pôr em jogo uma estratégia da lentidão. Assim, confrontados que estamos, todos, ao fim das grandes certezas ideológicas; conscientes, também, do cansaço que invade os grandes valores culturais que moldaram a modernidade; por fim, constatando que esta última já não tem grande confiança em si mesma, é indispensável recuar um pouco para circunscrever, com maior lucidez possível, a socialidade que emerge sob nossos olhos. Esta, por mais estranha que seja, não pode deixar ninguém indiferente. O observador, o "decididor", o jornalista ou, simplesmente, o ator social, estamos todos implicados por tal emergência. Mas resta ainda saber apreciá-la em seu justo valor. E isso não poderá ser feito se o que está em estado nascente for medido com a base do padrão daquilo que já está estabelecido. O establishment, *com efeito, não é uma simples casta social, é, antes de mais nada, um estado de espírito que tem medo de enfrentar o estranho e o estrangeiro. O bárbaro não está mais às nossas portas, ultrapassou nossos muros, está em cada um de nós. Portanto, de nada serve julgá-lo, ou mesmo negá-lo. Sua força é tamanha que ele seria capaz de tudo submergir. Assim como foi o caso em outras épocas, é melhor compreendê-lo, quanto mais não seja para poder integrar, ainda que homeopaticamente, o inegável dinamismo de que é portador.*

Michel Maffesoli, *Elogio da razão sensível*, 1998.

PREFÁCIO

Ninguém sairá ileso desta leitura, *Agora o meu chão são as nuvens* é de utilidade pública

Há décadas acompanho Hugo Monteiro Ferreira nas suas atividades de pesquisador, escritor, professor e palestrante. São dele, não necessariamente em ordem cronológica de publicação, os livros de ficção *Benedito* (Paulinas, 2005), *Antônio* (Yellowfante, 2024), *Emílio* (Escrita Fina, 2013), *Indira* (Franco, 2017), *Nirtus* (Cortez, 2017), *Os anjos estão de volta* (Giostri, 2015) e *A costureira da Rua Quinze* (Confraria do Vento, 2020). Dele também são os livros teóricos *Infâncias, adolescências e juventudes: a pesquisa transdisciplinar* (CRV, 2021) e *A geração do quarto: quando crianças e adolescentes nos ensinam a amar* (Record, 2022).. Desde o final dos anos 1990, Hugo investiga a saúde mental de crianças, adolescentes e jovens, baseado em aportes teóricos e metodológicos transdisciplinares, tendo destaque para a inter-relação educação e psicologia, áreas de sua atuação profissional.

De certo modo, em 2020, época em que surgiu a ideia da escrita deste livro, fui consultada pelo Hugo: "Você gosta desse título?". De imediato, lhe disse que sim. "É um título poético. Seu novo livro?" Ele me falou que "estava pensando". Depois me confirmou que seria. Desde 2020 sigo a construção do *Agora o meu chão são as nuvens: as famílias contemporâneas e os desafios na educação de crianças e adolescentes.* Cuidadosamente, li cada página, da epígrafe às notas de rodapé, as partes e seus capítulos. Li e reli, porque, à medida que o livro me invadia a alma, meu coração se inundava de emoções e sentimentos nem sempre fáceis de experimentá-los. As minhas memórias foram tomadas pelas falas, pelos depoimentos, pelas reflexões que Hugo traz. "Ninguém sairá ileso desta leitura", eu lhe disse no início de 2025, "seu livro é de utilidade pública."

Quando numa família, não importa a sua configuração, há violência, toda a gente daquele grupo social é afetada. A afetação, nesse caso, é negativa e anuncia sofrimento, muitas vezes adoecimento psíquico. Trabalho com crianças e adolescentes há mais de três décadas, conheço vivências infantojuvenis diversas, já ouvi muitos desabafos assustados, muitas confissões confusas, muitos pedidos de ajuda, muitas inquietações. Nenhuma dessas escutas, absolutamente nenhuma, se distanciava das famílias das garotas e dos garotos que me confiavam as suas dores, as suas intranquilidades, as suas tentativas de sobrevivência. É verdade o que Hugo afirma: "As famílias necessitam entender que a rigidez, a prescrição, a dominação e a disciplinarização são um grande equívoco".

Existimos num tempo de *incertezas*, *imprevisibilidades*, *inseguranças* e *descontroles*. Um tempo em que crianças e adolescentes convivem diariamente com violências simbólicas, psicológicas e físicas dentro de casa; em que somos assaltados por notícias aterrorizantes de pais e mães que ceifam a vida de seus filhos e de suas filhas, que abjuram da condição parental em nome de um *ethos* vil e bárbaro. Vivemos num tempo em que as casas, cronotopia da seguridade, podem também ser vistas como ambientes perigosos ao desenvolvimento saudável dos meninos e das meninas. Na verdade, como lugares letais. Neste livro, Hugo enfrenta essa discussão e expõe o que ocorre a portas fechadas nas casas.

A partir de dados coletados por meio de observação exploratória, de entrevistas e de rodas de discussão, o autor traz à tona temas que denunciam o machismo, a situação vulnerável de meninas ameaçadas pela vilania de meninos educados sob a regência do patriarcalismo e do masculinismo. Em todos os capítulos, o que lemos nos é fulcral na educação atual de nossos filhos e de nossas filhas. É essencial lermos *Agora o meu chão são as nuvens* cientes de que estamos diante de uma obra de interesse público, pois suas informações não devem ser desconsideradas no processo de educação parental e nas organizações sociais de modo geral, nas esferas individuais e coletivas, privadas e públicas.

As nuvens – esses elementos voláteis, inconstantes, instáveis –, vistas neste livro como chão impermanente, também evocam o *cloud computing*, a engenharia computacional criada para definitivamente alterar a noção de memória, de comunicação, de socialização, de informação. No mundo das nuvens, nossos dados são armazenados e podem ser utilizados de forma nem sempre ética, cuidadosa, protetiva. O universo das nuvens, nos dias de hoje, interfere diretamente na educação de crianças e adolescentes. A interferência em questão, caso não seja devidamente analisada, pode repercutir na vida de nossos filhos e de nossas filhas, trazendo para toda a família problemas complexos.

Nas nuvens, dentro das plataformas digitais, sem que as famílias se deem conta, meninas são vítimas de criminosos – que, por sua vez, muitas vezes são adolescentes e jovens. Hugo os chama de *jokers*. São coringas adoradores de toda sorte de violação de direitos humanos, misóginos, racistas, articuladores e executores das mais profundas crueldades contra meninas e mulheres, escolas, minorias de modo geral. Esses meninos estão envoltos em ideologias nominadas por *incel* e *red pill*, que pregam ódio às mulheres. Os *jokers* estão dentro das casas, agindo, tramando, sem que as famílias os vejam, os percebam, os impeçam. Os algoritmos das inteligências artificiais retroalimentam, de modo recursivo, esse cenário dantesco.

Nos meus muitos anos de convivência com famílias, escolas, crianças e adolescentes, testemunhei negligência, descuido, desamparo, desamor para com crianças indefesas e adolescentes sendo desrespeitados. De fato, as famílias, quando não são boas, são terríveis à vida das pessoas. Hugo nos explica que não existem famílias perfeitas, que modelos universais de famílias são falácias, que a diversidade faz parte da configuração familiar, que o importante não é o modelo da família, mas a maneira como a família cuida, ou seja, como se preocupa em educar de modo amoroso, empático e compassivo. Ele explica que, em ambientes violentos, acontece o oposto, e é adoecedor.

Agora o meu chão são as nuvens é muito importante, entendo que deve ser lido pelo maior número de leitores e leitoras possíveis. Apresenta um diagnóstico difícil, entretanto também traz sugestões de saídas para o cenário desafiador. Hugo nos diz que são imprescindíveis o diálogo, a escuta, o acolhimento, a empatia, a compaixão, a amorosidade, a ideia de espiritualidade (sem confundir com religião) na educação de crianças e adolescentes nos dias atuais. Confesso que me emocionei em muitos momentos da leitura, que me indignei, que quis denunciar tantas violências contra meninas e meninos, impedir tantos maus-tratos. Depois que li, não sou mais a mesma, e espero que agora eu consiga, senão andar tranquilamente sobre as nuvens, não me iludir com chãos firmes, com certezas deterministas.

Leia este livro e o difunda. Vamos fazer uma grande rede protetiva de crianças e adolescentes, fortalecer famílias saudáveis, combater parentalidades violentas, lutar pelas regulações da internet, enfrentar ideologias masculinistas, educar meninos sensíveis, garantir seguridade às meninas. Acreditar que coletivamente é possível não aceitar a violência como linguagem, que é possível melhorar a vida infantojuvenil e, enfim, ter um mundo melhor, construído a partir de relações familiares respeitosas.

Josete Targino – Educadora
Recife, agosto de 2025

Eu quero conversar com você...

Quando, em 2020, numa noite de muitas incertezas, escrevi "Agora o meu chão são as nuvens", no *status* do meu WhatsApp, lembro alguém ter me indagado: "É o título de algum livro, Hugo?". E eu, de pronto, responder: "Sim, é o título do meu próximo livro". Daquela noite até essa madrugada, na qual escrevo esta introdução, se passaram mais de 5 anos. Nesse meio tempo, publiquei três livros: dois teóricos e um de ficção; morei um ano na Europa; criei, junto com o Fundo das Nações Unidas para a Infância (UNICEF), o Pode Falar; orientei cerca de 12 pesquisas acadêmicas; publiquei mais de oito textos científicos, entre artigos em revistas e capítulos de livros; fiz muitas palestras; dei inúmeras entrevistas; ministrei aulas; e avancei nos meus estudos acadêmicos na interface Educação-Psicologia.

Nesses cinco anos, minha cachorrinha Nina se foi. Minha cachorrinha Nala chegou. Maria Clara concluiu o curso de Direito, se tornou advogada. Josete concluiu o mestrado em Educação, Culturas e Identidades. Fiz tantos trabalhos legais e sempre molhei meus pés nas águas mornas do mar de Manaíra. O tempo passa, a vida caminha. Consegui furar bolhas acadêmicas e me tornei mais frequente no mundo digital. Este universo tão desafiador e, por vezes, inóspito. Por essas caminhadas que fiz pela vida, nas trajetórias, conheci Rejane Dias e, desde a primeira vez que lhe falei sobre o *Agora o meu chão são as nuvens,* ela me disse que gostaria de publicar o livro. Mas eu não sei fazer livro muito ligeiro. Sou do tempo da lentidão.

Falo do tempo da lentidão, sigo o sociólogo francês Michel Maffesoli o qual nos diz que talvez a estratégia da lentidão deva ser acionada quando tudo exigir a rapidez. Pois bem, foi desde sempre, desde ouvir a minha mãe cantando na cozinha de nossa casa, enquanto ela cozinhava, que eu quis ser um homem mais *lento*. A lentidão, nesse caso, me conduziu para o campo do poético, e é por isso que esta introdução é, por assim dizer, poética. Tenho crença de que, sem poesia, a vida é terrível; dura que se faz, violenta que se mostra. O poético, como o espírito lúdico, é, no meu entender, uma saída para as famílias, e eu digo isso ao final do Capítulo 9.

Este livro é uma espécie de conversa, ainda que alguns digam que conversa não é diálogo, entretanto adoro a palavra *conversa*. Ela me remete a uma infância e a uma adolescência nas quais a alegria me habitou a mente e o corpo. O corpo e a mente nem se dividem, mas divido aqui para dar ênfase ao que quero dizer. Eu quero dizer que a tese central deste livro é o resultado de três teses somadas. Na Conclusão, detalho as três teses. Por agora, explicito o somatório das três: *não há chão seguro para educar nossos filhos senão a insegurança que emerge diante de nossos olhos parentais*. Em outras palavras, as famílias precisam aprender que a vida é impermanente, imprevisível, pouco afável a controles rígidos, opositiva a ideias prescritivas, dominadoras e disciplinarizadoras.

A vida nunca é vivida tal qual é desenhada. Crianças e adolescentes não são iguais aos seus pais, às suas mães, muitos menos aos seus avôs e às suas avós. O mundo contemporâneo é como nuvens, volátil, fofo, vulnerável, passível de decomposição e recomposição, de maneira retroalimentada e recursiva, isto é, o mundo contemporâneo é complexo, interconectado, atravessado, transversal, difícil de ser mensurável com regras e réguas prescritivas. O mundo que emerge a cada dia nunca é o mesmo que deixamos ao nos deitar para dormirmos. O chão virou nuvens. Terreno movediço.

As nuvens aqui são vistas de duas maneiras: como espaço impermanente e espaço virtual. O espaço virtual tem relação com as inteligências artificiais, com os algoritmos dessa inteligência. Nossos filhos, sobremaneira aqueles que nominei como geração do quarto, nascem e crescem nesse mundo digital, usam celulares, tablets, microcomputadores, jogam virtualmente, se relacionam virtualmente, namoram virtualmente, conhecem um mundo virtual nem sempre acolhedor e, muitas vezes, regido por violência extrema.

No mundo das nuvens, as famílias, instituição milenar, lidam com o patriarcado, com o machismo, com o masculinismo. Todos esses elementos são destrutivos. Elas lidam com desafios os quais não existiam no passado, visto que esses novos desafios estão tomados pelos elementos do *cloud computer*, dos *bots*, das alexas, das grandes empresas tecnológicas, as quais ganham muito dinheiro na medida em que crianças e adolescentes se tornam dependentes da vida virtual. A família analógica, pais que vieram do século XX, não são letrados em IAs.

Não ser letrada nas novas emergências do mundo contemporâneo no que diz respeito à educação de seus filhos torna a família vulnerável. Sua vulnerabilidade não a isenta da violência da qual há milênios é portadora. As famílias, esse organismo *a priori* protetor, em muitos exemplos demonstrados em números, se mostram perigosas a meninos e meninas. No seio familiar, a violência doméstica contra a mulher violenta também filhos e filhas. Meninos dentro de plataforma digitais violentam meninas. Meninos atacam escolas. Meninos masculinistas dizem detestar mulheres. Então eu pergunto: como as famílias contemporâneas educam seus meninos?

A educação de meninos sensíveis é um dos desafios que a vida virtual apresenta à parentalidade. Meninos sensíveis não ofendem meninas e nem acreditam que elas são inferiores a eles. Meninos empáticos e compassivos são educados por pais e mães também sensíveis, também empáticos e compassivos, respeitosos e cuidadosos com a família, com as famílias. Meninas, diante do mundo masculinista, se fortalecem, se coletivizam, aprendem a importância da sororidade. A parentalidade tem uma responsabilidade enorme: *educar para a amorosidade, o que implica não educar para a competição, mas para a colaboração e a cooperação.*

Quando o chão são nuvens, se não estivermos coletivizados, há uma enorme probabilidade de não resistirmos. O coletivo, no sentido de quilombo, apresenta mais probabilidade de sair da areia movediça do que o isolamento dentro dos quartos, solto nos mundos digitais desregrados. Há saídas para as famílias contemporâneas. Eu sei disso desde o dia em que, no *status* do meu WhatsApp, escrevi o título deste livro. As saídas, no meu entendimento, passam por caminhos que incluem equanimidade de gênero, jamais violência doméstica contra as mulheres, escuta sensível e inclusiva de crianças e adolescentes, parentalidade lúcida e assertiva.

Este livro está construído da seguinte maneira: são três partes, nove capítulos, sendo cada capítulo subdividido em tópicos. Ele foi escrito na primeira pessoa do singular e sua linguagem, embora consistente, se distancia de propostas herméticas. Escrevi o livro para conversar com famílias e outras instituições que se relacionem com as famílias, por exemplo as escolas. Os aportes teóricos que fundamentam meus argumentos são interdisciplinares, passando por conhecimentos psicológicos, pedagógicos, sociológicos, históricos, antropológicos, literários. Tento usar as teorias de modo que elas me ajudem a conversar com quem lê.

Em termos metodológicos, várias técnicas de coleta de informação foram utilizadas, todavia, três se destacam: a observação exploratória, a entrevista semiestruturada e as rodas de diálogo. Ao longo do texto, para fins de sustentação de meus argumentos, em várias ocasiões, ilustro os pontos de vista com pesquisas acadêmicas orientadas por mim, em nível de pós-graduação *stricto sensu*, além de me valer de farto material de notícias jornalísticas as quais colaboram para que eu possa exemplificar o que argumento. Entendo que essa tessitura deu certo, funcionou para a construção discursiva do livro.

Nas três partes do livro, em todos os capítulos e tópicos dos capítulos, faço uso frequente de frases entre aspas, que são, de modo geral, discursos diretos de pessoas que foram entrevistadas ou participaram de rodas ou foram observadas ou mesmo que registraram seus discursos em algum órgão de imprensa jornalística. Nesse sentido, peço atenção do leitor para essas falas, as quais são fundamentais para a compreensão do texto.

Com a finalidade de colaborar no aprofundamento de temas que, infelizmente, por conta do tempo e dos objetivos deste livro, não consigo aprofundar, faço vasto uso de sugestão de links de endereços digitais. Eles são relevantes e podem servir para que ampliem seu conhecimento sobre o que apresento em cada capítulo. Mesmo no livro impresso, os endereços digitais podem ser acessados, como é feito quando publicamos artigos em revistas no modelo físico. Os links são referidos em notas as quais se encontram ou no rodapé das páginas ou agrupadas ao final do livro.

Almejo que o *Agora o meu chão são as nuvens* seja, apesar dos temas densos que enfrento na companhia de vocês, leitura que sirva como proposição de saída para o labirinto no qual nos encontramos, quando o assunto é educação de crianças e adolescentes. Seja, pois, este livro, uma espécie de fio de Ariadne, cujo objetivo é nos livrar, a todos, da boca do Minotauro, a fera que, se não soubermos encontrar portas que nos levem para fora do dédalo no qual entramos, certamente não terá clemência, como o bárbaro, citado por Maffesoli, que a tudo fará submergir.

PARTE 1

Do chão seguro às nuvens: as famílias estão diante de desafios

CAPÍTULO 1

O chão seguro das famílias

O chão como certeza

Em 1999, defendi minha dissertação de mestrado em Letras, no Programa de Pós-Graduação em Letras da Universidade Federal de Pernambuco (UFPE). A minha investigação tinha por objetivo geral compreender como a leitura de literatura infantil influenciava na formação conceitual na mente de crianças da chamada terceira infância (6 a 12 anos). O percurso de construção da dissertação foi muito trabalhoso, porém os resultados analisados confirmaram a hipótese central: a leitura de literatura realizada por crianças importa deveras nos processos abstrativos na/da mente infantil. Em outras palavras, ler repercutia na ampliação de nossa percepção, compreensão, interpretação e explicação sobre a realidade.

Em termos metodológicos, trabalhei com estratégias fundamentadas em pesquisas *before and after* [antes e depois], não tão comuns, na época, à área de Letras. Num primeiro momento, as crianças responderam um questionário semiestruturado com 30 perguntas (fechadas e abertas), sendo 15 sobre família e 15 sobre escola. Em seguida, elas passaram por sessões de leitura guiada. Dois livros de literatura infantil foram lidos: *A casa da madrinha* e *A bolsa amarela*, ambos de Lygia Bojunga.[1] Após as sessões, foram feitas 30 perguntas às crianças sobre os temas família e escola.

As crianças envolvidas na pesquisa pertenciam a duas escolas distintas: uma pública e uma particular. Ao todo, 60 participantes, entre meninas

[1] Lygia Bojunga é uma escritora gaúcha, radicada no estado do Rio de Janeiro, autora de inúmeros livros de ficção infantojuvenil, ganhadora dos mais diversos prêmios literários, no Brasil e no mundo.

e meninos, sendo 30 de escola pública e 30 de escola privada. As respostas, antes da leitura, sobre escola informavam de maneira categórica que a escola era um lugar para "aprender coisas certas", "saber dizer a verdade", "respeitar o colega e a professora".

Após a leitura dos livros de literatura, entretanto, as crianças ampliaram o conceito de escola. Assim, já não mais categóricas, diziam que "nem sempre era bom ficar na escola", "a escola também tinha briga, tinha confusão e castigo", "às vezes, a escola era insuportável". A leitura interferiu no modo como as crianças construíram o conceito de escola. Se antes eram categóricas, afirmativas, determinadas no que diziam; pós-leitura, traziam nas falas "dúvidas", "incertezas", "inseguranças".

No mesmo bojo, quando falaram sobre família, antes da leitura, as crianças disseram de forma peremptória que família "é muito boa e divertida", "é legal ficar em casa com a família" e que "somos felizes com a família que temos". Após a leitura, elas ampliaram o conceito, mostrando que não tinham mais tanta certeza em relação ao que disseram antes, "a família é chata também, é barulhenta", "quero ser grande para sair de casa e morar sozinho", "meu pai quer sempre ter razão e não fico feliz por isso".

As respostas das crianças, antes da leitura, surgiram a partir de suas percepções sobre família e escola, todavia, após as leituras dos livros, essa percepção se ampliou e novos modos de compreensão se deram.

O que antes da leitura era "certo", pós-leitura se torna "incerto". A certeza do antes foi afetada pela incerteza do depois. As crianças, no processo de leitura, tiveram contato com um objeto artístico, no caso o texto literário, e, a partir desse contato, mudaram. A certeza, antes tão certa, depois da experiência leitora, já não era tão assim.

Nunca publiquei meu trabalho de mestrado. Terminei o curso exausto, com enorme vontade de me manter distante dos bancos acadêmicos. Um curso dessa ordem, infelizmente, quase sempre nos testa a saúde mental. No entanto, apesar do cansaço, concluí satisfeito, pois sabia que havia encontrado achados para o que eu buscava de forma direta e indireta: *argumentar que a leitura de literatura pode alterar as certezas fechadas que temos sobre a vida e nos possibilita ampliar tais certezas, muitas vezes, desconstruindo-as, mostrando suas vulnerabilidades.*

Durante o mestrado, conheci os estudos de três autores muito importantes na minha trajetória acadêmica, os franceses Edgar Morin e

Michel Maffesoli, e o grego, naturalizado francês, Cornelius Castoriadis. Esses três autores, cada um ao seu modo, convergiam num ponto central: as certezas que temos sobre a vida são construções sociais e históricas, logo não deveriam ser percebidas como verdades antecipadas à própria experiência do viver, como verdades irretocáveis e inabaláveis, como determinismos impostos, como algo impermeável a mudanças.

Assim, quando as crianças me disseram suas opiniões sobre família e escola, antes da leitura, e ampliaram tais opiniões, após a leitura, elas simplesmente tiveram novas experiências que mudaram as suas compreensões sobre a vida e seus desdobramentos. Era exatamente essa hipótese que me guiava no percurso da investigação científica: as crianças mudarão o modo de pensar, sentir e agir se imersas na fantasia do texto multifacetado da literatura. E tais mudanças colocarão em xeque os significados preestabelecidos que muitos querem incutir na educação infantojuvenil.

Boris Cyrulnik, psiquiatra francês, profundo estudioso do tema "resiliência", em seu livro *Falar de amor à beira do abismo* (2006), afirma que nossas vidas são constituídas de incertezas, imprecisões e inseguranças. No entanto, tendemos a crer numa espécie de realidade inquestionável opositiva à fantasia, ao delírio, ao sonho. Nossa crença numa certeza inabalável, numa verdade irrefutável, ignora que, em razão de nossas experiências cotidianas, alteramos as funções psicológicas básicas, porque construímos sentidos sobre a vida, influenciados por elementos culturais que nos são externos. Em outras palavras, nossas certezas podem ser mudadas diante do contato com novos elementos.

Foi exatamente isso que eu vi acontecer com aquelas garotinhas e aqueles garotinhos das cidades de Recife e de Olinda. Num primeiro momento, pareciam certos do que diziam, afirmavam o que acreditavam, defendiam veementemente suas ideias. Depois da experiência com as sessões de leitura, as certezas, antes tão concretas, foram se desmanchando, ideias novas foram aparecendo e conflitos surgindo. O que era antes não se sustentava mais no presente. As certezas não eram exatamente sólidas, mas plásticas – pensei ali no final dos anos 1990.

Entre os anos 2000 e 2002, a convite da Secretaria da Mulher do município de Jaboatão dos Guararapes, coordenei uma pesquisa cujo objetivo central era analisar como a violência doméstica contra mulheres interferia diretamente no processo de aprendizagem de crianças escolares.

Em razão da natureza da pesquisa, precisei entrevistar mulheres vítimas de violência doméstica. Ao todo, participaram do estudo 15 mulheres. Todas elas teriam garantidos o anonimato e a confidencialidade de seus depoimentos. No entanto, para efeito de estudos científicos, com os ajustes éticos necessários, eu poderia publicar trechos das falas.[2]

Uma dessas mulheres entrevistadas foi a Abgail dos Santos Silva, 37, moradora do bairro Piedade. Ela tinha duas filhas. Ambas com dificuldades de aprendizagem. As entrevistas foram realizadas de modo individual e, embora elas transcorressem de maneira semiestruturada, havia espaço para, na interlocução, as entrevistadas falarem sobre suas experiências de vida, recorrendo a memórias da infância e da adolescência.

Num desses momentos, certa vez, Abgail me disse que não gostava de falar de sua infância e de sua adolescência, pois, quando era criança, o chão no qual pisava parecia brasa de carvão que lhe queimava os pés, mas tinha de pisar. "Tudo na minha casa era ordem, ditado, rígido. Meus pais acreditavam que a gente precisava seguir num trilho de trem, sempre em frente, sem sair da linha, pisando firme feito soldado de quartel. A minha infância foi de muita violência."

A família da qual Abgail fazia parte, estruturada de modo triangular pai → mãe → filhos, acreditava que a educação dos filhos precisava ser fundamentada na crença das certezas inabaláveis, das verdades inverificáveis. "Lembro que minha mãe tinha um caderno com várias regras anotadas. Ela dizia que foi a mãe do meu pai que lhe deu. Eram regras de como segurar o marido e educar os filhos. Minha mãe dizia que fazia tudo conforme aprendeu. Segundo ela, dava certo. Minha mãe escondia de nós a violência do meu pai." A mãe de Abgail sofria violência doméstica, porém entendia que "ele é bom, mas eu tenho de fazer a minha parte". Abgail cresceu em um lar com essa crença.

As crenças, nos ensina Aaron Beck,[3] criador da TCC,[4] podem ser nucleares/centrais ou adjacentes/subsidiárias. Elas interferem em nossos

---

[2] Os nomes dos/das participantes e dos bairros aqui citados foram trocados para assim garantir o sigilo, conforme acordo ético.

[3] É possível ler informações mais aprofundadas sobre o psicólogo Aaron Beck, criador da TCC, neste link: https://iptc.net.br/aaron-beck/. Acesso em: 4 ago. 2025.

[4] TCC – Terapia Cognitivo-Comportamental. Abordagem da Psicologia, reconhecida internacionalmente e, no Brasil, validada pelo Conselho Federal de Psicologia (CFP).

pensamentos, nossas emoções e nossos comportamentos. Certamente, a mãe de Abgail, com sua crença de que tinha de seguir regras para que tudo funcionasse bem no seu casamento, tinha pensamentos e emoções que repercutiam no seu comportamento. "Ela era uma mulher amedrontada, ainda que fosse cuidadosa com a casa. Nada fazia se meu pai não lhe autorizasse. No tal do caderno dado pela minha avó, existia uma regra: é o varão quem dá a última palavra."

As filhas de Abgail, uma de 10 e outra de 11 anos de idade, muitas vezes, viram a mãe ser agredida pelo pai delas. Um homem violento e covarde, como Abgail o descrevia. "Eu acreditava que um homem como ele, religioso, estudado, de família conhecida, fosse ser meu príncipe. Mas essa certeza deixou de existir, já na lua de mel, quando ele me deu o primeiro tapa. Nem gosto de lembrar." As crenças de Abgail sobre o modelo de homem e de marido e as crenças amparadas nas suas referências familiares levaram-na a acreditar numa miragem, como ela mesma me disse. "Aprendi, desde cedo, que o homem para marido era o provedor, o resolvedor. Mas eu estava enganada. Isso era errado."

Foram anos sendo violentada pelo próprio marido. Como no ciclo de violência contra mulheres, o agressor violenta e depois, usando de estratégia também violenta, responsabiliza a mulher pelas agressões das quais ela é vítima, finge redenção e, num momento seguinte, volta a violentar. A mulher, de modo geral, não consegue sozinha sair dessa prisão. Muitas que entrevistei saíram quase à beira da morte, marcadas no corpo pela misoginia e pelo machismo. No caso de Abgail, seu corpo também trazia registros das inúmeras violências pelas quais passou. "Ele parecia um príncipe de conto de fadas, mas era um homem ruim. Nada de príncipe. Era um cururu. Isso sim."

Em 2021, publiquei um livro de ficção chamado *A costureira da rua quinze*. Nesse livro, uma personagem era vítima de violência doméstica e, em nome da sua filha, conseguiu reagir e enfrentar o agressor. De alguma maneira, Abgail também conseguiu reagir, assim como a minha personagem. A reação de Abgail, todavia, veio a partir da escola de suas filhas. Numa manhã, por meio do programa de busca ativa da escola, havia dias que as meninas faltavam à aula, Abgail, fisicamente machucada, pediu socorro. "Eu vi que era aquela a minha chance, senão ele me mataria na frente das meninas. Eu tinha muito medo dele. Mas aceitei a ajuda na busca ativa e procedi à denúncia."

Nos anos 1990 e 1991, as leis 8.069[5] e 8.242[6] deram início ao sistema de garantia protetiva a crianças e adolescentes. Em razão dessas legislações, as filhas de Abgail, como todas as crianças e os adolescentes brasileiros, se tornaram, de fato – pois já eram de direito, desde a Constituição Federal de 1988 –, prioridades para o Estado.

Proteger mulheres vítimas de violência doméstica implica proteger crianças e adolescentes pertencentes a famílias nas quais esse tipo de violação aos direitos humanos aconteça. Abgail foi educada para aceitar as regras impostas pelo seu marido e, mesmo se submetendo, não foi assassinada por pouco. "Ele está preso por tentativa de homicídio. Respiro aliviada."

Muitas vezes, quando pensou em denunciar seu agressor, Abgail ouviu de pessoas próximas, pessoas da sua família, "você precisa saber lidar com o temperamento do seu varão, ele melhora com o tempo. Ruim com ele, pior sem ele". Abgail se casou certa de que sua vida seria um conto de fadas, mas essa certeza se desfez e o chão firme que imaginou pisar, que acreditou que seria o espaço para a construção de uma família sólida, foi detonado pela violência da misoginia, do machismo, da covardia, no patriarcado. "Desde a lua de mel que eu entendi o quanto as minhas certezas eram frágeis e o perigo de se acreditar em algo idealizado, mas escapei. Estou aqui."

Abgail, na ocasião das entrevistas, cursava Direito e pretendia advogar em prol das mulheres vítimas de violência.

Entre os anos 2003 e 2005, realizei uma pesquisa com famílias de crianças e adolescentes vítimas de *bullying* e *cyberbullying*. Na época, conheci Expedita, uma das 27 mães entrevistadas. Logo no nosso primeiro contato, Expedita me disse: "Fui criada para pisar em chão firme, sólido e forte, mas meu pai errou feio, a gente não sabe o que vem pela frente. A vida é movediça", "Passei minha infância, minha adolescência e parte da minha juventude ouvindo do meu pai o seguinte: o certo é certo, o errado é errado, quem tem cabeça nas nuvens é artista, gente normal pisa

[5] Lei que cria o Estatuto da Criança e do Adolescente. Importante legislação no que diz respeito ao sistema de proteção legal de crianças e adolescentes.

[6] Lei que cria o Conselho Nacional dos Direitos da Criança e do Adolescente (Conanda) dando continuidade ao que estava previsto na Constituição Federal de 1988 e na Lei n.º 8.069, sobre a proteção integral de crianças e adolescentes.

firme no chão" e "Não era só meu pai que pensava assim, meu tio também pensava assim".

Expedita tinha toda razão, "a vida era movediça", logo, o binarismo apresentado por seu pai não passava de pura escolha parental. "Depois, percebi que o jeito de educar do meu pai era um jeito que não se parecia com todos os modelos. Meu pai gostava de dividir a vida em caixinhas: o do bom e o do mau, o do grato e do ingrato, o do homem e o da mulher, o do verdadeiro e do mentiroso. Ele era assim." Numa família binária, tudo é organizado para que o erro seja abolido, para que o equívoco não ocorra, para que a certeza se mantenha como pedra estrutural da casa, do lar.

"Na minha casa, errar significava cometer um pecado. O pecado, para a minha família, era sinônimo de desalinho, de desacerto, de coisa ruim. Eu, muitas vezes, apanhei porque errei. Mas sempre que eu apanhei, não me abstive do erro. Fui errada a vida toda. Essa foi a minha sina." Certa vez, a filha de Expedita[7] foi categorizada como a autora de um *bullying*. "Engraçado que tentei ensinar a minha filha a fazer diferente do que aprendi com os meus pais, mas ela, a minha filha, copia o modelo do pai dela: um bosta que tem o preconceito como forma de vida. Deus me livrou dele."

Sem dúvida, o preconceito é a base do *bullying* e do *cyberbullying*, e crianças e adolescentes, quase todo o tempo de seu desenvolvimento, copiam, como nos explica Albert Bandura,[8] os modelos parentais os quais julgam mais condizentes com o contexto em que vivem. Uma criança autora de *bullying* deve ter aprendido, em casa ou mesmo na escola, que não há problema em discriminar, segregar, vilipendiar, desde que se faça isso com quem pareça "errado". O *bullying*, praticado pela filha de Expedita, advém da ideia binária: o errado é para ser eliminado. "Todo mundo chama a Catarina de burra. Não sou só eu. Eu chamo, mas as outras colegas também chamam, e ela nem liga. Ela não sabe responder as perguntas da professora." Essa fala me foi dita pela filha de Expedita, quando, com a autorização de sua mãe, conversei com ela.

---

[7] Expedita havia sido casada, mas à época das entrevistas estava divorciada e a guarda de sua filha era compartilhada com o seu ex-marido.

[8] Teórico do desenvolvimento humano, autor de uma teoria cuja base de sustentação se explica pela modelação e modelagem do comportamento. Crianças e adolescentes se espelham nos modelos que veem, com os quais lidam ao longo de sua formação.

Na lógica binária do certo e errado, a certeza que a filha de Expedita tem é a seguinte: *se Catarina não responde o certo, Catarina é errada. Como o erro é o incerto e o incerto não é bom, então, Catarina não é boa. Portanto, Catarina deve ser excluída.* O pai da garota, segundo ela própria, era o seu exemplo mais exato: "Meu pai me disse que é assim mesmo. Que Catarina é fraca. Eu não fiz mal a ela. Ela é chata. Uma fraquinha. Quero mais falar com ela não". Catarina, na visão da autora do *bullying*, é uma "colega fraca" e os fracos não merecem ficar entre os fortes.

A fraqueza humana é uma característica desprezada por famílias imbuídas das crenças fundamentadas em certezas concretas, aquelas que servem de chão, de trajeto, de roteiro para a educação dos meninos e das meninas. "Quando ouvi os absurdos ditos por minha filha a sua colega, quase desabei, mas a verdade é que ela reproduzia a fala do meu ex-marido e, de algum modo, a fala de meus pais." Expedita tentava rever o processo educativo de sua filha, mas o ex-marido seguia uma linha que dizia: *eu ensino aos meus filhos o que aprendi com os meus pais e isso é o certo. Assim é para ser. Tudo já consolidado.*

Em 2007, ocasião em que defendi a minha tese de doutorado, no Programa de Pós-Graduação em Educação da Universidade Federal do Rio Grande do Norte, expliquei, no meu trabalho acadêmico, que o binarismo era a base para um grande problema na educação escolar de crianças e adolescentes, pois estabelecia, de maneira irrefutável, dois lados oponentes e excludentes: ou Catarina era certa ou Catarina era errada. Sendo errada, não deveria ser respeitada pelos que eram certos. No percurso metodológico da minha pesquisa, passei mais de 12 meses, acompanhando cerca de 40 crianças, numa escola pública do município do Cabo de Santo Agostinho, em Pernambuco.

Mediei sessões de leitura com o livro *Tchau* (2024), de Lygia Bojunga. O objetivo geral da minha tese era analisar se, por meio da leitura de literatura, seria possível proporcionar, a crianças de 9 e 10 anos de idade, um ensino transdisciplinar, isto é, diferente de um ensino binário, dicotômico, fragmentado. A transdisciplinaridade compreende que o binarismo é uma falácia ideológica e histórica, e a crença de que é possível entender e explicar a vida sob a regência de dois lados, opositivos e excludentes, se esvai à medida que vemos o quanto o próprio funcionamento individual e coletivo do humano é complexo, em rede e interconectado.

A filha de Expedita aprendeu que o certo era opositivo ao errado e, por isso, se alguém é qualificado como errado, não há qualquer problema em eliminar esse alguém do grupo dos certos. Nesse sentido, famílias que separam a vida em dois blocos: o correto e o incorreto, tendem a classificar, a partir de qualificações, aquilo que deve constar no bloco do correto e aquilo que deve constar no bloco do incorreto. Geralmente, essas famílias separaram a razão da emoção, priorizando elementos cognitivos em detrimento de elementos afetivos. Foi o que identifiquei na minha pesquisa de doutorado: o binarismo propõe dois lados, precarizando um e ovacionando outro.

Lindsay C. Gibson, em seu livro *Filhos adultos de pais emocionalmente imaturos: como se curar de pais que rejeitam ou que são distantes e egoístas* (2021), nos explica que é possível perceber que o estilo parental desses pais "distantes e egoístas" se fundamenta numa lógica binária, pois, para eles, ou o filho é a cópia do projeto sonhado ou esse filho não lhes serve, não os representa. "Eu também não quero que meu pai fique com raiva de mim", me disse a filha de Expedita. "Eu sei que meu pai gosta que eu seja forte e fique longe dos fraquinhos." No caso, essa menininha aprendeu que, se não for forte, o pai não a amará e que, para ser forte, precisa se afastar dos fracos.

O princípio do forte e do fraco, do bom e do mau, do certo e do incerto, do correto e do errado, do inteligente e do não inteligente se sustenta na disciplinaridade como base epistemológica. Essa ideia de chão como certeza também se sustenta nessa lógica que, no meu trabalho de doutorado, nominei como "disciplinar". Uma lógica opositora e excludente, capaz de criar conjuntos, categorias, blocos, qualificações, tudo para dizer o que é viável e o que não é viável na vida e em todos os seus desdobramentos. "Meu ex-marido é um adulto com mais de 40 anos, mas se comporta como se estivesse com 15. Errei feio. Mas era o pai da minha filha", me contou Expedita.

É Gibson quem diz: "Crescer em uma família com pais emocionalmente imaturos é uma experiência solitária. Esses pais podem parecer e agir dentro da normalidade, cuidando da saúde física dos filhos e lhes assegurando alimentação e segurança. No entanto, se eles não estabelecem uma conexão emocional sólida, a criança sentirá um vazio no lugar da segurança real" (2021, p. 17). Famílias defensoras do chão como certeza tendem a negligenciar as emoções de seus filhos, pois entendem que elas não são parte relevante da vida humana e devem secundarizar as emoções e os sentimentos, posto que o importante mesmo é a razão.

Durante a pesquisa para o meu doutoramento, vi muitas crianças sedentas de cuidados emocionais, entregues à sorte, sem amparo da família no que dizia respeito ao medo, ao desgosto, ao desespero, à angústia, à inquietação, à raiva, à destemperança. As crianças pareciam atravessar problemas na sua saúde mental que estavam relacionados tanto a elementos socioeconômicos quanto a elementos socioemocionais. Lembro-me, numa das sessões de discussão sobre as estratégias de saída para os problemas enfrentados por Rebeca, a personagem central de *Tchau*, de uma criança me dizer: "Essa menina foi abandonada, disso eu entendo bem, tio Hugo".

Numa família cuja base é a suposta certeza inabalável – é o chão sólido, a segurança evidente, a recusa ao erro, ao inseguro, ao incerto –, é provável que a negligência emocional dos pais seja travestida de atos de abandono, rejeição e descuido. Percebo que essas crianças são rejeitadas pela família, mas a própria família não percebe que o que faz é mesmo a rejeição. "Mas por que rejeitam os seus filhos?", perguntei à professora Antônia, docente regente que me acompanhou durante a construção dos meus dados para a minha tese, e ela de imediato me respondeu: "Esses meninos não são exatamente o que os pais desejaram. Essas meninas e esses meninos são como podem ser. Os pais queriam outros filhos, mas vieram esses".

Adalto foi um pai que se dispôs, durante as entrevistas na pesquisa de doutorado, a me contar como era a sua compreensão em relação a sua filha: "Ela é diferente da filha que eu queria, não gosta de estudar, não quer me obedecer, fica o tempo todo de conversa na escola, é um problema, mas eu gosto da minha filha. Tenho de gostar, né?". Era evidente que Adalto se preocupava com a filha, queria seu bem-estar, entretanto, sua fala escancara o seu pensamento em relação à frustração de não ter na sua filha o modelo de menina que ele esperou, idealizou e sonhou. A realidade o frustra e, evidentemente, isso mexe na relação com a sua filha.

Em 2019, uma aluna minha de mestrado, Michely Almeida,[9] investigou como professores, em sala de aula, costumam prever modelos idealizados de crianças e se decepcionam quando percebem que as crianças

[9] Mais adiante, voltarei a falar do trabalho de Michely Almeida. A sua dissertação de mestrado apresentou um qualificado estudo.

reais, aquelas que realmente se mostram na convivência em sala de aula, não são a réplica perfeita do modelo internalizado e esperado por eles. A pesquisa de Michely nos mostra que há uma diferença importante entre a criança de carne e osso e a criança que temos como referência em nosso modelo cognitivo. A certeza de que a criança real deve ser similar à imagem que temos dela em nossa mente nos leva a práticas de violação.

O chão como certeza é um entendimento construído social e historicamente, nos explica Edgar Morin em seus estudos. Com base nesse entendimento, as ditas famílias civilizadas se originaram. Em seu livro *A origem da família, da propriedade e do Estado* (2024), Engels nos lembra que "família" advém do latim *famulus*, que quer dizer "escravos domésticos". Ainda segundo o autor, a palavra "família" foi inventada pelos romanos para "designar um novo organismo social, cujo chefe mantinha sob seu poder a mulher, os filhos e certo número de escravos, com o pátrio poder romano e o direito de vida e de morte sobre todos eles" (Engels, 2024, p. 70).

Nesse sentido, o chão firme da família que emerge no mundo dito civilizado é patriarcal, ou seja, é dominado pelo masculino em detrimento do feminino, logo, em detrimento também das infâncias, das adolescências, das juventudes. Todas as vezes em que Abgail foi agredida, também foram agredidas as suas filhas. A agressão doméstica à mulher é a violação aos filhos e às filhas. Bessel Van Der Kolk (2020), médico psiquiatra, quando nos ensina que o trauma atinge não somente a mente, mas o corpo, explica que a maioria das crianças que experimentam violência doméstica em suas casas – mães agredidas por pais, por padrastos – desenvolvem estresse pós-traumático e não conseguem crescer de maneira saudável.

O sociólogo francês Pierre Bourdieu (2024) afirma que a lógica patriarcal é ornada por um tipo de violência imperativa, mas sutil; ostensiva, mas espreitada; letal, mas silenciosa. Uma violência a qual Bourdieu nomina como "simbólica". Essa violência simbólica se dá exatamente em modelos familiares cuja organização é amparada nas regras, nas normas, nas condutas preestabelecidas, certas, aquelas que não devem ser alteradas, pois fazem parte da tradição. O chão como certeza é um chão da tradição. As orientações parentais, nesse caso, não devem ser postas em causa, porém cumpridas, executadas. Foi o que Expedita assinalou: "Aprendi que filho cumpre ordens de pais".

O princípio da certeza como método de educação parental se fundamenta no binarismo como episteme e opera através de quatro estratégias educativas: a rigidez, a prescrição, a dominação e a disciplinarização. Nos próximos tópicos, tratarei dessas quatro estratégias educativas.

Para ilustrá-las, tenho a colaboração de duas mães, Carmem e Miriam, e de dois pais, José e Afonso. Essas quatro pessoas participaram de estudos que realizei, entre os anos 2014 e 2019, sobre a inter-relação da experiência dos pais e das mães, quando eram crianças e adolescentes, na educação de seus filhos e suas filhas. Como já explicado, o acordo ético, entre mim e os entrevistados, prevê o anonimato, por isso a utilização de pseudônimos.

A rigidez

Em 2015, fui coautor de um artigo científico, publicado na revista digital do Laboratório de Artes Visuais (LAV),[10] no qual analisamos a diferença, em termos conceituais, entre rigor e rigidez. Na ocasião, argumentamos que a rigidez, seja em que circunstância for, implica a inflexibilidade, a imobilidade, a não contextualização. A rigidez na educação, familiar ou escolar, se desdobra em violação dos direitos humanos, pois implica a imposição de ordem, sem que essa ordem tenha sido devidamente acordada. Uma ordem imperativa, sem espaço para revisão. Nesse sentido, o uso da rigidez é sempre o uso da violência como estratégia educativa.

Carmem Oliveira, a professora de 47 anos que me concedeu entrevista acerca de como havia sido a sua infância e a sua adolescência em relação à educação familial, me disse que as orientações de seus pais eram fundamentadas a partir de duas regras: a) respeitar as hierarquias e b) silenciar diante das ordens dadas, para não desrespeitar pai e mãe. "Na hierarquia de minha casa, meu pai ocupava o posto mais alto, logo a seguir minha mãe e depois meus irmãos. A mim, como filha, cabia o posto base. Isso queria dizer que eu ouvia ordens de todo mundo. Cresci escutando ordens, nem sempre dadas com calma."

Num modelo rígido de família, a hierarquia se materializa similar a uma pirâmide estruturada assim: o pai está no ápice, a mãe vem mais abaixo, os filhos no meio e as filhas na base. A ordem é dada de cima para baixo, logo, as meninas são educadas para obedecerem às ordens de quem ocupa lugares acima delas. Não questionar a hierarquia é uma das condições para que a harmonia reine dentro de casa. Tudo funciona bem

---

[10] Machado; Monteiro, 2015.

quando cada membro da família sabe o seu lugar, sabe as suas atribuições, cumpre as suas funções e segue sem causar sobressaltos. Em modelos assim, o pai é o mandatário central e dele emergem as ordens que deverão ser cumpridas.

> Na minha casa, a minha opinião não tinha qualquer valor. Lembro que, quando eu tinha 12 anos de idade, minha amiga Márcia faria aniversário e meus pais me impuseram vestir uma roupa, calçar um sapato, na cor que eles achavam melhor, no modelo que eles entendiam como mais adequado. Na época, lembro que algumas colegas minhas escolhiam seus vestidos, mas, no meu caso, eles escolhiam por mim. Quando perguntava se podia escolher, sempre ouvia que eles só queriam o meu bem. Eu fui costumeiramente silenciada (Carmem, 47, professora).

Na música "Minha alma (A paz que eu não quero)" (1999), o grupo O Rappa canta que "paz sem voz / não é paz / é medo". Numa família na qual a rigidez é um elemento fundamental no estilo parental, a probabilidade de que a pacificação em casa seja uma farsa é bastante significativa. O medo instituído gera o silenciamento diante das ordens dadas. Silenciar, no caso de uma família rígida, nada tem a ver com escolha voluntária, mas sim com estratégia de sobrevivência. O silenciamento sobre o qual Carmem fala é uma técnica usada na metodologia educativa, ou seja, na metodologia do estilo parental.

> Foi difícil viver a infância e a adolescência como se fosse uma lagartixa, balançando a cabeça, consentindo com aquilo que era dito. Por exemplo, eu detestava ter de ir à igreja nos domingos, preferia ficar em casa, lendo, estudando, mas, em nome da tradição, me calava e fazia como eles queriam. Eu não tinha escolha. Era ficar calada e fazer o que se mandava, pois a ordem vinha de cima, do meu pai, o chefe da casa, o provedor, aquele que sabe resolver os problemas, e a sua resolução implica sempre determinar o peso do problema, a dimensão do problema, o próprio problema. Meu pai era cansativo (Carmem, 47, professora).

Para que a hierarquia se mantenha de modo aparentemente harmonioso, é preciso que na dinâmica familiar o silenciamento esteja atrelado à submissão. Diante da ordem dada, muitas vezes disfarçada de pedido, não havendo questionamento, ainda que existisse discordância, haveria cumprimento da ordenação sem insurreição, sem discussão, sem controvérsia. A submissão regula a explosão da violência. Se tudo for seguido, conforme a ordem dada, provavelmente, a paz parecerá existir dentro de casa, haverá uma pacificação falseada. No entanto, o sofrimento e o adoecimento psíquico, em lares assim, são inevitáveis.

> Meu pai adoeceu a minha mãe, claro que ela também se submeteu, mas hoje eu sei que ele a adoeceu. Era mais calada, não opinava sobre quase nada, não dizia o que queria, não explicitava seus gostos. Não trabalhou. Cuidou dos filhos e da filha. Vi minha mãe morrendo e não consegui fazer nada para impedir. Meu pai também, ele próprio, adoeceu. De verdade, em nossa casa, todos saímos traumatizados com tudo que sentimos. Foi difícil sobreviver numa família com tanta rigidez (Carmem, 47, professora).

Numa família de dinâmica rígida, existe uma insistência hierárquica e impositiva para que seja eliminado daquele seio familial o improviso. A rigidez exige planejamento inflexível e planos de execução dentro de casa os quais não se reconhecem como valiosos e importantes os erros, as falhas, os fracassos, as impossibilidades. Nesse sentido, lares rígidos costumam ser cruéis. A crueldade, na maioria das vezes, se passa por zelo e perfeccionismo, entretanto, é mesmo crueldade.

> Entendi ainda criança que era importante fazer tudo conforme estava previsto, planejado, organizado, e que deveria errar o mínimo possível, pois erro, como explicava meu pai, trazia prejuízo de todas as formas. Se errava algo, tremia de medo de dizer. Uma vez, tive tanto medo de falhar que acabei fazendo xixi na roupa. Eu já era crescida. Um pavor me tomava quando eu supunha que não agradaria minha família. A família que detestava improviso (Carmem, 47, professora).

Em seu livro *A instituição imaginária da sociedade* (1983), Cornelius Castoriadis entende que modelos societários rígidos são modelos tecnicistas para os quais as subjetividades humanas devem ser tratadas como desvios e tais desvios devem ser combatidos, tendo em vista que desviar do previsto, do planejado, é pôr em xeque a instituição social feita para funcionar adequadamente. O xixi de Carmem, numa proposta rígida, é a inadequação, a incompatibilidade, a disfunção.

> Todas as vezes em que errei perguntas relacionadas, por exemplo, a disciplinas escolares, eu fui colocada de castigo em minha casa. Obrigada a ler e reler os conteúdos, até não dizer nada que se parecesse diferente daquilo que estava trazido nos livros. Lembro que me diziam que ficar de castigo iria me ajudar a não brincar quando estudasse, porque, embora não fosse, para uma mulher, estudar tão importante quanto para um homem, visto que eu iria casar e meu marido me sustentaria, eu precisava dar exemplo, para não ultrajar a tradição da família (Carmem, 47, professora).

As normas e as regras na casa de Carmem pretendiam que, qualquer forma de equívoco, por parte dela, fosse corrigida, fosse evitada, uma vez que, sob tal ótica, errar implicava não alcançar os objetivos determinados e correr o risco de improvisar, de não saber metrificar o que era para acontecer. Uma espécie de causalidade inequívoca: se Carmem estuda, Carmem alcança notas altas. Sob essa premissa, nada existe em Carmem, ao menos não deve existir, que venha impedir que o processo se dê desse jeito.

> Quando eu fui crescendo, percebi que essa rigidez da minha família era também medo. Meu pai tinha medo, ainda que nunca tenha ousado falar sobre isso, de que eu fracassasse. O meu fracasso era o fracasso do sobrenome e isso, para o meu pai, talvez fosse mais grave do que uma doença incurável. Lembro minha mãe dizer: estude muito, não queremos passar vergonha com a nossa única filha. Meus irmãos todos fizeram carreira militar e seguiram de ITA para cima (Carmem, 47, professora).

Em modelos familiares rígidos, nos quais o erro é rejeitado, há uma probabilidade muito grande de que, no seio dessa família, a mentira, a dissimulação, os mascaramentos passem a ser estratégias de sobrevivência. A rigidez pode fabricar a falsidade. Nesse sentido, para evitar punições, castigos, constrangimentos, é possível que crianças e adolescentes faltem com a verdade, escondam o que pensam, o que sentem, a realidade e os fatos ocorridos, criem situações e arquitetem ludibriações.

> Não tenho acanhamento em dizer, eu menti muito dentro da minha casa. Quantas vezes fui para um lugar e disse que ia para outro. Tirei dinheiro

> escondido da carteira do meu pai. Fumei em becos do centro da cidade. Me deitei com meninos e com meninas. Fazia isso, mas, em casa, perto dos meus pais, eu nem abria a boca. Eu não tinha escapatória. Ou era assim ou era viver praticamente enclausurada. Nunca quis ser freira (Carmem, 47, professora).

Em seu livro *A bolsa amarela* (2011), Lygia Bojunga narra a história de Raquel, uma garota que tem três desejos inconfessáveis aos adultos. Para não ser ridicularizada pela família, rígida no seu funcionamento, Raquel esconde suas vontades em uma bolsa amarela e passa a viver peripécias em razão dessa situação. De certo modo, Carmem também esconde seus desejos, suas vontades, mentindo para os seus pais. Ocorre que esse comportamento de Carmem é produzido, assim como o de Raquel, em razão do funcionamento de sua família.

> Eu sentia culpa por mentir, mas eu não tive escapatória. Para os meus filhos, Raquel e Mateus, expliquei o máximo que mentir não é bom caminho, que o melhor, por pior que possa parecer, a verdade nos traz vantagens. Ocorre que eu menti para sobreviver ao modelo opressivo de minha família, mas sofri muito em razão disso. Se sofri (Carmem, 47, professora).

Mentir para existir. A rigidez educa para controlar, porém, à medida que tenta controlar de modo impositivo, faz emergir as dissimulações. No texto "O tutor da minha mãe", Cathi Hanauer (2023) conta-nos que seu pai era um homem autoritário, controlador, rígido e cruel, por vezes. Em razão disso, ela e sua mãe nunca conseguiram ter uma conversa íntima, só elas, entre elas, duas mulheres. O pai, de modo inconveniente e violento, sempre encontrava um jeito de se envolver nos diálogos de Cathi e sua mãe, e a mãe de Cathi jamais conseguiu se opor ao marido, mas fingia estar tudo bem.

> Passei décadas tentando combater o comportamento do meu pai, seu temperamento e volatilidade, necessidade de controlar e dominar. Primeiro em relação a mim, depois em relação a mim e a minha mãe, mas também tentei ter acesso à minha mãe, estar com ela ou mesmo conversar com ela sem que ele estivesse presente (Hanauer *apud* Filgate, 2023, p. 29).

O pai de Cathi Hanauer, assim como o pai de Carmem, queria controlar a família. Os controladores de lares, os fiscalizadores, os determinadores, poderíamos chamá-los assim. A função do controle é evitar que ocorra deslize. Deslizar é tudo o que a rigidez não quer, posto que o deslize é a possibilidade de não cumprir à risca certas condutas, determinadas orientações. Edgar Morin (1999) afirma que um dos maiores objetivos da lógica binária é querer controlar, com vistas a dominar. Certamente, esses modelos paternos aqui referidos almejaram o domínio de suas casas. Dominar, nesse caso, é assujeitar, é não incentivar criatividade, ideias novas, vontades próprias.

> Quando decidi trabalhar, lembro que meu pai, em conversa com meu ex-marido, disse-lhe que não me deixasse voltar muito tarde do trabalho. Mulher que trabalhava gostava de bater perna quando saía do trabalho. Meu ex-marido, por derrota que fosse, discordou do meu pai e fez questão de dizer a ele que eu precisava trabalhar, porque as despesas estavam sempre aumentando. Meu pai argumentou que isso era errado (Carmem, 47, professora).

Num modelo de família rígida, além das mentiras e das escamoteações, é possível que surja um *outsider*, alguém que corre por fora da lógica binária que rege a família. Becker (2021) entende que um *outsider*, ou seja, uma pessoa que não se assujeita às regras impostas pelo grupo no qual ela está inserida, pode ser compreendido como alguém que rompeu com as regras e as normas do grupo.

> Todos os grupos sociais fazem regras e tentam, em certos momentos e em algumas circunstâncias, impô-las. Regras sociais definem situações e tipos de comportamento a elas apropriados, especificando algumas ações como "certas" e proibindo outras como "erradas". Quando uma regra é imposta, a pessoa que presumivelmente a infringiu pode ser vista como um tipo especial, alguém de quem não se espera viver de acordo com as regras estipuladas pelo grupo. Essa pessoa é encarada como um *outsider* (Becker, 2021, p. 17).

Em 2003, no município do Cabo de Santo Agostinho, em Pernambuco, coordenei um projeto com adolescentes que se chamava Jovens em Ação. Ele consistia na construção de mediadores de leitura em bibliotecas.

Meu papel era selecionar e formar adolescentes dos distritos de Pontezinha e de Ponte dos Carvalhos. O projeto tinha por objetivo geral colaborar para que adolescentes periféricos se tornassem pessoas leitoras de livros e, depois, mediadoras de leitura de livros. No bojo desse projeto, mantive contato com muitos adolescentes *outsiders*, advindos de famílias rígidas.

Os adolescentes me diziam que, em suas casas, eram surrados pelos adultos: pai, mãe, padrasto, madrasta, irmão mais velho, avô, avó. Lembro-me de uma adolescente que me disse: "O marido da minha mãe batia e batia em todo mundo da casa e um dia ele disse que ia me matar, porque eu não aceitei o que ele fazia, então minha mãe me mandou sair de casa e eu comecei a roubar". Um outro adolescentes me narrou: "Comecei a bater com força nos menores que eu. Na minha casa, eu era menor e apanhei muito. Aí, pensei que era assim mesmo, mais forte domina mais fraco"; "O meu padrasto queria me fazer mal, então, eu dizia a minha mãe. Ela acreditava nele e me dava pancada sem pena. Aprendi a bater também", me explicou uma das adolescentes ouvidas.

Na maioria das vezes, quem é educado com violência, ao longo da vida, se envolve com violências também. Estudos apontam que crianças e adolescentes vítimas de violência costumam viver experiências traumáticas que se desdobram em relações futuras violentas. No seu livro *Não começou com você: como o trauma familiar herdado nos define e como dar um fim a esse ciclo* (2023), Mark Wolynn – especialista em traumas familiares hereditários – comenta que o trauma causado pela violência nos acompanha e nos faz reproduzir violências similares àquelas pelas quais nós passamos. Foi exatamente o que encontrei nos adolescentes entrevistados: a dor que eles viveram dentro de casa ganhou ares externos em suas vidas.

Carmem, analisando o fracasso do seu casamento e a violência doméstica que sofreu, entendeu que, para sair do ambiente violento de sua família rígida, escolheu, como marido, um homem tóxico, abusivo, parecido, em muitos aspectos, com o seu pai, este também assim. O que acarretou sair de uma história de violação e se manter na violação, porém em outra história. Os adolescentes vítimas de violências domésticas, de alguma maneira, também viverão experiências de violência, seja no âmbito da autodestruição, da heterodestruição ou das psicopatologias, ou mesmo das doenças físicas, como nos lembra Nadine Burke Harris (2019).

> Como a única forma de sair daquela prisão, que era minha casa, seria me casando, fiz isso rápido; sem amor, e tive um casamento repleto de vulnerabilidades. A minha luta, no casamento, era para não reproduzir o modelo rígido de minha família, entretanto, meu ex-marido, ainda que não fosse igual ao meu pai, não me respeitava. Fui vítima de violência doméstica por anos. Até que consegui sair do ciclo. Mas tenho traumas (Carmem, 47, professora).

Famílias rígidas são violentas na medida em que, por meio de hierarquias opressivas, estabelecem relações opressivas. A opressão, travestida de suposta harmonia, se fundamenta na ideia equivocada de que o homem é o senhor da casa, a mulher sua submissa e os filhos e as filhas pessoas sem grande relevância no conjunto familial. A rigidez é aversa à espontaneidade, à leveza, ao improviso. No entanto, são exatamente esses elementos que certamente se opõem à violência, a maior responsável pelos traumas humanos.

A psicanalista Thais Basile, em seu livro *Atravessando o deserto emocional: os impactos de fazer parte de uma família emocionalmente adoecida* (2024), nos diz que as marcas deixadas em nós pelas famílias não são simples de aceitar, entender e anunciar, mas estão guardadas sob a forma de signos, de símbolos, de uma complexa rede de silêncios – estes se manifestam, muitas vezes, somatizados no corpo, traduzidos em doenças orgânicas, em transtornos psicológicos.

Carmem ratifica:

> Tenho, além de traumas psicológicos, traumas corporais, marcas que me seguem no corpo e na alma. Às vezes, em algumas madrugadas, a ausência de sono me assalta, eu não penso duas vezes: pego um pouco de água e tomo o ansiolítico. Acho que, de todo jeito, foram essas químicas que seguraram a minha onda. Difícil falar assim. Mas é o que sinto (Carmem, 47, professora).

A prescrição

Em 1985, eu tinha 14 anos de idade, morava num bairro chamado Casa Caiada, na cidade de Olinda, Pernambuco. Época, por sinal, maravilhosa. Houve uma ocasião em que, por ter levado uma queda de cima de um muro, quebrei meu braço direito e precisei passar quase um mês com ele imobilizado, engessado. Lembro que, durante o tratamento, o médico, nada simpático, me disse: "Vou *prescrever* remédios, e quando um médico *prescreve*, você precisa cumprir tal qual ele *prescreveu*". Não entendi muita coisa.

Na ocasião, eu perguntei a minha mãe o que era prescrever, e ela me respondeu dizendo que "era uma coisa que o médico fazia e que o paciente precisava seguir para tudo dar certo". Tempos depois, eu já adulto, professor da educação básica, numa escola de pedagogia Freinet, ouvi de uma adolescente a seguinte reclamação: "Tem hora que a escola parece um hospital com aquelas receitas prescritas". A prescrição é uma ordenação, uma organização, porém, antes de ser tudo isso, é uma espécie de refutação ao presente.

No livro *Educar na era planetária: o pensamento complexo como método de aprendizagem pelo erro e incerteza humana* (2007), Edgar Morin e autores afirmam que prescrever é inibir a liberdade, visto que não admite a vida como algo que se dá no presente, no aqui e no agora, no momento que se vive. A prescrição teme a emergência daquilo que é novo, daquilo que não é previsto. Uma educação familial prescritiva é, em todos os aspectos, uma educação que aprisiona para evitar a experiência inédita. Famílias prescritivas buscam seguir roteiros preestabelecidos e rígidos.

Em 2018, época em que eu fazia a coleta de dados para a pesquisa que deu origem a este livro, entrevistei Miriam, 52, bailarina, mãe de adolescentes. No nosso primeiro encontro, ela me falou: "Meus irmãos seguiram as orientações da família, eu não segui. Fui ser bailarina. Desde essa época, todas as vezes que tive qualquer natureza de problema, fui advertida pelos meus irmãos em razão das escolhas profissionais que fiz".

Miriam, conforme ela mesma me disse, não seguiu a prescrição familiar e foi punida em razão disso: "Ainda muito jovem, fui convidada a sair de casa. Engravidei do meu primeiro filho. Era adolescente. Foi um horror. Depois, viajei para morar na Argentina, conheci o pai da minha filha, foi bom, mas não seguimos juntos. Para meus irmãos, e também meus pais e tios, sou uma desviada e sempre me olham com olhares críticos. Difícil ser família".

Uma família prescritiva é um grupo social pouco afável à autonomia e à escolha. A maneira como famílias prescritivas atuam na educação de crianças e adolescentes costuma ser demasiadamente tradicional, sem possibilidades de alternativas. Num processo prescritivo, a trajetória de uma pessoa é traçada antes de ser vivida. Em outras palavras, quando pais e mães seguem modelos prescritivos, eles ditam os caminhos que os filhos e as filhas devem seguir. Óbvio que ditar não implica alcançar o que se deseja, entretanto, toda ditadura, seja em que situação for, causa sofrimentos.

Quando a Organização Mundial da Saúde (OMS) publicou, em 1948, o seu conceito de saúde,[11] ficou evidente para o mundo que ter saúde não é tão somente a ausência de doença, mas a presença de bem-estar de ordem biopsicossocial. É evidente que, quando um ser humano é privado de liberdade, esse bem-estar é posto em causa, posto em xeque, logo, em famílias prescritivas, é mais comum que haja, para além do sofrimento, também o adoecimento geral, e o psíquico de modo mais específico. Em ambientes prescritivos, ao contrário do que se pode pensar, há muita tensão silenciosa. "Minha casa era casa de dor e tensão. Meus pais não se davam conta do que faziam. Eles queriam organizar nossas vidas. Houve um momento que meu pai quis escolher com quem eu namoraria. Aí, foi demais. Mas ele não se limitou a querer, fez tudo para conseguir. Foi desastroso. Detestava o menino. A fibromialgia que tenho hoje, acredito ter relação com tanta adversidade enfrentada."

Quatro pilares sustentam o modelo de família prescritiva: 1) a ideia de previsão do futuro; 2) a certeza de que a tradição garante o sucesso; 3) o medo do novo; e 4) a rejeição àquele que decide fazer de outro modo. Ao longo de sua infância e adolescência, Miriam, a bailarina, foi educada sob a regência desse modelo familial. Sem dúvida, um tipo de estilo parental autoritário, logo, violento. No livro *Mal profundo: como nosso corpo é afetado pelos traumas da infância e o que fazer para romper esse ciclo* (2019), Nadine Burke Harris analisa caso de crianças vítimas de prescrições que adoeceram psíquica e mentalmente.

Nadine percebe que a violência, seja física, psicológica ou simbólica, tem repercussão no desenvolvimento ósseo de meninos e meninas moradores da periferia norte-americana. A percepção dela se confirma em seus estudos, os quais geraram a publicação referida anteriormente. A prescrição é uma violação de direitos. Uma forma de mutilação da vontade. Pais prescritivos tentam, por meio de estratégias das mais diversas, restringir o

---

11 "Saúde é um estado de completo bem-estar físico, mental e social e não apenas a ausência de doença". Disponível em: https://www.who.int/about/governance/constitution. Acesso em: 5 ago. 2025.

espontâneo dos filhos. Filhos muito espontâneos incomodam pais prescritivos, visto que essa espontaneidade pode alterar o que se espera do filho. A prescrição é usada para evitar possíveis *outsiders.*

No livro *História da violência* (2020), o escritor francês Édouard Louis nos diz que a sua educação familial não o ajudou a ter um desenvolvimento sadio, pois, de algum modo, seus pais não o queriam da maneira como ele conseguia ser. Os pais de Louis não percebiam que suas atitudes prescritivas funcionavam para ele, quando criança, como lâmina que corta possibilidades de esperança.

Em consonância com o que diz Louis, Miriam nos revela em seu depoimento: "Minha mãe detestava as minhas roupas, ela dizia que não eram roupas decentes. Mesmo depois de eu adulta, pagando pelas minhas roupas, ela me dizia que eu gostava de me vestir como mulher da vida. Que eu me transformei numa pessoa diferente da desejada por ela".

A prescrição numa família pretende garantir a segurança do futuro e se anuncia como uma educação pautada no passado, que ignora o presente, que se lança para o/no futuro. Uma educação que insiste em práticas tradicionais cujo objetivo é a reprodução do que supostamente funcionou. A prescrição, uma vez que tolhe a liberdade, repercute muito mal no desenvolvimento de adolescentes. Como já sabemos, o cérebro deles funciona sob a curiosidade, o desafio, a expectativa de viver a novidade. Numa família prescritiva, o adolescente sofre horrores, pois seu sistema cerebral de compensação não é devidamente acolhido por quem o educa.

A neurocientista Suzana Herculano-Houzel (2015) explica que, de um ponto de vista neuronal, o cérebro do adolescente tem um sistema de compensação cujo alimento central é a novidade, o inédito, o menos provável, o mais ousado. Na mesma esteira da neurocientista, o psicólogo Daniel Siegel (2015) assinala que durante a adolescência o ser humano vive um movimento neuronal e sináptico o qual o impulsiona na busca pelo desafio, pelo não provável, pelo menos simples. Nesse sentido, famílias prescritivas tendem a ter muitos problemas na educação de adolescentes, uma vez que impõem regras e normas, ignorando o processo identitário deles.

> O período mais difícil para mim, dentro da minha casa, foi, sem dúvida, quando eu era adolescente. Ali nos meus 15 anos. Tudo era proibido. Tudo era errado. Até uma banda musical da qual eu gostasse, não podia. Eu queria as bandas de rapazes bonitos, com calças apertadas,

> dançando e mexendo o corpo. Na minha casa, me era oferecida a música religiosa. Nada contra a música religiosa. Até gosto, mas, naquela época, eu queria mesmo era outra música. Fui muito estigmatizada dentro da minha casa. Mas não gosto muito de lembrar. Ainda machuca (Miriam, 52, bailarina).

Toda família prescritiva é adoecida. As memórias de Miriam não são as melhores. Certamente doem. Quando há memórias doloridas da infância, mas há também memórias acalentadoras, o trauma da infância não sobrevive à vida adulta. No entanto, no caso das famílias prescritivas, em razão do medo ao novo, é mais frequente que crianças e adolescentes sucumbam também ao medo. No seu livro *O murmúrio dos fantasmas* (2005), o psiquiatra Boris Cyrulnik, quando comenta as infâncias de Marilyn Monroe e Hans Christian Andersen, afirma que ela viveu a vida toda sem boas lembranças, sucumbiu à morte, e ele, apesar de toda violência sofrida, encontrou afeto nas lembranças de sua avó paterna.

Esse medo do novo que famílias prescritivas pregam e difundem e essa insistente aliança com o passado como tradição fazem mal ao desenvolvimento de meninos e meninas. Num modelo familial prescritivo, crianças e adolescentes que rompem com aquilo que lhes é imposto como única alternativa à vida costumam, por essas famílias, serem rejeitadas até o último grau. A rejeição na vida de uma pessoa em desenvolvimento gera trauma. O trauma do rejeitado foi bem retratado por Hans Christian Andersen no seu clássico *O patinho feio* (2004). O patinho, rejeitado por sua suposta família, vive em sofrimento e adoecimento. Famílias prescritivas rejeitam filhos que não são o que elas gostariam.

> Quando engravidei sem me casar, fui expulsa de casa. Sem ter para onde ir, me acolheu uma amiga em sua casa. Passei alguns dias e, depois, conheci um jornalista argentino. Precisei me deitar com ele e ele me levou para Buenos Aires. Lá, estudei. Foi minha sorte. Ele me ajudou muito. Quando retornei ao Brasil, procurei minha família, mas não me receberam. Fiquei triste demais. Doeu demais. Mas segui. Tinha meu filho para cuidar. Difícil lembrar tudo isso. Mas já passou. Vida que segue (Miriam, 52, bailarina).

A educação prescritiva é mais violenta do que supomos. O uso da rejeição como forma de punição conduz a pessoa punida a viver experiências de suplício. Em seu livro *Vigiar e Punir* (2014), Foucault explica, logo no primeiro capítulo, como o suplício era usado para violentar vidas humanas, para punir corpos não assujeitados, não docilizados. O condenado ao suplício não tinha mais chance de se adequar, sua única saída era a morte com dor, açoitamento, humilhação e vergonha. Sem querer exagerar, Miriam foi massacrada por sua família e viveu experiência de suplício.

> Vivi um período de suplício, rejeitada pela minha família, com dois filhos no colo, sem marido, com empregos oscilantes, a alternativa que me apareceu foi beber. O álcool, para mim, de leveza de festas, tornou-se uma possibilidade de descanso. Lembro meu irmão mais velho comentar: essa nasceu para envergonhar-nos (Miriam, 52, bailarina).

A dominação

Quando em 1982, no primeiro ano do ginásio, atual 6º ano do ensino fundamental, fui vítima de *bullying*, recordo que uma professora me disse em tom de crítica: quem não domina é dominado. Ela estava me dizendo que eu não sabia dominar a situação, então seria "presa" dos meninos mais "afoitos". O *bullying* é uma modalidade de violência muito comum nas escolas e gera traumas de difícil tratamento. No meu caso, por exemplo, ainda hoje, mesmo depois de anos de psicoterapia, as marcas do sofrimento ainda estão em mim. Como eu disse no *Geração do quarto* (2022), o *bullying* costuma ser implacável e seus efeitos são longitudinais.

A professora que me aconselhou a "dominar" a situação para que eu pudesse me proteger dos ataques cruéis não entendia o que de verdade eu queria: conseguir conviver com todo mundo sem precisar me defender e sem precisar atacar. O objetivo da dominação é alcançar posição de controle sobre algo, alguém ou alguma coisa. Pessoas vítimas de *bullying*, na maioria das vezes, não dominam, mas são dominadas. Era o meu caso, eu vivia sob o domínio do medo, do pavor, do terror. No caso do *bullying*, a experiência da vítima é sempre uma experiência de dominação, logo uma experiência de colonização.

No livro *Os condenados da Terra* (2022), Frantz Fanon, no capítulo em que trata sobre o conceito de violência, nos diz que todo processo de colonização é violento, portanto não há como haver descolonização pacífica. De certo modo, assim é a dominação. Todo dominador é violento e todo dominado, para sair da dominação, tende a fazer uso também da violência como recurso de sobrevivência. No *bullying*, não é absolutamente diferente. A violência, entretanto, nem sempre é contra o outro, pode ser contra si mesmo. Vejamos os casos dos adolescentes que se autolesionam sem intenção suicida ou tentam suicídio ou mesmo se suicidam.

Uma família dominadora é, nesse sentido, uma família colonizadora, logo uma família escravagista. Em 2018, época da coleta de dados da pesquisa que deu base para este livro, além de Carmem e Miriam, também entrevistei outras pessoas. Uma delas foi José, 38 anos, pai de um menino com 13 anos. José viveu a infância e a adolescência sob a regência da dominação, ou seja, aprendeu desde cedo que precisava atacar para poder se defender.

> Lembro minha mãe me dizer que, se eu chegasse em casa apanhado, eu apanharia outra vez. Era preciso não apanhar de ninguém e, se preciso, bater para não apanhar. No meu caso, eu não sabia fazer isso. Apanhei várias vezes e fiquei em silêncio. Não abria a boca em minha casa. Se eu abrisse, sobraria para mim. Me calei. Houve vez que tive vontade de reagir, mas realmente eu não me sentia bem com agressões (José, 38, jornalista).

Na minha dissertação de mestrado, a maioria das crianças participantes me disseram que se sentiam mal quando tinham de bater no colega, caso este as chateasse, mas que faziam isso porque, em casa, seus pais mandavam reagir, orientavam que não fossem bobas e que, se alguém fosse violento com elas, revidassem. A orientação de reação dada pelos pais prescritivos tem a ver com ensinar seus filhos as regras turvas da vida, mas, com essa orientação, eles criam situações nem sempre fáceis para as crianças.

> Ainda criança, fui orientado para reagir se alguém me atingisse. Então, como eu sempre era vítima de brincadeiras violentas, aprendi a atacar para não ser atacado. Mesmo não gostando de atacar, muitas vezes, bati em colegas fisicamente mais frágeis que eu, para mandar uma mensagem a quem estivesse pensando em me atacar: quem domina esse pedaço aqui sou eu (José, 38, jornalista).

Eduardo Galeano (2015), no texto "A função da arte 1", conta que um pai levou o filho para ver o mar e, sendo a beleza do mar tão impactante, o filho precisou da ajuda paterna para poder contemplar o reino das águas salgadas. O pai estava ao seu lado. Nessa relação narrada por

Galeano, a ideia de dominação não se faz presente. O menino quer ajuda do pai para olhar o mar. O menino não quer dominar o mar e dele fazer o uso que melhor lhe convier. Os pais que ensinam a bater para não apanhar, ainda que tenham boas intenções, incorrem num equívoco: alimentar a violência, no lugar de tentar encerrá-la.

É preciso, como escreve Galeano, que a família ampare a criança naquilo que sozinha ela não consegue, todavia, esse amparo necessita ser cuidadoso, do contrário, ele não é eficaz para que haja o desenvolvimento saudável. Em famílias, cuja base de orientação parental é a prescrição, a atitude narrada por Galeano não é relevante, uma vez que não se mostra pragmática e responsiva, mas leve e sem consequências mensuráveis. A prescrição educacional é usada para evitar funcionamentos infantis disfóricos, longe do previsto. Nesse sentido, em famílias prescritivas, elementos do preconceito são muito ativos e usuais.

José me disse que sempre teve um sonho: viajar o mundo para conhecer novas culturas e saber falar outras línguas, que não a portuguesa. No entanto, o sonho dele não era acolhido por sua família. E, em razão do modelo rígido e prescritivo familial no qual vivia, José passou por situações muito adversas e violentas durante seu percurso infantojuvenil. "Eu fui criado pelo meu pai. Ele era bêbado, com ódio do mundo, me batia bastante. Dizia que eu gostava de inventar, e, se eu errasse, por exemplo, a resposta da tabuada, minha mão ardia na pancada. Tento educar meu filho longe da violência. Meu pai era um homem bruto. Minha mãe morreu jovem. Não foi fácil crescer. Sonhei muito. Realizei pouco. Me sentia um dominado."

O sentimento de sujeição é um sentimento de dominação. Crianças criadas com esse sentido costumam reagir se submetendo ou agredindo. No caso de José, a submissão lhe cruzou as portas. Não sabia como fazer para sair do circuito dominador do pai, então, assim mesmo, também não sabia como fazer para sair dos movimentos dominadores dos colegas na escola. A dominação como estratégia de educação cria pessoas assustadas e assustadoras, pessoas que, de tanto receio e insegurança, se tornam impulsivas e vivem como se precisassem o tempo todo agradar os seus pares, as pessoas com as quais lidam.

> Por anos, décadas mesmo, eu vivi assustado com o mundo. Aquilo que meu pai me fazia era me dito como se fosse bom. Lembro que, muitas vezes, apanhei na cara na escola e não tive forças para reagir. Me sentia

> sem amparo. Não conseguia contar nada em casa. Qual casa? Na verdade, um lugar frio e escuro, sem luz do sol. Ninguém chegou para me salvar. Resisti no tranco. Meus relacionamentos amorosos foram ruins também. Eu queria agradar. Me submetia (José, 38, jornalista).

A dominação pretende não aceitar a leveza, o bom humor, a possibilidade de não se levar tão a sério. Dominar é, antes de tudo, imperar. Famílias dominadoras querem filhos que sejam imperadores. "Meu pai me dizia que eu era muito fraco, a voz fina, as pernas finas, os braços finos, que eu não era como meu vizinho, que, se eu continuasse assim, iria sofrer muito. 'Tem de mandar, menino. Tu tem de saber mandar. Faz feito eu, infeliz'." José, ao contrário do pai, não queria dominar, mandar, meter medo, José queria poder plantar flores, conversar sobre livros, ouvir músicas e aprender a fazer bordado. "Faz coisa de homem, miserável", dizia o pai a José.

Há um machismo implacável em famílias dominadoras. Na verdade, uma misoginia evidente. José, segundo ele me contou, viveu experiências de muita violência física, porque viam-no como um homem afeminado. "Apanhei, em quase todas as vezes, menos porque fiz algo diferente do que era para ser feito, porém porque eu era diferente do que era para ser." José sobreviveu ao mundo violento e difícil, para o qual a sensibilidade, a delicadeza, a fragilidade não devem ser qualidades de um menino, de um adolescente. "Lembro ser discriminado quase sempre por ser mais feminino no meu modo de falar, de andar, de ser."

A dominação como estratégia parental é a eliminação do poético, do "afetual", do sensível como lógica. Numa família dominadora, a violência educativa pretende agir como corretiva, como curativa. "Uma vizinha uma vez me disse que sabia um psicólogo que poderia me ajudar a me corrigir, para eu poder ser mais viril." A dominação é a repulsa ao identitário não hegemônico. Famílias dominadoras tentam, por várias vias, não acolher as identidades *queer*. No meu doutorado, já havia analisado essa questão. Um participante da minha pesquisa, uma criança, frequentemente era esquecida na escola, ninguém costumava buscá-la no horário certo.

Quando indaguei à professora Antônia por que isso acontecia, ela, visivelmente constrangida, me disse: "A mãe não gosta dele, porque ele é diferente". A diferença da referida criança tinha a ver – tempos depois consegui um processo de avaliação psicológica para ele – com o diagnóstico de espectro autista, suporte 2. A família não gostava do modo como essa criança se comportava e agiu, segundo a lógica da dominação, excluindo a criança, rejeitando-a, tratando-a como um ser sem importância. Quando inquiri a mãe sobre a situação do filho, ela me disse: "Ele é muito estranho, doutor, grita, não quer ser tocado, nem consegue estudar, não sei que mal fiz eu a Deus para ter esse filho desse jeito". Ao final de minha pesquisa, a mãe havia decidido deixar o filho com a avó.

Em seu livro *Microfísica do poder* (2023), o filósofo francês Michel Foucault, no capítulo em que trata sobre a verdade e o poder, comenta que o poder é da ordem da dominação. O poder pretende dominar para se manter nessa condição de ditar as normas, ser seguido, ser ordenador. O homem é quem exerce o poder na família tradicional, essa família patriarcal, que acredita no chão como um piso regular, firme, sólido, espaço não alterável, construção perfeita para que a dominação ocorra. Como já disse, numa família assim, meninos não devem ser sensíveis, afetuosos, cuidadosos, são educados para organizarem e administrarem, legislarem e executarem.

A dominação tem relação ideológica com a rigidez e a prescrição que, juntas à disciplinarização, configuram o que nomino aqui como "chão seguro", aquele no qual acreditamos pisar e não corrermos riscos, perigo de afundarmos. "'Como você é mole, vai terminar afundando na vida, cara. Reage e bota pra ferrar'. Eu ouvi isso de um amigo que queria o meu bem, mas achava que o meu bem tinha relação com essa postura de dominador", me contou José já nas últimas vezes em que conversamos. "Quando meu pai morreu, confesso que não achei tão ruim. Foi como um peso retirado dos meus ombros."

Infelizmente, famílias com estilos parentais dominadores costumam causar muito mal às crianças e aos adolescentes. Não me estranhou a declaração de José. Basile, quando trata sobre as experiências violentas na/da família, nos chama a atenção para o quanto certos modelos familiares são elementos estressores, fatores de risco, pulsões de morte. Uma família, a depender de como se organiza, da maneira como se institui, ao contrário do que imaginamos, tende a ser perigosa para a vida de crianças e adolescentes. Mais adiante, aprofundo essa problemática quando analiso o tema "segurança das casas". José é, no dizer de Boris Cyrulnik, um sobrevivente. "Não sei como escapei a tantas surras, Hugo", me falou com os olhos cheios de água.

Costumo dizer que no Ocidente, em razão de uma série de elementos os quais não consigo, em razão do espaço, tratar aqui, 90% da população precisa de psicoterapia, precisa se entender, entender a sua história de vida, acolher a si mesmo e seguir adiante apesar de tudo e de todos. José, esse homem jovem, pai, filho, marcado por situações opressivas fundamentadas numa lógica de dominação – cuja base de sustentação é um modelo de homem como alguém que precisa imperar, que precisa exalar uma força, necessita ser viril, líder, jamais deve ser sensível, nunca deve ser vulnerável, deve ser uma espécie de titã – não cedeu ao império da dominação e seguiu como pôde.

> Fiz psicoterapia e faço até hoje. Graças ao acompanhamento psicoterápico, consegui ser melhor pai, melhor companheiro, melhor profissional. Não é simples para um homem educado sob tanta violência conseguir perdoar e seguir adiante. Mas eu perdoei. Acho que foi libertador não guardar, em mim, mágoas, porque, se eu as guardasse, não sei se estaria aqui, dando essas entrevistas, tendo esperança. Eu não quero jamais repetir com meu filho os erros dos quais fui vítima. Não educo meu menino para ser um touro, eu o educo para ser gente. Isso basta (José, 38, jornalista).

A disciplinarização

Era 1988, eu estudava numa escola pública da rede de ensino do estado de Pernambuco. A professora de Literatura pediu para que fizéssemos uma resenha de algum livro de ficção que tivéssemos lido. Eu havia devorado a trilogia de Jorge Amado, *Gabriela, cravo e canela*, *Teresa Batista cansada de guerra* e *Tieta do Agreste*. Dos três, escolhi *Teresa*. Sempre amei a história daquela mulher. Fiz a resenha em casa e entreguei à professora. Quando ela corrigiu, me deu nota 7,0 e, ao lado da nota, colocou a palavra *cópia*. Eu tinha 17 anos de idade. Questionei o que significava aquilo? Ela me respondeu: "Impossível um aluno daqui fazer uma resenha dessas".

Fiquei indignado. Questionei. Ela então me constrangeu ainda mais: "Só mudo sua nota se você refizer na minha frente". Então refiz a resenha, na frente dela. Quando leu o meu texto, me olhou da cabeça aos pés e me disse: "Eu só acredito porque vi, mas acho que você memorizou o texto ou então é um caso de reencarnação". Alterou a minha nota um pouco para cima e saiu da sala, porque encerrou a aula. Anos depois, nessas coisas que a vida faz com a gente, fui banca num concurso do qual essa professora, que, obviamente, não me reconheceu, foi candidata. Ela foi reprovada. Mas não fui eu quem a reprovei, posto que, quando a reconheci, me disse suspeito e não participei da banca.

Essa professora certamente não se lembrava de mim, mas eu, aquele menino constrangido à época, sem saber como me defender, sem ter quem me defendesse, posto em causa, em xeque, lembrava. Agi com ética e não quis julgá-la. A ética que ela não teve para comigo, eu, ainda bem, tive para com ela. Foi reprovada, porque não se saiu bem no concurso. Lembro que suas notas foram muito baixas. Este episódio que aconteceu comigo tem a ver com o tema da disciplinarização. A disciplinarização, como trato aqui, é sinônimo da individualização, do esvaziamento do coletivo, da ideia de que um é por si e ninguém é por ninguém.

Quando a professora me atacou, eu fiquei sozinho. A sala de aula estava cheia. Meus colegas não disseram uma só palavra em minha defesa. Ao contrário, alguns deram forças à professora. Me senti inundado de solidão. A disciplinarização busca fazer com que a coletividade perca espaço, não tenha importância, seja tida como um elemento sem valor. Vale mesmo o sujeito individual, aquele que anda só, aquele que concorre, aquele que é ensinado a sair de um movimento de equipe, de grupo, para viver a luta pela concorrência. A disciplinarização é o movimento da concorrência, da competição, da comparação, da estigmatização.

Famílias disciplinarizadoras são grupos que buscam fragmentar o coletivo, usando como estratégia a concorrência entre pares, a estigmatização para redução de potencialidade, a comparação como recurso educativo. A família disciplinadora é aquela que, segundo Elliot Aronson (2023), aprendeu, no contexto social em que se formou, a ensinar às crianças e aos adolescentes o esvaziamento do coletivo, visto que essa natureza de família, para além de ser rígida, prescritiva e dominadora, é individualista, indiferente ao grupo, voltada para uma ideia de que se é possível vencer, se deve vencer e vencer implica se sobrepor.

O ser humano, afirma Aronson, aprende no coletivo, porque é influenciado pelo meio no qual se desenvolve. A maneira como a família disciplinar educa tem a ver com uma lógica cuja base é a simplificação. "Numa perspectiva disciplinar, as relações humanas, complexas por inerência, tornam-se simples fórmulas, se seguidas a contento, fáceis de serem exercidas" (Ferreira, 2021, p. 97). A ideia de uma vida individualizada se fundamenta nos princípios cartesianos da fragmentação da verdade a fim de poder entendê-la, dominá-la e alterá-la, se necessário.

A disciplinarização, para Foucault (2023), também remete, e de forma incisiva, a uma metodologia de sujeição. Para se assujeitar alguém, conforme o teórico, é importante que o corpo aceite. O corpo doce, docilizado, não mais desviante, submisso às regras exógenas ao seu desejo. "Houve, durante a Época Clássica, uma descoberta do corpo como objeto e alvo do poder" (Foucault, 2023, p. 134). A disciplinarização do corpo é um caminho para a disciplinarização das ideias e dos ideais. O corpo disciplinado acata às ordens e segue as regras, não se opõe.

> O momento histórico das disciplinas é o momento em que nasce uma arte do corpo humano, que visa não unicamente o aumento de suas habilidades, nem tampouco aprofundar sua sujeição, mas a formação de uma relação que no mesmo mecanismo o torna tanto mais obediente quanto é mais útil, e inversamente. Forma-se então uma política das coerções que são um trabalho sobre o corpo, uma manipulação calculada de seus elementos, de seus gestos e de seus comportamentos (Foucault, 2023, p. 135).

A docilização e a fragmentação são princípios da disciplinarização. Famílias ordenadas assim: individualistas e fragmentadas, assujeitadas e divididas. Em seu livro *Talvez você deva conversar com alguém: uma terapeuta, o terapeuta dela e a vida de todos nós* (2022), Lori Gottlieb nos apresenta um paciente/cliente que acredita ser os outros, "idiotas". "É por isso que tento comer produtos orgânicos [...], assim, não me torno um idiota como todo mundo" (Gottlieb, 2022, p. 13). A percepção desse homem, 40 anos, é que "todo mundo é idiota", menos ele. Ele, somente ele, escapou.

Gottlieb nos traz a ilustração do individualismo, um elemento importante para que a disciplinarização tenha força no centro da família. A individualidade não é respeitada em famílias disciplinadoras, mas o individualismo é incentivado, porque é base para o espírito competitivo. A competição é um dos combustíveis usados pela disciplina. A disciplina competitiva é aquela que materializa o humano capaz de, para alcançar o que almeja, não medir esforços e nem ponderar sobre ética. São grupos familiares que traumatizam seus membros, mas não se importam com isso, porque entendem que o trauma nada mais é do que a "armadura da vida".

Quem me ajudou a compreender como uma família disciplinarizadora opera foi um dos entrevistados, o Afonso. Afonso é ator, tem 57 anos, pai de três filhos, filho de uma família bastante complexa e demasiadamente violenta. Na sua primeira entrevista, ele me relatou algo que me deixou impressionado. "Eu não falo com duas irmãs, as mais velhas. Elas só não me mataram porque eu descobri o plano. É isso mesmo. Uma guerra por dinheiro. Queriam me ver morto. Denunciei à polícia e o processo está sob segredo de justiça. A coisa é feia na minha família, mas minha avó e meu avô criaram minha mãe e meus tios para serem líderes vorazes."

O centro de uma família disciplinarizadora é a educação para o crescimento econômico, o poder social, o bem-estar profissional. Os filhos são educados para assumirem cargos, manter os bens da família, serem prósperos economicamente. Nesse sentido, existe, por parte do estilo parental, um profundo desejo de que os filhos sigam profissões socialmente bem aceitas e que gerem dinheiro, riquezas econômicas e financeiras. "Quando eu disse que queria ser ator, meu pai me olhou com total desprezo e soltou: seja como suas irmãs, escolheram profissão acertada, são médicas empresárias. Você precisa tocar os negócios do escritório."

A disciplinarização pretende, antes de tudo, a reificação, isto é, a repetição de padrões. Disciplinar uma criança e/ou um adolescente é fazê-los reproduzir o meio sem qualquer natureza de criação. O corpo disciplinado é uma mente submissa. A submissão é a base da covardia. Nesse caso, é a base da omissão. Toda pessoa covarde é omissa e não é autônoma. Hannah Arendt (2000) adverte sobre o mal banalizado. Esse mal se dá na medida em que se disciplina para ceifar a subversão.

> Minha família me fez muito mal. Para tentar fugir à pressão imposta, me afundei nas drogas. Era meu jeito de dizer que não ia aguentar. Fui internado várias vezes. Nunca me perguntaram o que eu queria. A ordem era para me fazer parar. De fato, eu não parava. Usava tudo o que me fizesse dopar. Esquecer. A saída era não lembrar. Mas a minha família entendia que eu usava tudo aquilo para poder não estudar, não trabalhar. Só que eu sabia, no fundo, o que eu queria era fugir daquilo tudo (Afonso, 57, ator).

No seu livro *O fim de Eddy* (2017), Édouard Louis nos diz que Eddy, em casa, via seu pai matar gatos. Os gatos dentro de uma sacola. A sacola fechada na borda pelas mãos. A sacola com gatos recém-nascidos. Os gatos encurralados, amassados e arremessados contra uma mureta até que o sangue escorresse e o último gemido cessasse. "Eu via meu pai, quando nossos gatos davam cria, enfiar os gatinhos recém-nascidos numa sacola de supermercado e bater a sacola contra uma mureta de concreto até ela ficar cheia de sangue e miados cessarem" (Louis, 2017, p. 4).

Eddy, na escola, assim como os gatos, era esmagado. Esmagado pelos seus algozes. Encurralado, disciplinarizado pelo modelo parental, não reagia. Aceitava.

> No corredor apareceram dois garotos, o primeiro deles grande de cabelos ruivos, e o outro, pequeno com os ombros caídos. O grande e ruivo escarrou *Toma essa na sua cara* [...] O escarro desceu lentamente pelo meu rosto, amarelo e espesso, como esses catarros ruidosos que obstruem a garganta dos idosos ou doentes, de cheiro forte e nauseabundos. As risadas agudas, estridentes dos dois garotos *Olha lá pegou a cara toda filha da puta.* O catarro escorre do meu olho até os meus lábios, quase entrando na minha boca. Não ouso limpar. Eu poderia fazer isso, bastaria uma esfregada da manga. Bastaria uma fração de segundo, um gesto minúsculo para que o escarro não entrasse em contato com meus lábios, mas eu não o faço, por medo de que eles se ofendam, por medo de que eles se irritem ainda mais (Louis, 2017, p. 13).

Afonso reagia, de certo modo, como Eddy. Eddy se submetia a apanhar dos agressores, Afonso usava drogas para lidar com a pressão de sua família disciplinar. "Eu usei por muito tempo, de maneira indiscriminada, quase me anulando completamente. Para mim, era insuportável ser comparado às minhas irmãs, ter de estudar para ser advogado, ser orientado a concorrer e ganhar, jamais perder, ter foco, ter fé, ter força." A família disciplinarizadora é como uma empresa, funciona como um negócio cuja base de sustentação são os lucros, os ganhos, o sucesso, a fama. "Eu nada tinha a ver com isso, em pouco tempo, me tornei um problema para meus pais."

Muitos pais não se dão conta do quanto são disciplinadores, do quanto querem decidir a profissão dos filhos, do quanto almejam que seus filhos sejam ricos, tenham bens. Certa vez, uma mãe matriculou uma filha na educação infantil de uma escola privada na Zona Norte do Recife. Essa escola é bastante conhecida, frequentada por famílias economicamente abastadas. A referida mãe, quando indagada a razão de ter escolhido aquela escola para a sua filha, uma bebê de 3 anos de idade, sem pestanejar, respondeu: "Quero que minha filha arrume um bom casamento e, nesta escola, figuram bons partidos". Sob olhares atônitos da equipe da escola, a mãe arrematou: "Não se pode perder tempo. Tempo é dinheiro".

Afonso me falou que a pressão da sua família não era pouca, eles, além da profissão, queriam escolher as amizades do filho, os lugares que ele frequentava, as roupas que vestia, as músicas que escutava. "Na boa, eu tinha de fazer como meus pais queriam, senão era sermão atrás de sermão, adoravam me dizer que eu era muito estranho, que eu não seguia as normas de uma família como a nossa, que isso, que aquilo." Afonso não saiu ileso desse processo familiar. Como ele me disse, uma das suas alternativas, para fugir da pressão, foi se dopar com drogas lícitas e ilícitas. Foi se afundando e quase não conseguiu sair do caos que é o uso abusivo de substâncias psicoativas.

> Na verdade, usar drogas para mim, mais do que sentir prazer, era sentir medo profundo de reconhecer o quanto eu não conseguia enfrentar a pressão dentro de casa, nos grupos sociais do qual fazíamos parte. Meu corpo louco, tomado pela cocaína, nada mais foi, a vida toda, do que meu corpo dócil e domesticado; em parte, muito oriundo do modelo no qual fui educado e do qual não consegui facilmente me livrar (Afonso, 57, ator).

A ideia de um chão firme e seguro sobre o qual é possível educar crianças e adolescentes não se mostra viável, ainda que seja comum e difundida. Em outras palavras, famílias disciplinarizadoras não conseguem alcançar seus reais objetivos e, assim como as demais até aqui referidas, tendem a fazer muito mal aos que nelas vivem. "A disciplina, tal qual pensava Foucault, simboliza a opressão. A opressão, num primeiro momento, se dá no corpo, entretanto, se analisada acuradamente, tem a intenção de atingir integralmente quem dela é vítima" (Ferreira, 2021, p. 167).

> Eu, além da bronca de ter que ser advogado para poder seguir com os negócios de minha família, também enfrentei um problema muito grave. Tive um tio paterno, um tio que, por várias vezes, abusou sexualmente de mim. Meus pais nunca souberam. Eu não tinha coragem de contar. Esse meu tio era um juiz renomado na cidade. Ele me dizia

> que, se eu abrisse a boca, ele acabava com os negócios do meu pai. E eu, por muitos anos, bebi para suportar o abuso. Só parou porque ele morreu. Infartou. Meus pais nunca desconfiaram de nada. Dei tantos sinais, mas eles só viam o futuro dos escritórios (Afonso, 57, ator).

Eddy, a personagem de Louis, sofre em silêncio e em acordo com quem lhe faz sofrer. O legado deixado na personalidade de Eddy, a partir da violência de sua família, atravessa a sua vida por várias e inúmeras situações. A mesma situação se deu com Afonso. A violência sexual, da qual foi vítima por anos, lhe deixou marcas indeléveis, trauma de difícil tratamento. Por vezes, me contou Afonso, pensou em tirar a própria vida. Mas a família, investida da tarefa de disciplinar a vontade de Afonso, refutando veementemente seu desejo de ser ator, não viu a violência ou, como disse Afonso, "não quis olhar para mim".

> Eram muitos sinais que eu dava. Por exemplo, começava a tremer por dentro todas às vezes em que eu tinha de ficar só com o meu tio, mas meus pais, em nenhum momento, desconfiaram dos choros e das dermatites. Meu tio era ladino e cínico, ruim e violento, mas fazia cara de boa gente. Sofri por anos e anos. Para apagar a dor, me entorpeci. Talvez tenha sido meu grito de denúncia. Mas a minha denúncia não foi percebida. Só consigo falar sobre isso hoje. Mas, infelizmente, meus pais não mudaram. Nem diante do que eu lhes falei, eles mudaram. Eles achavam que a educação deles estava correta, pois minhas irmãs deram certo. Só eu dei errado, diziam pelos corredores. Eu os ouvia (Afonso, 57, ator).

No entanto, a ilusão de que se pode, por meio da rigidez, da prescrição, da dominação e da disciplinarização promover a educação acertada, calculada e segura, pelo que vimos até então só se desfaz com dor e sofrimento. Vimos Carmem, Miriam, José e Afonso dizerem que não foi bem-sucedida a proposta de educar segundo a outorga da suposta segurança e do roteiro já previsto. "Os pais acham que podem educar usando como parâmetro elementos de segurança e acerto, mas erram: educar é, antes de tudo, cuidar, e cuidar implica sobremaneira não impor, mas propor" (Ferreira, 2021, p. 28).

Segundo Foucault (2014), a disciplina usada para assujeitar impede que o assujeitado se dê conta de como esse processo é terrível. Afonso, nosso ator entrevistado, usuário de drogas por anos, pai de três filhos de relações diferentes, acredita que sua educação familiar importou intensamente para as experiências ruins pelas quais passou.

> Durante os abusos que sofri dentro de minha casa, sob as vistas de minha família, nunca expressei verbalmente o que me ocorria. Por anos, me senti culpado, até entender que não era culpado, mas vítima. Na minha casa, éramos ensinados a não escandalizar. Minha mãe tinha pavor a escândalos. Lembro que, antes de ela morrer, vítima de um câncer agressivo, tentei conversar sobre o que me ocorreu naqueles anos, ela pediu para que eu saísse do quarto e lhe deixasse descansar (Afonso, 57, ator).

No seu livro *Garota em pedaços* (2023), Kathleen Glasgow nos apresenta Charlote Davis, uma adolescente, vítima de uma série de violências da escola perversa, da família negligente e ruim, das ruas misóginas, inclusive do Estado neoliberal. Assim como Charlote Davis, Afonso, de alguma maneira, quando nos contou sua trajetória de fugir de casa, de morar nas ruas, de ter seu corpo constantemente marcado por violações, nos adverte de que o modelo disciplinar de sua família o atirou dentro de um poço. Um poço quase sem fundo.

> A disciplina da minha família era terrível. Apesar de ter apanhado muito na rua, eu me sentia livre, me sentia em condições de caminhar sem o peso da concorrência, da comparação, de ter de vencer, de ser o advogado brilhante, o ganhador. Nas ruas, nesse lugar difícil de viver, eu sofria menos. Quando sofria, usava as drogas. E as drogas foram me consumindo. Mas, graças a Deus, num dia em que tudo parecia o fim, encontrei pela frente o pessoal peripatético. Naquele dia, entendi que a disciplinarização, apesar de forte, não conseguiria me destruir. Foi a minha sorte (Afonso, 57, ator).

CAPÍTULO 2

O chão inseguro das famílias

O chão como incerteza

Em 1995, no ginásio Geraldão,[12] em Recife, assisti a um show inesquecível, um show da banda Legião Urbana.[13] Eu adorava Renato Russo.[14] Sua verve para cantar, sua maneira de dançar, sua capacidade de transformar em letras musicais aquilo que se passava no meu coração, na minha mente, no meu corpo. Renato, com sua genialidade, embalou muitas pessoas da minha geração. Na canção "Por enquanto", imortalizada na voz de Cássia Eller,[15] Renato dizia: "Mudaram as estações / nada mudou / mas eu sei que alguma coisa aconteceu / está tudo assim / tão diferente / Se lembra quando a gente / chegou um dia acreditar / que tudo era pra sempre / sem saber / que o pra sempre / sempre acaba".

---

[12] Inaugurado em 1970, o Geraldão tem lugar cativo na memória dos recifenses, tendo abrigado eventos históricos, como o jogo da seleção brasileira de vôlei, nos anos 1980, uma etapa da Liga Mundial de Vôlei, e as apresentações do Holiday On Ice e dos Globetrotters, além de inúmeros shows de artistas nacionais e internacionais, incluindo Faith No More, a-ha e o tecladista do Yes, Rick Wakeman.

[13] Legião Urbana foi uma banda brasileira de rock formada em 1982, em Brasília-DF, por Renato Russo e Marcelo Bonfá, que contou com Dado Villa-Lobos e Renato Rocha em sua formação mais conhecida. O grupo encerrou suas atividades 11 dias após o falecimento de Renato Russo, ocorrido em 11 de outubro de 1996.

[14] Renato Manfredini Júnior, mais conhecido pelo nome artístico de Renato Russo, foi um cantor, compositor, produtor e multi-instrumentista brasileiro, célebre por ter sido líder, vocalista e fundador da banda Legião Urbana.

[15] Cássia Rejane Eller, cantora e multi-instrumentista brasileira, foi uma das maiores representantes do rock brasileiro da década de 1990 e eleita a 18ª maior voz e a 40ª maior artista da música brasileira pela revista *Rolling Stone Brasil*.

Pois bem, é sobre esse "pra sempre que sempre acaba" que quero tratar neste capítulo. Se um dia as famílias acreditaram que a vida era estável, linear, passível de ser experimentada a partir de fórmulas prontas, modelos exatos, receitas universais, atualmente, tais crenças se desmancham na medida em que, como diz Caetano Veloso, "Alguma coisa está fora da ordem / Fora da nova ordem mundial".[16] A crença na certeza, num futuro já conhecido, foi mesmo a maior das ilusões. As certezas do século XX, sobretudo as econômicas, as ideológicas, as políticas, as geográficas, as científicas entraram em crise. Insistir na coerência delas é, como veremos ao longo do capítulo, forçar a barra.

Ainda existem, e como existem, famílias que forçam a barra na educação dos filhos. Entendem que o chão é seguro, é sólido, é firme. No entanto, mesmo tais famílias, diante da emergência de certas situações – violências física, psicológica, simbólica, ataque às escolas, adoecimentos psíquicos, escassez de postos de trabalho, guerras culturais, econômicas, surgimento de doenças novas, retorno de doenças aparentemente erradicadas, vulnerabilidades nos sistemas de saúde de países ricos, guerras militares –, acabam por não terem soluções certas para acontecimentos incertos e, evidentemente, entram em pânico, pois não aprenderam a lidar com a incerteza como realidade.

Em 2009, quando comecei a pensar no conteúdo do meu livro *Emílio ou quando se nasce com um vulcão ao lado* (2013), livro que me colocou, em 2014, como finalista do Prêmio Jabuti,[17] precisei entrevistar algumas pessoas que me ajudassem a pensar na situação singular de Emílio: ter traços identitários que o colocavam em constante estado de vulnerabilidade. Uma dessas pessoas, uma senhora chamada Edna, moradora de uma comunidade da cidade do Rio de Janeiro, quando perguntada o que a fez migrar do Maranhão para o Rio, me disse que foi a certeza de que "na cidade maravilhosa, eu conseguiria vencer na vida". Vencer na vida era, para Edna, estudar, trabalhar e construir família. "Quem sabe ser famosa", me confessou.

---

[16] Caetano Veloso, um dos mais importantes artistas brasileiros, compõe e canta "Fora da ordem". É possível ouvir a música na íntegra neste link: https://tinyurl.com/nfm2ht3j. Acesso em: 5 ago. 2025.

[17] O Prêmio Jabuti é o mais tradicional prêmio literário do Brasil, concedido pela Câmara Brasileira do Livro (CBL). Criado em 1959, foi idealizado por Edgard Cavalheiro quando presidia a CBL, com o interesse de premiar autores, editores, ilustradores, gráficos e livreiros que mais se destacassem a cada ano.

Edna, saída do Nordeste, à cata de realizar um sonho no Rio de Janeiro, não viu sua certeza ser concretizada. "Nada do que eu quis aconteceu. Não estudei. Não fiquei famosa. Casei, fui abandonada. A única coisa que fiz daquilo que eu tinha certeza de que aconteceria, foi ter filhos. Tive quatro. Mas um Deus levou." O filho de Edna, um jovem estudante, trabalhador, saiu de casa para trabalhar, depois seguiria para a faculdade e, como sempre faria, voltaria para casa, mas não voltou. "Perdi um filho. Foi trabalhar. Tudo certinho. Era para chegar em casa às 19h, não chegou. Isso acabou comigo, doutor."

Edna tinha certeza de que seu filho estava no caminho certo: de casa para o trabalho, do trabalho para a faculdade, da faculdade para casa. Tudo nos "conformes", "como manda a lei". O problema, no entanto, é que entre o trabalho e a faculdade, a violência desmedida ceifou a vida do filho de Edna. "Quando vi o celular tocando, me deu uma tremedeira nas pernas. Sentei na cadeira. Atendi. Me disseram que ele tinha sido assaltado. Mas eu já sabia. Que assalto que nada! Mataram Rodolfo. Meu tesouro." A violência urbana fez da vida de Edna, a maranhense radicada no Rio, um sofrimento.

"Mamãe era forte, trabalhava o dia todo. Depois que mataram meu irmão, ela definhou. Não consegue mais ser quem era", me contou a filha mais velha de Edna. Por razões diversas, as entrevistas que fiz, pensando em meu livro de ficção, ficaram guardadas. Entendi que elas, apesar de muito preciosas, não me ajudariam no meu projeto ficcional. No entanto, não me desfiz delas. Quando comecei a escrever este livro, me ocorreu de revisá-las, posto que elas traziam elementos de certezas que não se concretizaram, de previsões que não se tornaram reais. O caso de Edna é um deles. "Eu eduquei meus filhos para serem certinhos, direitinhos, Rodolfo era um menino muito bom, doutor Hugo. Saiu e não voltou."

Embora o filho de Edna tenha seguido o caminho supostamente seguro, a certeza de que estaria protegido da violência urbana carioca não se sustentou, porque, como veremos ao longo deste capítulo, a certeza é uma ilusão na medida em que a vida é dinâmica, imprevisível, impermanente, incerta. Rodolfo não previa que, no meio do seu caminho, no retorno para casa, no ônibus, entrariam dois homens, com arma nas mãos, pediriam a carteira e quando Rodolfo foi abrir a mochila para retirar a carteira e lhes dar, um deles, muito agitado, mirou na cabeça do filho de

Edna e disparou. Depois do disparo, diante de todos aturdidos, fugiu. "Nunca acharam o assassino do meu filho."

A certeza da vida humana, ainda que tenha sido difundida, sobretudo no Ocidente, como resultado de um planejamento estruturado, bem construído, é uma especulação, uma hipótese, uma suposição. "O meu prédio que desabou foi construído para ser eterno, mas nessa construção havia uma equipe humana. Nessa equipe, engenheiros e construtoras, pedreiros, técnicos de segurança, planilhas, desenhos, arquitetos, entretanto não havia ética. A ética não aparece em planejamentos. Ela está na índole, no caráter. Os humanos mentem." Essa fala é de um morador de um condomínio que desabou, em 1998, na cidade Olinda, em Pernambuco. "Essa coisa de que seguir a ordem é certeza do certo, é mentira para boi dormir, seu Hugo", me disse Edna.

Fomos educados para educarmos nossos filhos a partir do princípio da certeza, se fizemos assim, o resultado indiscutivelmente será o esperado. No entanto, naquilo que tange à formação de humanos, seres complexos, a certeza não é segura. Nesse sentido, o chão como incerteza talvez seja a base da educação contemporânea. "Aprendi com minha mãe que deveria, assim que pudesse, comprar uma casa, foi o que fiz. Até hoje, por causa de gente safada, vivo de aluguel. Os canalhas declararam falência. Entreguei a Deus e tento seguir." A crença determinista de que vamos pensar, planejar, executar e tudo transcorrerá como previsto incorre num erro fulcral: negar o imprevisível, o impermanente, o inseguro, o descontrole.

A imprevisibilidade

Em 2014, época em que atravessei um deserto emocional devastador, encontrei, no refúgio dos estudos budistas e nas práticas meditativas, somadas à terapia integrativa do Reiki, um sossego para a minha mente exausta. A exaustão, antecedida de uma cirurgia emergencial de vesícula, me levou a um quadro mental adoecido. Na época, em razão dessa busca pela serenidade mental, acampei por oito dias dentro do Vale do Catimbau, na cidade de Buíque, Pernambuco.[18] O Vale é um fenômeno especial da natureza.

---

[18] Buíque é a porta de entrada do Parque Nacional do Catimbau, instituído sob o Decreto de 13 de dezembro de 2002. O Vale do Catimbau, que abrange ainda terras de Tupanatinga,

Dentro do Vale, a ideia era aprender a me regular emocionalmente a partir de técnicas de *mindfulness* e de yoga, somadas a reflexões sobre a impermanência da vida. Nos ensinamentos budistas, um dos mais relevantes, para mim, é aquele que diz sobre a roda da vida. Neste ensinamento, aprendemos que a vida é dinâmica, está em constante movimento, constante alteração, sua condição natural é a imprevisibilidade. O imprevisível como uma das características da existência dos humanos.

A monja tibetana Jetsunma Tenzin Palmo[19] nos explica que é uma delusão acreditar na previsibilidade da vida. "Não sabemos como se dará. De uma hora para outra, tudo se altera, tudo se modifica, tudo muda."[20] Ainda que, motivados por uma cultura da rigidez, da prescrição, da dominação, da disciplinarização, tentemos criar estratégias e métodos de controle da educação de nossos filhos, me parece que essa tentativa é mera ilustração, uma vez que nada está garantido.

No Vale do Catimbau, nesse lugar sagrado para muitos povos originários, sobretudo o Kapinawá,[21] o povo que habita o Vale e sua circunvizinhança,

---

Ibimirim e Sertânia, tem sua valoração não apenas na beleza paisagística, nas formações e nos abrigos naturais, na diversificada flora e fauna – características do bioma Caatinga, único no mundo –, mas, sobretudo, por conter vestígios arqueológicos, seja em enterramentos, registros rupestres ou material lítico – fato que desponta como a principal motivação para a geração de fluxos dos segmentos de turismo pedagógico, ecológico e cultural, que ocorrem atualmente. O Parque Nacional do Catimbau é reconhecido como um dos mais importantes conjuntos de sítios arqueológicos do país, sendo entendido como um dos caminhos de dispersão dos povos da Serra da Capivara, no Piauí, teoria baseada nas semelhanças entre os sítios arqueológicos estudados, onde observa-se a chamada tradição Nordeste, apresentando figuras humanas com um tamanho que varia entre 5 e 15 centímetros, em movimentos que remetem à luta, à caça, à dança e ao sexo.

19 Jetsunma Tenzin Palmo é uma bhikṣuṇī, monja consagrada da escola de Kagyu do budismo tibetano. É autora, professora e fundadora do Convento Dongyu Gatsal Ling em Himachal Pradesh, na Índia.

20 Jetsunma Tenzin Palmo disse essa frase em palestra, não gravada, realizada em Recife, em 2014.

21 O texto que segue explica sobre a etnia Kapinawá: "Até o começo dos anos 1980, não eram reconhecidos oficialmente como índios, ocupando de forma livre e tradicional as terras que se estendem entre os municípios de Buíque, Tupanatinga e Ibimirim, na área de transição entre o Agreste e o Sertão de Pernambuco, no Vale do Ipanema, no sertão do Moxotó. Em fins dos anos setenta, os Kapinawá 'começam a ser pressionados pelo avanço de uma frente latifundiária e procuram, então, se organizar para conseguir a regularização de suas terras [...] O reconhecimento do grupo foi longo e marcado por vários conflitos, tanto com posseiros e fazendeiros, como entre os próprios índios que vivenciaram um

é possível perceber que nosso modelo cognitivo, estruturado sob a lógica do determinismo, se baseia em premissas de previsibilidade. Nesse sentido, organizamos as nossas vidas a partir de cronologias temporais feitas, tendo como ordenamento a linearidade do início, do meio e do fim. Uma matemática consecutiva e não modificável.

Quando estive dentro do Catimbau, longe do relógio, regido por uma espécie de tempo cíclico, para o qual o início, o meio e o término não são sequenciais e nem respectivos, pude entender que nossa educação familial, quando envereda pelos campos da organização previsível, além de não se concretizar tal qual o previsto, reforça em nós uma busca pela exatidão – exatidão esta alegórica, para não dizer inexistente. "Aqui, no Catimbau, professor, nós não segue as horas da cidade, não espera o que acontece depois, nós quer o que acontece nessa hora que nós fala. O amanhã não existe, professor", me dizia João, um querido amigo Kapinawá que nos guiou durante nossa estada no Vale.

Em 2016, ocasião em que morei em Braga, Portugal, pela primeira vez, fiz o Caminho de Santiago de Compostela. Fizemos o chamado "caminho português". Saímos de Portugal e caminhamos por dias pelo Norte da Espanha, ora por dentro das florestas, ora pelas pistas asfaltadas, sempre passando nas igrejas, parando em pousadas, dormindo em hospedagens. Eu sempre quis fazer o Caminho, ser peregrino, andar pela busca do silêncio. Essa caminhada também fez parte do meu processo de recuperação daquele deserto emocional pelo qual passei, o qual atravessei e me fez entender que o tempo, essa invenção da linguagem humana, é um fenômeno misterioso e de difícil conceituação.

Quando cheguei na Catedral de Santiago, em Compostela, era a final da Eurocopa, e, naquele ano, Portugal sagrou-se campeão. Lembro que meus amigos portugueses ficaram felizes e repetiam que "ninguém havia previsto a vitória de uma equipe pequena e sem histórico de vitórias". Durante o percurso de caminhada, recordo ter visto muitas plantas lilases. Muitas flores. Num desses jardins, quando me sentei um pouco para descanso, me lembrei de algumas pessoas queridas que eu havia deixado

---

doloroso processo de faccionalismo. [...] Resultado desses conflitos foi a demarcação da área, que contemplou apenas uma parte do seu território tradicional' (Paliot, 2002)". Trecho citado em: KAPINAWA. *In*: *Povos indígenas no Brasil*. Disponível em: https://pib.socioambiental.org/pt/Povo:Kapinawa. Acesso em: 12 ago. 2025.

no Brasil. Uma delas, uma amiga, uma querida companheira de trabalho, uma pessoa especial. Na hora, a lembrança específica dessa amiga me veio como num repente, sem muito propósito. Não era previsto pensar nela.

Dias depois, já de volta a Braga, quando chego em casa, na atualização das mensagens de celular, havia um áudio. Nesse áudio, eu era comunicado do falecimento exatamente da amiga da qual eu havia me lembrado no Caminho. Sem que eu soubesse, ela adoeceu, diagnóstico de depressão grave, situação que a levou a um estado de desvinculação da vida. Essa amiga sempre fora uma pessoa aparentemente forte, decidida, muito competente, corajosa. No entanto, a previsibilidade do que somos, muitas vezes, esconde as ondas do imprevisível. Minha amiga, soube eu ao longo do tempo, sofria de depressão há mais de 20 anos, e, daquela vez, a crise foi demasiadamente implacável. "Era a última pessoa no mundo que eu diria ter diagnóstico de depressão", comentou comigo uma outra amiga em comum.

A imprevisibilidade da vida é uma condição inerente à vida. O tempo, esse serviço bizantino, dividido em segundos, minutos, horas, dias, meses, anos, décadas, séculos, milênios, nada mais é do que um relógio criado para nos fazer entender os reinos do planeta e suas incríveis mutações. O sol some, chamamos fim de tarde, início de noite. A lua some, chamamos fim de noite, início de dia. Acreditamos na madrugada, esse tempo em que supostamente repousamos. A previsibilidade temporal é uma forma de mantermos a tal "ordem" que, como sinalizou Caetano, está fora da ordem e, nessa desordem, cria sua própria ordenação. Uma ordenação a ser cumprida.

Toda previsão é, no fundo, um desejo, isto é, pode ou não se realizar. Quando Amaro, 50, contador, pernambucano, casado com Mércia, 37, em razão de acordo de casal, decidiram ter um filho, quiseram adotar. Adotaram Miguel, ainda recém-nascido. "Miguel foi criado com todo o amor do mundo", me contou Amaro. "No entanto, nunca pareceu ser uma criança satisfeita, achei que com o tempo, amadureceria [...], mas não foi bem assim. A adolescência de Miguel foi um tsunami em nossas vidas". Os relatos que Amaro me deu se deram anos depois do episódio do esfaqueamento. Sim, isso mesmo, esfaqueamento.

> Foi o pior dia da minha vida. Não sei como não infartei. Na hora fiquei sem saber como agir. A única ação que tive foi negar que aquilo

> fosse verdade. Eu não queria admitir. Muito complicado. Miguel não era violento. Como teria esfaqueado um colega? A equipe da escola precisou chamar a polícia, a família do menino esfaqueado queria matar Miguel. Eu não sabia o que dizer. Me mostraram a faca, era uma das nossas, uma faca de minha coleção. Miguel chorava e estava muito agitado. Me pedia perdão. De repente, em meio aquilo tudo, apaguei. Só tornei quando Mércia chegou. Nossa vida se tornou um caos (Amaro, 50, contador).

Em maio de 2011, Amaro recebeu uma ligação da escola de Miguel, solicitando que fosse ao local com urgência. Amaro tentou falar com Mércia, mas, naquela ocasião, não tínhamos celulares ao nosso dispor como nos tempos de hoje. Amaro então seguiu sozinho. Ao chegar à escola, viu Miguel sentado numa cadeira, cabeça baixa, corpo rígido, sem dizer palavra. Foi abraçar o filho, mas não recebeu o retorno esperado. A equipe pedagógica da escola informou que Amaro precisava levar Miguel, porém teria de esperar a chegada da polícia. Amaro tremeu por dentro. Por que esperar a polícia, pensou. No entanto, logo soube da tragédia. O seu menino havia levado uma faca para a escola e, em momento de discussão com um colega, atacou-o com várias facadas, quase levando-o à morte.

> Eu não sei como consegui chegar em casa, naquele dia, como consegui olhar nos olhos de Miguel. Não havia motivo para tanta violência. Miguel não dizia nada. Eu não sabia perguntar. Tantas imagens me vieram à mente. Muito difícil tudo aquilo. Imprevisível. Miguel, meu menininho lindo, educado com o amor maior, ali, sendo levado para dizer aos policiais o que fez, por que fez, como fez. Ele e eu parecíamos, em segundos, dois estranhos. Mas aqueles isolamentos. Aqueles silêncios. Não percebi que meu filho estava com ódio de alguma coisa (Amaro, 50, contador).

Amaro não esperava que, durante o desenvolvimento de Miguel, ele e Mércia enfrentariam tantos desafios. Não era previsto por eles que o filho, num dado momento, ao final da infância, passasse a se isolar, a ficar muito tempo em silêncio, a não querer conversar com eles. "Imaginei que fosse da fase da vida, não achei que ali era um problema." Miguel começou a mudar ao final da terceira infância, entrada na puberdade, época em que o cérebro emocional passa por transformações nem sempre percebidas pelas famílias. A crença em roteiros educativos, fundamentados em práticas testadas, pode ser um grande equívoco na educação de nossos filhos.

No livro *O normal e o patológico* (2022), o médico e filósofo Georges Canguilhem, ao tentar explicar a diferença entre normalidade e patologia, avança numa questão que me parece importante para a imprevisibilidade a qual se dá na educação infantojuvenil. Conforme Canguilhem, a ideia de normalidade *versus* patologia situa a patologia como um elemento desfavorável, inadequado, necessário de ser erradicado (curado), sob pena de destruir o ser vivente. Sob essa compreensão, Miguel agiu de modo patológico, pois não se comportou segundo as condutas ditas normais. Se assim pensarmos, precisamos curar Miguel, mudar a sua conduta.

O que é previsto, em quase todos os processos educativos infantojuvenis, é a normalidade, ou seja, aquilo que se dá semelhante ao que se espera, todavia, para além do caso trágico narrado por Amaro, se analisarmos acuradamente nossas vidas e nossas vidas como pais, mães, cuidadores, cuidadoras, responsáveis, veremos que somos imprudentes quando, no lugar de contarmos com o não previsto, decidimos que tudo já está devidamente estabelecido. "Miguel nunca mais ficou bem como bem achávamos que ele ficaria ao longo de sua história", me contou Mércia, a mãe de Miguel. Mais do que nos amparar, a organização educacional prevista nos intima ao risco.

As famílias contemporâneas lidam com situações muito desafiadoras em seus processos educativos. Sendo assim, quando elas acreditam em regras, fórmulas e modelos educativos universais, aqueles que podem ser aplicados em quaisquer contextos, em quaisquer situações, a despeito de elementos sociais, históricos, culturais, geográficos, tais famílias incorrem num erro gravíssimo: usar regras e normas do passado com filhos do presente, negando, desse modo, os elementos do aqui e do agora, logo, das identidades emergentes dos filhos. É essencial, na educação infantojuvenil, contar com o que não se previa.

Philippa Perry (2020) lembra que a educação de crianças e adolescentes é sempre uma surpresa advinda do fato de que seres humanos são surpreendentes em seus pensamentos, sentimentos e comportamentos. Tentar, pois, usar hoje a regra do ontem, talvez traga mais problemas do que soluções. É importante, portanto, não se fundamentar em regras previsíveis e nem dar crédito a modelos testados em contextos adversos dos nossos. A imprevisibilidade, nesse sentido, deve ser um elemento considerado quando pais e mães começam a sua trajetória paternal/maternal, a trajetória parental.

> Miguel foi a minha certeza de que tudo o que eu acreditava ser previsível não foi. Não é possível saber o que virá, mesmo que façamos planejamentos cuidadosos. Os filhos nos surpreendem em vários momentos, tanto para o bem quanto para o mal. No caso do meu filho, foi mesmo para o lado negativo. Eu e minha esposa mudamos a nossa vida, porque Miguel, o nosso filho, precisou cumprir medida socioeducativa. Foi muito difícil. Nem nos piores dias de nossas vidas imaginamos. Mas agora, por horas, estamos conseguindo viver (Amaro, 50, contador).

Quando conheci a história de Amaro, Mércia e Miguel, a situação estava mais branda, porque o pior já havia passado. Miguel estava livre, sob acompanhamento psicoterapêutico, entretanto, em todas as entrevistas que fiz com Amaro, ele, embora tenha insistido para falar comigo, aparentava não ter superado o trauma. De verdade, Amaro e sua família tinham semelhanças com Edna e sua família: a imprevisibilidade dos acontecimentos e a necessidade de aprender a lidar com ela. "Eu entendi que, na educação de filhos, mais do que previsões, é fundamental atenção plena", me disse Amaro. A atenção plena sobre a qual falava o pai de Miguel também me ajudou bastante.

Mais adiante, falo sobre esse tema.

A insegurança

Em 1973, a casa em que morávamos, eu, meus irmãos e meus pais, foi invadida e um assaltante nos levou pertences. Aquilo era inusitado. Em toda a vizinhança, nunca casa alguma havia sido daquela forma roubada: o ladrão entrou durante a madrugada, mexendo nas telhas, a casa não era forrada, descendo pelo telhado do quarto dos meus pais. Mexeu em tudo. Todos nós dormíamos e só acordamos no outro dia, espantados com o que víamos. Minha mãe me disse que um ladrão havia entrado em nossa casa e nos roubado.

Na época, lembro que a imagem que eu tinha de um ladrão era um ser alienígena, com orelhas grandes, mãos grandes, pés de lobo. Não associava ladrão ao ser humano. Fugia completamente do meu contexto de vida. Nesse período, as famílias periféricas, moradoras de bairros suburbanos, como era o caso da minha, costumava permitir que as crianças brincassem nas ruas, jogávamos bola de gude, soltávamos pipa, brincávamos de esconde-esconde, jogo da melancia, peão, academia (amarelinha). Certa hora, ao chamado da mãe ou do pai, entrávamos.

Durante a minha infância, lembro que meus medos mais expressivos eram "a perna cabeluda", "a loira do banheiro", "a senhora da maçã", "o papa-figo". Temia também deixar um chinelo emborcado (a mãe morre), a tesoura aberta (a mãe morre), não tomar a vacina, porque poderia ficar sem andar. Existiam muitos medos, entretanto, nenhum deles se parecia com os medos que pude experimentar na condição de pai. Como pai de uma menina, nascida ao final da década de 1990, mais especialmente em 1998, ao longo da educação dela, entre outros medos, fui tomado pelo medo do estupro, que ela fosse estuprada.

Infelizmente, nas sociedades atuais, o estupro não é uma violência alheia ao cotidiano. Inúmeras meninas e mulheres são estupradas. Pai de menina, além de outros medos, passa também a ter esse medo. Entendi, desde cedo, que precisava educar a minha filha para saber se defender, para saber se proteger, para saber denunciar, para não ter vergonha de ser vítima e para conseguir se aquilombar, atuar em coletivo, nunca viver isolada, pois o isolamento favorece a insegurança. A insegurança é um pilar que sustenta as famílias nos dias de hoje, todavia, nem todas as famílias se dão conta disso. Educar para a insegurança é uma necessidade, ainda que não seja justo.

No seu livro *Do que estamos falando quando falamos de estupro* (2019), Sohaila Abdulali enfrenta essa temática explicando ao leitor como o estupro é uma constante insegurança para as mulheres do mundo todo, mais especialmente para as mulheres de sociedades em que esse tipo de crime, muitas vezes, não é tratado com o rigor necessário para punir com severidade quem o comete. O estupro é um crime mundial e assola a vida de todas as meninas e mulheres do planeta. Sohaila foi estuprada e quase morta, e a publicização da violência da qual foi vítima a colocou em situação vulnerável, ela nos diz: "O estupro drena a luz" (2019, p. 17).

Essa drenagem da luz sobre a qual fala Sohaila é sentida na pele de muitas meninas atualmente. Em 2018, Flávia Maria dos Santos Vasconcelos – orientada por mim, no âmbito do Programa de Pós-Graduação em

Educação, Culturas e Identidades, programa associado entre a Universidade Federal Rural de Pernambuco (UFRPE) e a Fundação Joaquim Nabuco (Fundaj) – investigou como meninas adolescentes, cursantes do ensino médio, encontraram forças no enfrentamento a violências diversas das quais eram vítimas ao longo de suas experiências infantis e juvenis. O trabalho de Flávia demonstrava como elas, muitas vezes vítimas dentro de suas próprias casas, resistiram e lidaram com a insegurança na qual estavam inseridas.

Ainda no ano de 2018, uma das minhas agendas de palestra foi participar como conferencista num congresso do Departamento de Psiquiatria da Universidade Federal de Minas Gerais (UFMG). Na ocasião, fui falar sobre a educação de crianças e adolescentes a partir dos desafios encontrados no mundo contemporâneo. Ao final de minha conferência, depois de atender algumas pessoas, fui abordado por Ângela, mãe de três filhos, todos nascidos entre 1995 e 2002. Sem fazer muitos rodeios, ela me pediu ajuda. Me disse que estava com sérios problemas na condução da educação de dois dos seus três filhos. "Eu, doutor, tenho três filhos, dois meninos e uma menina, a menina e um dos meninos me dão muito trabalho. Já procurei ajuda em tudo que foi lugar, mas achei que o senhor saberia me orientar", me falou.

Como sempre faço ao final de minhas palestras, libero meus contatos para quem, por acaso, queira aprofundar discussões acerca do que falei durante a exposição. Expliquei a Ângela que ela poderia me procurar e que conversaríamos sobre a educação que ela praticava com os filhos e a filha. Quase um mês depois, Ângela me mandou um e-mail no qual dizia que sua filha não queria mais estudar e que um de seus filhos estava fumando maconha. Sozinha, pois era viúva, se sentia sem forças para conter essa "avalanche de problemas". Por quase seis meses, eu acompanhei Ângela num processo de orientação no campo da educação de seus filhos e de sua filha.

Felizmente, ao longo desses seis meses, foi possível colaborar para que o diálogo, o cuidado e o respeito fossem elementos presentes na vida daquela família mineira. "Eu entendi que vivemos num período de muita insegurança. As nossas previsões não são seguras. E isso me fez tentar conversar com meus filhos e com a minha filha sobre o medo, a frustração, a dificuldade de viver sem pai, as influências dos colegas, e eles e ela me deram muita confiança. Coisa que não me davam." Nas minhas orientações à

Ângela, tentei mostrar que educar filhos é diferente de educar filhas e que os direitos são os mesmos, mas o cuidado é diferente, porque o mundo é mais inseguro para garotas.

> Tenho tentado acompanhar a minha filha no curso de teatro que começou a fazer, depois que desistiu da escola. Como acordei com o senhor, achei melhor não a obrigar a fazer a escola regular, como eu fiz, e tentei acolher essa história de teatro. Não sei se dará certo, mas, por enquanto, melhorou a nossa relação. Com o meu filho que faz uso de maconha, começamos um longo processo de diálogo sobre estudo, sobre projeto de vida, sobre namoros. Ele não tem feito uso. Começou a psicoterapia. Melhorou na escola. Mas ainda não é igual ao irmão. Entendi que ele e o irmão são bem diferentes. Mas cada um tem seu valor. Tudo tão inseguro. Tem hora que sinto como se estivesse andando sobre nuvens (Ângela, 55, fisioterapeuta).

Ângela usou a metáfora que dá nome a este livro "andar sobre as nuvens". Quando, em 2001, bem antes de eu conhecer a história de Ângela e seus filhos, os aviões terroristas foram jogados contra as Torres Gêmeas do World Trade Center e geraram uma profunda onda de insegurança no mundo, recordo que me ocorreu essa sensação, a de que nós estávamos vivendo uma espécie de hecatombe. Na verdade, como disse Michael Moore,[22] no seu documentário *Fahrenheit 11 de setembro*,[23] o século XXI começou mostrando ao planeta que, o que se supôs seguro, não era senão ledo engano.

> Eu pensei que eu sabia educar, porque fui criada de um modo parecido com o modo como minha mãe foi criada, e eu julgo que deu certo. Era menos complexo. A gente sabia a hora que saía e a hora que tinha de voltar. Vivíamos dentro de casa. Não havia sequestro-relâmpago, arrastão, assalto dentro de ônibus. Nosso medo era diferente.

---

[22] Michael Moore é um documentarista estadunidense conhecido por seus filmes que frequentemente abordam questões sociais e políticas, como a violência armada, a saúde, o capitalismo e a política. Alguns dos seus documentários mais famosos incluem *Tiros em Columbine* (Bowling for Columbine), *Fahrenheit 11 de setembro* (Fahrenheit 9/11), *SiCKO* e *Capitalismo: uma história de amor.*

[23] Documentário que explora a fundo os motivos que o governo do então presidente estadunidense Bush teve para lançar o país em uma guerra contra o Iraque e o Afeganistão, além de examinar sua atuação durante os incidentes do 11 de setembro.

> Quando fiquei viúva, meu mundo caiu, como diz a música. E eu não consegui sozinha educar meus filhos e a minha filha. Mas agora, eu, ao menos, estou consciente que a vida segura, prometida, ruiu. O que eu tenho para hoje é o que me convém (Ângela, 55, fisioterapeuta).

Ângela foi ao congresso em que nos conhecemos porque seu irmão era um dos palestrantes e a convidou para assistir a algumas palestras. Ela foi parar na minha palestra exatamente porque o título lhe chamou atenção. Em uma de nossas orientações, uma das que mais me marcaram, quando falávamos de 11 de setembro de 2001, da insegurança que gerou no mundo, ela me disse que, às vezes, ainda que sentisse muita vergonha pelo seu pensamento, desejou que toda a sua família estivesse ou dentro dos aviões – "teríamos ficado juntos" – ou dentro das Torres – "foi muito duro ter de andar sem ele" – "Aprendi que nada é seguro, de uma hora para outra, tudo muda".

O desejo de Ângela, mesmo que seja difícil de compreender, é passível de empatia. No modo de ver dela, se toda a sua família estivesse junto com o seu marido, teria sido mais "seguro", menos "complicado", palavras usadas por Ângela durante muitas sessões que tivemos ao longo de quase 2 anos. Acompanhar a trajetória dela e de seus filhos nesse percurso de sobrevivência foi muito importante para que eu entendesse como aquela mãe precisou arregimentar forças emocionais a fim de lidar com situações inesperadas. "Lembro o senhor me falar de acalmar a mente", ela comentou comigo, quando a questionei como estava conseguindo relaxar diante de tantos desafios.

> A insegurança deixa a mente da gente muito agitada. Não sabemos como será o dia seguinte. Não conseguimos organizar o cotidiano, mas eu ouvi o que o senhor me disse sobre acalmar a mente e tentar mantê-la serena. Foi algo que, junto com a psicoterapia, me ajudou bastante. Conversar abertamente com os meus filhos sobre os medos que eu tenho quando eles saem e demoram para voltar, quando eles não atendem o celular, quando começam essas desavenças entre os países, tudo isso me ajuda a serenar a mente, porque eu falo (Ângela, 55, fisioterapeuta).

Carl Rogers, no seu livro *Tornar-se pessoa* (2009), explica que uma das formas de você sofrer menos é conseguir aceitar a realidade. A aceitação é um elemento que propõe o serenar da mente. Durante o meu percurso de acompanhamento de Ângela, trabalhei com ela a possibilidade de que ela aceitasse que a vida não é segura como gostaríamos que fosse e que a insegurança precisa ser ensinada para nossas crianças e nossos adolescentes, a fim de que eles cresçam cientes de que vão, ao longo de suas jornadas, precisar pisar em terreno movediço, em nuvens, em chãos incertos. Ângela aceitou essa realidade e as relações familiares se alteraram para melhor.

A impermanência

Se estamos lidando com educação de crianças e adolescentes a partir de um mundo inseguro, tomado por medo, atravessado por violências, é urgente que entendamos o quanto a ideia de perenidade, de eternidade, de para sempre é frágil e pode nos iludir quando o assunto é desenvolvimento humano. É importante entender que no balanço da vida a permanência é mera circunstância, uma sazonalidade, não deve ser considerada uma lógica segura e eficaz para orientar filhos e filhas. A permanência, a previsibilidade e a segurança são elementos frágeis diante da complexidade da vida. Quando educamos filhos e filhas, precisamos usar como estratégia educativa a lógica da impermanência ou a lógica de que não sabemos o que nos acontecerá daqui a um segundo depois do segundo vivido.

Em 1990, quando consegui o meu primeiro emprego de carteira assinada, numa livraria bastante famosa da cidade do Recife, eu era vendedor de livros. Foi nesse período que li todos os livros do existencialista Albert Camus. Era uma livraria frequentada por intelectuais. Os donos eram pessoas hostis. Gostavam de gritar com os funcionários. Adoravam desfazer dos trabalhadores. Só fiquei nesse lugar três meses. Pedi demissão. Eles me queriam. Eu não os queria.

Em 2011, época em que, a convite da Universidade Federal de Alagoas, fui fazer a conferência de posse da nova reitoria, após minha conferência, se formou uma grande fila. Um senhor de cabelos claros, sorriso aberto, parecia alegre por me ver. Era um professor localizado num dos campos do interior de Alagoas. Qual não foi a minha surpresa quando eu o reconheci. Era o antigo dono da livraria na qual trabalhei. Aquele dos gritos, da hostilidade, da severidade para com os jovens em início de vida laboral. Ele veio falar comigo, me reconheceu, me parabenizou, me disse que sempre viu em mim um potencial intelectual, que isso e que aquilo.

Mas eu só lembrava a história do rio. O rio impermanente da vida. Na educação de nossos filhos, precisamos orientá-los para esse princípio fundamental da existência humana: não sabemos como se dá a gangorra da vida. Hora estamos na parte de cima; hora estamos na parte de baixo; ninguém vive linearmente num mundo imprevisível e inseguro, num mundo em que não sabemos o que pode acontecer daqui a pouco. Se somos chefes hoje, podemos não ser amanhã; se ensinamos a meninos e meninas pobres, não sabemos se, de nossa sala de aula, surgirão presidentes da república, cientistas que salvarão vidas.

A impermanência da existência precisa estar no manual de educação de filhos e filhas. Há um turbilhão de motivos para crermos nesse processo de alternância, de mudança, de transformação. A impermanência como estratégia pedagógica de educação nos deixa enxergar os acontecimentos com lucidez. Lucidez, essa palavra rara para quem acredita que tudo ficará como sempre ficou. Não é verdade. Não é assim que se dá. Mesmo que pareça ser o mesmo rio, não é o mesmo rio de fato. Olhemos com atenção que os filhos de hoje não podem ser confundidos com os filhos de ontem e que a vida de uma criança e de um adolescente, quando nos é confiada, nos é desafio.

Eu sei que tanto a minha ex-professora quanto o meu ex-chefe não tinham a menor noção de que "no balanço das horas, tudo pode mudar", mas é exatamente disso que devemos ter consciência: a vida muda constantemente e pode nos trazer boas ou más surpresas. De verdade, diante dessa lógica da impermanência, estamos no universo da ética e da moral – invenções humanas contra a barbárie. A barbárie não prevê as insurreições, as distopias, as revoluções, as conexões.

Quando Fritjof Capra, no seu livro *As conexões ocultas: ciência para uma vida sustentável* (2005), tenta explicar que a existência dos vivos, seja qual for o ser vivo, está conectada, interconectada, entrelaçada, transversalizada, interpenetrada, ele adverte para a importância de uma educação amparada na impermanência, único movimento que, segundo Capra, é realmente viável, pois é real. A outra, aquela educação que se fundamenta numa pedagogia da permanência, do não alterável, é ilusória e tende a ser frustrante. Educar crianças e adolescentes sob a ótica da impermanência, ao contrário do que se pode supor, não é deixar como está para ver como fica.

Educar filhos sob a lógica da certeza impermanente exige mais rigor do que nunca, mais atenção do que nunca, mais diálogo, troca, escuta, construção de laços, construção de afetos. A impermanência na educação requer um processo metódico e apurado, acurado e discutido, analisado, jamais engessado. A impermanência coloca pai e mãe num lugar de aprendiz com o filho, com a filha, num lugar de incerteza, de dúvida, de quero ajudar, mas não sei as respostas. Somos mais verdadeiros com nossas crianças e nossos adolescentes.

Mas a impermanência como princípio educativo não deve ser confundida, e nem realmente poderia, com a negligência, que está amparada mais na rigidez, na prescrição, na dominação, na disciplinarização. A impermanência ajuda crianças e adolescentes a não se sentirem extremamente cobrados, necessariamente concorrentes, objetivamente ganhadores. Criar meninos e meninas conscientes de que a vida balança, se altera, se modifica é deixar a mensagem de que não devemos buscar a felicidade no futuro, mas tentar vivê-la no instante em que se pensa vivo, se sente vivo. Em outras palavras, a impermanência é o antídoto contra a ansiedade patológica.

O descontrole

O século XXI fez aparecer para muitos aquilo que já existia, mas não se mostrava. Se, em 2001, aviões foram jogados contra o símbolo maior do capitalismo mundial, no centro deste capitalismo, em Manhattan, Nova York, em 2005, jovens das periferias francesas, tomados por um ódio muito forte, de modo sistemático, pouco passível de regulação, queimaram – conforme dados oficiais publicados pela imprensa à época – cerca de 9 mil veículos, dezenas de prédios foram atacados, 130 policiais feridos, um civil morto, mais de 3 mil pessoas detidas, 400 condenadas à prisão e 10 estrangeiras expulsas da França.

Os incêndios ocorreram em várias cidades francesas, entre elas Paris, Lyon, Nice, Toulouse, Rennes, Nantes, Lille e Rouen, chegando, de certo modo, a serem repetidos em países como Bélgica e Alemanha. Na ocasião, o então presidente francês, Jacques Chirac, reconheceu que a situação era de difícil "controle". No livro *A parte do diabo: resumo da subversão pós-moderna* (2004), o sociólogo francês Michel Maffesoli advertia que, em marcha, estava – lenta, rápida, silenciosa ou ruidosa – uma forte revolução infantojuvenil que seria complexa e dificílima de amainar, posto que se dava em razão de questões afetuais muito mal resolvidas no mundo.

Quando Maffesoli adverte que existem questões "afetuais" mal resolvidas no mundo, ele faz referência a uma emergência do século XXI: os temas que não foram devidamente cuidados no século XX e que se tornaram urgentes: racismo, equidade de gênero, direito para pessoas lgbtqiapn+, direitos infantojuvenis, respeito à pluralidade cultural, à transculturalidade, à transnacionalidade, cuidado com a biodiversidade, respeito aos direitos dos animais, economia inclusiva, sociedade inclusiva, geografia e arquitetura inclusivas, direito à livre expressão, atenção à saúde mental da população em geral e da população infantojuvenil.

Os assuntos que não foram devidamente tratados nos séculos anteriores passaram a ser mola propulsora para as novas formas de sociabilidade no século XXI. "Eu percebo que os jovens que queimam os carros gritam por socorro, e esse grito é com raiva, com angústia, com medo. Posso dizer que com ódio", comentou comigo um amigo francês que, à época, me dava aulas de língua francesa, tinha cidadania franco-brasileira e que presenciou, quase *in loco*, a revolta programada das juventudes fora da ordem, mas com uma ordem própria. "Meu filho saiu de casa e, mesmo que eu o pedisse para não sair, descontrolado, mas organizado, ele foi", comentou comigo Anne-Marie, uma professora francesa entrevistada por mim, em 2016, época em que fui desenvolver pesquisa sobre direitos humanos de crianças e adolescentes na Europa.

Na cidade de Calais, local no qual morava e trabalhava, a professora Anne-Marie me disse que seu filho participou dos ataques aos carros e que, numa ocasião, chegou a ser detido. Ela precisou de contratar advogado para poder explicar à justiça francesa que seu filho não era um incendiário, mas um adolescente influenciável e que estava seguindo o grupo do qual fazia parte. Anne-Marie me explicava que era difícil conter a raiva do filho e dos amigos dele, e que o governo francês, a polícia francesa, quase todos entendiam que não seria simples impedir aqueles ataques. "Lembro que o presidente demorou para se posicionar e que, quando o fez, não parecia saber a solução daquele conflito", me explicou Anne-Marie.

> Ele não quis me obedecer, mesmo ameaçado de punição, me dizia que fizeram mal a todos nós, mas agora, sentiriam queimar, sentiriam como é bom fazer mal aos outros. Meu filho nunca foi agressivo, era até bem calmo, mas, naqueles dias, seus olhos traziam uma

> fúria, um ódio e ele não me ouviu, não ouviu ninguém, queria fazer o que acreditava. Estava sem controle. Eu sempre fui controlada pelos meus pais, mas, não sei explicar, não consigo controlar esse menino (Anne-Marie, 53, professora).

Os jovens que incendiaram os carros na França eram, na sua maioria, ou imigrantes ou descendentes de imigrantes, moradores de bairros periféricos, desrespeitados em seus direitos, violados simbolicamente, psicologicamente e fisicamente pelo próprio Estado, através de suas várias representações. Em 1968, como nos explica Luís Antonio Groppo,[24] em seu artigo *A condição juvenil e as revoltas dos subúrbios na França* (2006), jovens franceses, dessa feita, brancos, classe média, ricos, também se contrapuseram às vilanias do sistema econômico e social; todavia, em 2005, os jovens revoltados eram filhos de pobres, eram pretos e imigrantes ou filhos de imigrantes.

> Meu marido é descendente de africano, mas é nascido em território francês. Meu filho é francês, mas sentimos na pele como alguém que não é somente francês passa por situações difíceis neste país. Um país que, sabemos, colonizou e foi violento com os povos africanos, nunca aceitou que os povos africanos viessem morar e ter direitos como todo e qualquer cidadão francês. Meu filho tinha essa raiva no coração, essa ideia na cabeça. Isso, simplesmente, não é fácil de manejar com calma (Anne-Marie, 53, professora).

Entre os anos 2013 e 2014, no Brasil, mais especialmente em São Paulo, jovens, por meio das redes sociais, marcaram encontros em shoppings da cidade. Esses encontros, desde o primeiro, causaram muito alvoroço, foram nominados como rolezinhos. No dia 8 de dezembro de 2013, em razão de uma atividade de trabalho, por acaso, eu estava na cidade de São Paulo e tinha ido almoçar no Shopping Metrô Itaquera, local escolhido pelos adolescentes e pelos jovens para naquele dia ser ocupado por eles. Não posso negar que me senti inseguro diante daquele mundaréu de gente, entretanto, também não posso negar que me senti encantado com aquela força adolescente-juvenil.

---

[24] Professor do Programa de Mestrado em Educação do Centro Universitário Salesiano de São Paulo, doutor em Ciências Sociais pela Universidade Estadual de Campinas.

> Minha filha só participou disso porque eu não sei mais o que fazer. É difícil, e agora ficou pior, com essa internet, saber o que ela faz. Quando vi pela televisão, ainda pensei: vai ver Raquel é capaz disso, mas ela não somente era capaz, doutor, como ela fez mesmo. Ainda falo e fico com o coração na boca. Ela fazia isso em posto de gasolina, em praça, mas quando foi para o shopping, o bicho pegou. Eu quase morro. O irmão dela também foi. Raquel não se controla. Ela grita mesmo: "Não vou ser controlada. Sou livre" (Fátima, 47, mãe de Raquel).

Eu precisei ficar a semana toda em São Paulo, na ocasião; e busquei conhecer quem eram aqueles meninos e aquelas meninas que, ao som do funk, entravam shopping adentro, sem qualquer regulação muito possível, e intimidavam as pessoas e as lojas. Sim, eles e elas intimidavam. Eu mesmo confesso diante daquele mar de adolescentes e jovens, cheguei a pensar que a situação não estava normal. No entanto, meu instinto de pesquisador quis saber mais e me dei conta de que eu estava vivendo uma experiência de indignação juvenil. Assim, no lugar de me afastar, me aproximei e conheci Henrique, 17, irmão da Raquel e filho da Fátima.

Raquel não quis dar entrevista, mas me disse que sua mãe, Fátima, certamente daria. De fato, mediado por Henrique, Fátima quis conversar comigo. Henrique também conversou comigo. "A gente quer ter espaço de lazer nessa cidade. Não há lugar para se reunir. Então a gente marcou fazer esses encontros num lugar com ar-condicionado, com banheiro limpo, com loja, com praça de comida, e a gente marcou pela internet. Todo mundo se liga e apareceremos na mesma hora. Ninguém nos segura", me falou Henrique. Os rolezinhos foram também acusados de serem cortina de fumaça para arrastões, roubos e violações.

Na época, a prefeitura de São Paulo e as associações dos shoppings travaram discussões e houve muita divergência. A prefeitura, administrada por Fernando Haddad, acordava que os jovens não tinham mesmo espaço na cidade de São Paulo; as lojas de shopping e seus representantes entendiam que esse era um problema da prefeitura. No meio desse imbróglio e, ao mesmo tempo, provocadora desse imbróglio, as juventudes davam sinais de que não seria fácil para ninguém, no século XX, com o advento das internets, controlar os movimentos das crianças, dos adolescentes e dos jovens. "Entendi que, para educar meus filhos, a coisa tinha ficado difícil, pois eles não eram controláveis, como foi no meu tempo", me disse a Fátima.

CAPÍTULO 3

As nuvens como chão

As duas facetas das nuvens[25]

Nos anos de 2018 e 2019, me organizei para passar 12 meses entre Portugal e Bélgica a fim de fazer um estágio pós-doutoral na Universidade do Minho (UMinho), em Braga, Portugal, e na Université Catholique de Louvain (UCLouvain), em Louvain-la-Neuve, na região francófona de Valónia. O objetivo do estágio pós-doutoral era validar o meu programa de educação socioemocional chamado Trajetus. Eu já havia realizado parte da validação no Brasil, na cidade de Recife, na Escola Municipal Nilo Pereira, em Casa Amarela e, agora, faria a outra parte, aplicando Trajetus na Escola Pública de Educação Básica, Francisco Sanches, em Braga e, depois, no Departamento de Psicologia de UCLouvain, daria prosseguimento com as discussões teóricas sobre os resultados.

No Capítulo 11 do meu livro *A geração do quarto: quando crianças e adolescentes nos ensinam a amar*, apresento um introito de Trajetus, suas três dimensões, seus cinco pilares. Um programa criado para ajudar na educação socioemocional de meninos e meninas. Algo que eu entendi ser urgente sob pena de não conseguirmos mitigar o sofrimento e o adoecimento psíquico infantojuvenis. Trajetus foi construído a partir de anos de pesquisa, de experimentos, de análises, de possibilidade e viabilidades. Trajetus é a minha proposição para nossa inércia diante do que vejo em relação à vulnerabilização da saúde mental de crianças e adolescentes, é uma resposta à pergunta que tantos pais e educadores me fizeram sobre a geração quarto: o que fazer?

[25] A sequência cronológica deste tópico não é simétrica. A opção por escrevê-la assim tem a ver com a própria natureza do conteúdo.

Não vou me aprofundar sobre Trajetus aqui, faço isso em um outro livro ainda a ser publicado.[26] Eu quero, no entanto, dizer que a viagem para o estágio pós-doutoral, programada há anos, foi abortada. Em 31 de dezembro de 2019, a OMS – Organização Mundial da Saúde – tomou conhecimento de um número alto de ocorrências de pneumonia na cidade de Wuhan, província de Hubei, na República Popular da China. Um novo tipo de coronavírus havia sido identificado em humanos. Foi chamado por SARS-CoV-2 e a doença que ele causava ficou mundialmente conhecida como covid-19. Em 30 de janeiro de 2020, a OMS declarou que a covid-19 era um perigo internacional, tratava-se de um surto dessa nova doença letal, de dificílima cura. Em 11 de março de 2020, a OMS declarou a covid-19 como uma pandemia.

Em abril, foram confirmados oficialmente mais de 1 milhão de casos no mundo. Segundo a Agence France-Presse (AFP), mais de 3,9 bilhões de pessoas – ou seja, mais da metade da humanidade, foram obrigadas ou instadas a se confinar para evitar a propagação do vírus e mitigar as mortes. *Lockdown*, uma palavra inglesa, para confinamento. Se confinar, se isolar, não sair de casa, não ter contato, não saber como proceder, não poder ir a escolas, a universidades, a supermercados, a postos de combustíveis, a academias de ginásticas, a praças, a praias, a parques, temer ter a covid-19, fácil de contrair, sem aparente cura, sem aparente causa.

> Eu vi que a educação que recebemos na família, na escola, na sociedade, em quase todas as instituições que nos formam de nada valeu naqueles dias tenebrosos, de medo, de insegurança, de incerteza, de imprevisibilidade, de descontrole, como você mesmo diz, doutor Hugo. Eu entrei em pânico, e, como o senhor sabe, quando estamos em pânico, nosso juízo crítico se apaga e só quem nos guiam são emoções organizadas pela tal amígdala cortical, que aprendi com o senhor, quando o senhor estava aplicando Trajetus em nosso Nilo Pereira.

Essa fala me foi dada pela pedagoga Maria, uma pessoa que me procurou, assim que retornei ao Brasil, já em 2022, para me contar que Trajetus havia salvado a vida dela, posto que, com ele, ela aprendeu a regular seus

[26] O outro livro a que me refiro se chama *Como você está: o que acontece com a saúde mental de crianças e adolescentes nos dias de hoje*. Este livro ainda será publicado.

medos. "Digo a todo mundo que me pergunta como consegui manter a calma, mesmo diante da morte de minha mãe e de meus dois irmãos, se não fosse Trajetus, não fossem seus ensinamentos naquele ano, teria sido o fim." A fala de Maria é lisonjeira, entretanto, certamente, para além de minhas aulas, outros elementos devem ter contado para a sua resistência, a sua resiliência, diante de tanta insegurança, tanta incerteza, tanto descontrole.

No entanto, voltando a 2020, no Brasil, as coisas iam de mal a pior, a governança da chefia do executivo brasileiro (demonstrando negacionismo científico e total desinteresse pelas orientações das agências de saúde mundiais, além de despreparo e desinteresse administrativo para lidar com a situação complexa) atuava de maneira conflituosa, gerando uma série de desavenças entre os poderes instituídos da República. No mundo, mais especialmente na Europa e nos Estados Unidos, os sistemas de saúde, públicos e privados, se mostraram vulneráveis diante da rapidez com que o SARS-CoV-2 se espalhava e deixava rastros de morte.

Ainda é Maria quem me diz em 2022:

> Eu nunca mais acordei em paz desde aqueles dias de muitas perguntas, de raras respostas, de tantas dúvidas, tantos desacertos. Até hoje, tempos depois, eu me sinto muito intranquila, embora, aos poucos, consegui ganhar força para sair de casa, para deixar as máscaras, para voltar a abraçar as pessoas. Ainda bem que você me acompanhou naqueles dias terríveis, Hugo. Os nossos encontros on-line foram fundamentais para que eu conseguisse pisar no chão de nuvens, como você tantas vezes me disse. Mas consegui. Conseguimos.

Com a chegada da covid-19, meus planos mudaram. Os aeroportos fecharam. As aulas na UMinho foram suspensas. Em 2020, eu não pude viajar. Não pude mais ir à academia. Não pude mais caminhar pela rua arborizada na qual moro. Muitas noites, fui dormir com uma espécie de pavor, algo como uma claustrofobia. Então entendi que, mais do que nunca, meus estudos sobre transdisciplinaridade, sobre complexidade, sobre vários níveis de realidade, sobre lógica do terceiro incluído faziam mais sentido ainda. "Sua tese de doutorado, doutor Hugo, é um exemplo de um trabalho que abre possibilidade à discussão sobre como o mundo é incerto e nós não sabemos o que vem lá", comentou comigo, em 2020, um colega de profissão.

De fato, em minha tese, num dos capítulos, eu uso um trecho de uma música do cantor e compositor pernambucano Lenine. Em sua canção, ele diz: "Ninguém faz ideia do que vem lá!".[27] A tese, como eu já disse antes, foi defendida em 2007, e meus estudos investigaram como as certezas do período moderno, sobremaneira, as certezas defendidas como irrefutáveis e inverificáveis por certas doutrinas científicas, ignoraram as redes, as conexões, as interconexões, as surpresas, as ocorrências inesperadas e nos jogaram numa espécie de mundo linear, calculado, previsível, simples de ser resolvido, na medida em que sabemos lidar com os seus códigos prescritos.

> Agora eu sei que você tinha razão quando usou essa metáfora das nuvens. As nuvens como um chão que volita, que se move, rápido e sem rumo certo, um chão que anda, mas anda e afunda, um chão que, no que afunda, faz a gente, que pisa nele, também afundar. A pandemia me trouxe essa certeza, professor Hugo, de que seu trabalho de doutorado, sem saber, ou sabendo, apontava quando dizia naquela escola do Cabo, a Monteiro Lobato, que as coisas estavam mais incertas do que nunca. Eu voltei ao seu texto, várias vezes.

Esta fala é de uma orientanda minha de mestrado que, nos primeiros meses de confinamento, comentou comigo que, em razão de sua pesquisa, precisou ler e reler meu trabalho de doutoramento. A metáfora das nuvens como incerteza tinha sido debatida por mim em uma *live*, já no início de 2020. O chão de barro pisado, de taco amadeirado, de asfalto quente, de pedra dura, o chão firme e forte do pai de Carmem não eram, agora, senão nuvens. "Creio que, na minha pesquisa, também posso usar a figuração das nuvens, usada por você, professor", comentou comigo a minha orientanda.

A metáfora das nuvens me vinha há muitos anos. Eu também já havia associado as nuvens ao estado movediço. "Tudo movediço nessa educação de hoje em dia. Não sei mais como fazer", dizia Maria em relação aos estudantes do Nilo Pereira. "A questão é que se acreditou numa ilusão: a de que seria possível preparar a humanidade para viver sempre a mesma história, a mesma vida, as mesmas situações. Nada disso se dá assim: basta que olhemos ao nosso redor ou mesmo o cotidiano de cada um da gente", me dizia, ainda em 2018, meu mestre de Reiki, quando

---

[27] É possível ouvir a música neste link: https://tinyurl.com/yeabycjt. Acesso em: 7 ago. 2025.

conversávamos sobre um tópico muito sensível a quem cria no impermanente: a educação dos filhos.

Em 2022, Maria me disse:

> Essa pandemia só fez foi mal. Juntou todo mundo dentro de casa. A gente não sabia como conviver. Teve um dia em que amanheci e senti muita raiva de tudo aquilo. Foi quando anunciaram que a secretaria daria uma formação sobre educação das emoções e comecei a ser sua aluna. Eu confesso que no início acreditei que seria mais do mesmo, mas não foi. Na formação, entendi logo que ou eu aprendia a andar nesse chão movediço ou a situação da minha família ia ficar insustentável. Andar sobre as nuvens é um exercício para quem, mesmo com peso, sabe levitar, você falou.

Ao contrário do que eu supunha, não viajei. Ficando no Brasil, retomei às minhas atividades na universidade, cancelei a minha saída do Brasil, e o mundo virtual, o mundo digital, aquele mundo em que pessoas da minha geração tanto evitaram e que pessoas da geração do quarto tanto frequentavam passou a ser a estrada pela qual caminhamos. Tudo – ou quase tudo – em 2020, foi feito de forma on-line, nunca eu tinha ouvido falar de Zoom, Google Meet, Teams, StreamYard de maneira intensa e densa como ocorreu. A palavra *live* se tornou tão próxima e tão frequente, tão diversa, tão abusiva, tão intrusiva. Da noite para o dia, a vida mudou sem qualquer natureza de planejamento.

As nuvens, segundo a definição técnica, têm formas, altura e composição diversas. Podem ser chamadas por nomes bem esdrúxulos ao senso comum: se altas, cirrus, cirros-cúmulos, cirros-estratos; se médias, altos-cúmulos, altos-estratos; se baixas, estratos, estratos-cúmulos, nimbos-estratos; podem ainda ser verticais, cúmulos, cúmulos-nimbos. São importantes para a vida: reflexão da luz solar, isolamento térmico, precipitação, mudanças climáticas. Recordo que, em 2021, quando pude viajar e cheguei à Europa, depois da invenção da vacina, numa conversa com o meu supervisor de pós-doutoramento, ele me disse: "Hugo, essa sua metáfora para a nova realidade, desde os estudos apresentados por você no seu doutoramento, cabe mais do que adequadamente aos fenômenos individuais e coletivos que nos chegaram com a pandemia da covid-19".

> Se antes eu não sabia como ser mãe dessa menina, agora, depois que essa pandemia apareceu, ficou muito pior. Quero estar enganada, mas

> acho que não seguro a onda sozinha. Embora, depois dessas aulas do Trajetus no TRT6, entendi que não preciso segurar sozinha as ondas da minha filha. A mulher, como o senhor disse, professor Hugo, não deve se responsabilizar sozinha pela educação dos filhos. O homem precisa chegar. Precisa ser pai. No entanto, também como o senhor falou, a maioria dos homens, hoje, mudou um pouco, acha que filho é responsabilidade da mulher. A pandemia me bagunçou toda.

Essa fala é de Ester, uma mãe, que foi minha aluna durante o ano de 2020, quando, a convite do TRT6, ministrei um curso on-line sobre educação socioemocional. Nesse curso, fundamentado no meu projeto de estágio pós-doutoral, eu trabalhei, entre outros temas, a ideia de educação de crianças e adolescentes para além da responsabilidade da mulher e da necessidade de que o homem, de uma vez por todas, assumisse o papel de pai – não mais somente o provedor, mas pai, nessa época mais do que nunca, como o cuidador, aquele que protege, que nina, que acalenta o choro, que troca a roupa, que banha, que alimenta, que ensina as tarefas, que acorda de madrugada para acolher o choro e suavizar a inquietação.

As nuvens inseguras e incertas, voláteis, rápidas na mudança, quando alçadas à condição de piso, de assoalho, de estrada, de trajetória, exige de seus caminhantes novas formas de andar, de movimentação, de trajetar. "Como vou andar sobre as nuvens, doutor Hugo? Eu vou desabar. É certo que vou cair", me questionava aflita uma das pessoas que foi acompanhada por mim durante as minhas escutas sistemáticas no Núcleo do Cuidado Humano da UFRPE, em 2020. A pergunta dessa pessoa traduzia o desespero (que não lhe era particular, muitas pessoas, diante da desestrutura provocada pela covid-19, passavam pela mesma situação) comum a muitas pessoas naquela ocasião em que os números de contaminação no mundo e no Brasil cresciam assustadoramente.

> Não sei o que fazer com esse novo jeito da escola ensinar. A escola desde março funciona por meio de plataforma. Os meninos não abrem a câmera. Eu não sei se estão ali mesmo. Há horas que falo para o além. Nem foto eles têm. Será que me ouvem? Será que entendem? E onde estão os pais? Onde estão as mães? Eu, outro dia, no meio da aula, desabei no choro. Chorei. Chorei. Aí, a maioria abriu a câmera. Foram carinhosos comigo. Mas eu saí daquela aula como um pano rasgado. Me falta coragem para voltar.

Sandra, a autora desse depoimento, fez parte de uma das minhas inúmeras *lives*, leu meu livro *Infâncias, adolescências e juventudes: a pesquisa transdisciplinar* (2021) e me pediu para ouvi-la em algumas ocasiões e ajudá-la com orientações pedagógicas sobre como agir em situação de tanto estresse quanto o vivido por muitos professores diante do ensino remoto, do ensino a distância, das novas configurações de ensino. Eu acompanhei Sandra por sete meses, uma vez por semana nos encontrávamos e conversávamos sobre a educação pelo digital, pelo virtual, "nas nuvens, como o senhor diz, professor", falava Sandra.

De fato, passei a usar a expressão "educação nas nuvens". A expressão, nesse caso, remetia a dois sentidos. Este que vim desenvolvendo até agora, *as nuvens como metáfora da insustentabilidade das verdades inverificáveis, das certezas absolutas*, e as nuvens como metáfora para o mundo digital, para a gestão da informação para além dos suportes físicos, os chamados *cloud computing*, que é o armazenamento de informações numa cronotopia não fácil de controle público e privado. Com essa tecnologia computacional, a ideia de espaço para armazenar e organizar dados se altera. "No Google Drive, podemos escrever juntos, Hugo. Tu na tua casa e eu na minha", me dizia entusiasmada uma amiga, lá em 2010.

A computação das nuvens é uma invenção que muda o cenário da maneira como as informações são processadas. Se pensarmos na frase da minha amiga, veremos que ela se alegra com a possibilidade de escrevermos ao mesmo tempo, ainda que estejamos em lugares diferentes, usando equipamentos diferentes, talvez acessando, ao mesmo tempo, informações subsidiadoras diferentes. "Eu achei essa invenção massa, Hugo, porque, perceba, podemos economizar tempo, espaço, produzirmos em conjunto, e nem sairmos de nossa casa, de nossa sala. É fantástico!", dizia Ângela, essa colega querida. No entanto, mesmo com o entusiasmo dela, reconhecendo as vantagens, meu coração não ficou tranquilo. Algo nas nuvens me incomodava.

Nasci em 1970, época em que a minha mãe tinha as receitas culinárias anotadas em um caderno de folhas amareladas. Em 1988, quando eu tinha 17 anos, na garagem da casa de um amigo, encontrei diversos cadernos em branco. Na capa do caderno, tinha escrita uma piada, algo mais ou menos assim: *Depois dos 80 anos de idade, em termos sexuais, o que costumamos fazer?* Era uma pergunta, uma brincadeira, quando abríamos o caderno, todas as folhas estavam em branco.[28] Ou seja, a resposta seria: *Nada.* De verdade, não me interessei pela pergunta e nem pela resposta, o meu interesse era pelos cadernos. Acho que mais de 1.000. Propus comprar. Meu amigo aceitou a proposta. Passei a comprar um por quinzena. Customizei as capas e transformei aquilo em diários.

Ali, na adolescência, pus minhas memórias. Tanta informação. Tudo naquelas páginas, guardadas como verdadeira relíquia. As minhas memórias, as minhas lembranças, as minhas ideias. Só eu lia, só eu sabia o que estava escrito. Ninguém tinha acesso, exceto se eu quisesse ou se invadisse. Lembro que um dia pensei: *Qualquer dia, queimo alguns cadernos*. Eu não queria que lessem meus segredos de liquidificador. Pois bem, voltando à engenharia das nuvens, talvez seja esse então meu "incômodo": as informações que estão nas nuvens podem ser acessadas por quem? E se eu quiser queimar? Destruir o que guardei? É só deletar? Como gerir segurança nas nuvens? Como assegurar que o que lá foi registrado não é acessado?

Nas nuvens, ainda que possam os especialistas em engenharia computacional dizer que existe segurança no armazenamento e na movimentação dos dados, é evidente que a segurança não é 100%. Basta que analisemos a quantidade de vezes em que ouvimos falar de "vazamento de informações" e "LGPD",[29] legislação que trata do cuidado com a privacidade dos dados. As senhas, os códigos, as comprovações de que não somos robôs, os recursos de apagar informações, para mim, para todos, os *prints* de tela, de diálogos. As nuvens nas quais a vida é registrada são virtuais, grandes memórias computacionais localizadas em espaços não espaço, em tempos não tempo. As nuvens não são fáceis de controlar.

Mas há vantagens. Todos os meus cadernos, por 3 anos produzi uns 300, se perderam. Não sei como se perderam. Não sei em que lugar ficaram meus registros. Se estivessem nas nuvens, eu poderia hoje, aos 54 anos, me ler aos 17, aos 18, aos 19. Quantas coisas escrevi ali. Mas perdi. Nas nuvens, a ideia é que não corramos o risco de perdermos os dados.

---

[28] Nessa época, não tínhamos remédios como viagra e seus derivativos, e não tínhamos discussões, como as que temos, nos dias atuais, sobre sexualidade dos idosos. Eram outros tempos.

[29] No link a seguir, é possível ter acesso a informações sobre a citada legislação: https://tinyurl.com/eknx75kf. Acesso em: 7 ago. 2025.

No entanto, se esse risco não temos de maneira evidente, outros se anunciam, se mostram, se tornam reais. Para que as informações estejam devidamente seguras, um arsenal de medidas precisa ser tomado: códigos, senhas, testagens quanto à veracidade se humano ou *bot*, e ainda assim temos *hackers*.[30]

Os *hackers* sabem andar sobre as nuvens, ou seja, eles sabem como trajetar em meio à insegurança, à impermanência, à imperecibilidade, ao descontrole, entretanto, apesar de saberem andar sobre as nuvens, eles podem ser ilegais, na medida em que não usam recursos éticos em suas atuações. O fato de saber andar sobre as nuvens, no sentido que os *hackers* sabem, não implica absolutamente que essas pessoas tenham entendido o que significa educar bem filhos e filhas. Ao contrário, talvez porque, na medida em que entendem certos códigos, não usam a ética como uma ferramenta de filtragem: até que ponto eu posso acessar algo?

Em seu livro *A próxima onda: a inteligência artificial, poder e o maior dilema do século XXI* (2024), Mustafa Suleyman e Michael Bhaskar, nomes importantes no âmbito da discussão sobre *bots*, alertam para o perigo da inteligência artificial utilizada como substitutivo da inteligência humana. Ao mesmo tempo, os autores também advertem para como o mundo tem lidado com o conglomerado e o manejo de informações presentes nas nuvens, neste local em que é possível armazenar dados e fazer uso desses dados sem que se tenha, em muitos casos, segurança total. Na época do tempo e espaço *cloud computing*, de *cookies*, de WhatsApp, Instagram, Telegram, X, YouTube, Discord, TikTok etc., vozes, imagens de corpos, simulações geográficas, tudo é passível de manipulação.

> Não sei como foi, mas meu filho encontrou na internet, nas nuvens, fotos de quando eu era adolescente e fumava. Olhe, quem tinha essa foto era minha prima de Brasília, pois o menino veio me mostrar e dizer que eu gostava de criticar quem fuma, mas eu fumava. A foto provava

---

[30] *Hacker* é uma pessoa que tem profundo conhecimento em tecnologia da informação e utiliza esse conhecimento para explorar e modificar sistemas e dispositivos, geralmente com o objetivo de identificar vulnerabilidades de segurança ou encontrar soluções criativas para problemas. A palavra *hacker* pode ter diferentes conotações, desde um profissional ético que trabalha para proteger sistemas, até um criminoso que busca explorar falhas para fins maliciosos.

> aquilo. Quase caí para trás. Mas era eu mesma. Acho que 1986, 16 anos. Mas aquela foto deve ter sido posta nas nuvens e ele achou. Ele me disse que veio para a tela do computador dele, do nada. Sempre tem sido assim: de repente, você diz algo e esse algo dito por você está na tela do computador, do celular. Educar uma criança tentando protegê-la, nos dias de hoje, século XXI, é muito difícil.

Esse depoimento é de Kátia, uma das minhas entrevistadas para fins de pesquisa, a mesma de que Carmem, Miriam, José e Afonso participaram. Nela, eu quis saber como a educação que eles receberam, embora quisesse ser exata, não foi possível, porque, em se tratando de educação humana, qualquer tentativa de exatidão é pura especulação. Também quis investigar as nuvens como algo impermanente e inseguro; as nuvens como essa área criada pela engenharia computacional, capaz de possibilitar que as informações produzidas no mundo físico sejam lá alocadas e acessadas, quase sempre, de modo global e imediato.

Nas nuvens ou no iCloud, o espaço seria infinito, sem limitações de memória, exceto as estabelecidas pelas *big techs*, estas grandes empresas as quais lucram muitíssimo com o mundo virtual, mais especialmente o capitalizado ou, como muitos gostam de dizer, monetizado. Nas nuvens, é possível armazenar uma grande quantidade de dados e, depois, poder recuperar esses dados, através de organizadores, codificadores, buscadores, programas que mudaram a forma de alcançar informações, caso, por exemplo, do buscador do Google. "Tenho muito medo de educar um filho em meio a tanta mudança. Não sei como agir. São muitas coisas que emergem, são muitas urgências", me disse Kátia, durante uma de nossas conversas.

As nuvens também são como aquele tempo e aquele espaço no qual muito ainda se tem a dizer, muito ainda se tem a pensar. Há ainda muitas questões sobre as quais as famílias precisarão aprender sobre o chão como nuvens. Há nuvens que não sabemos nada ou quase nada a respeito delas. Essas nuvens do espaço virtual, no qual navegam nossos filhos sem qualquer regulação oficial, sem qualquer roteiro protetivo. As nuvens, como metáfora do digital, do virtual, das internets, das inteligências artificiais, dos algoritmos, do *underground* das internets, da *deep web*, da *dark web*. Sem dúvida, esse é um grande desafio dos tempos atuais.

As emergências e as urgências

Kátia me falou que tinha medo de tantos temas emergindo e tantas situações urgentes. Durante o período da covid-19, dois temas inesperados emergiram na vida da família de Kátia: a separação e a autolesão sem intenção suicida do Matheus, 13, filho de Kátia e Thiago. "Me divorciei em abril de 2022, mas nos separamos mesmo em 2020, durante o caos que foi conviver com ele 24 horas por dia." Dados do IBGE[31] mostram que, em 2022, houve um aumento espantoso de divórcios no Brasil, quando comparados a 2020 e 2021, todavia, foi exatamente na exaustão das convivências em confinamento que os problemas emergiram.

"A separação, apesar de ter sido difícil, aguentei, mas, naquela manhã, quando vou olhar o celular de Matheus, vejo aquela pastinha e abro a pastinha. As fotos do bracinho cortado. Aí, eu desabei. Foi o pior dia da minha vida. Foi quando procurei ajuda. Graças a Deus, encontrei", me contou Kátia ao longo das cinco sessões de entrevistas. Thiago, o ex-marido de Kátia, não quis participar da pesquisa, logo, não pude ouvir como havia sido para ele a experiência do confinamento. Nesse sentido, o que tive como dados para análise foi o discurso de Kátia. Assim, como não ouvi os dois lados, evitarei analisar os motivos que levaram à separação, entretanto, analiso, aqui, a separação como uma temática que emerge na vida dessa família.

A emergência de um tema inesperado exige a urgência de como saber lidar com ele. "Eu confesso que não sei se soube lidar com a separação. Estávamos juntos há 17 anos. Nunca pensei que seria assim." Kátia ficou com os filhos em casa e o ex-marido precisou ir morar em outro local. "Não deu para ser uma separação amigável, porque houve violência doméstica, eu precisei pedir medida protetiva." A situação relatada por Kátia não foi comum tão somente a ela. As estatísticas apontam que as denúncias de violência doméstica e o número de solicitação de medidas protetivas aumentou durante a pandemia.[32] "Há anos, uma vez, ele veio esfregar a mão na minha cara; ele depois pediu desculpas, errei, mas aceitei. Só que, dessa vez, meus filhos viram. Aí, eu reagi. Ele veio e brigamos dentro de casa. Foi horrível."

---

[31] É possível ler mais sobre o tema neste link: https://tinyurl.com/yhhttuaa. Acesso em: 26 ago. 2025.

[32] Para mais informações, ver: Carvalho, 2021.

A emergência de um tema e como tratá-lo de forma urgente. "Na hora, a única alternativa que tive foi correr para o banheiro, trancar a porta, ligar para minha vizinha. Ela chamou a polícia e ele saiu algemado. Meus filhos viram tudo." Agir na urgência, como explica o professor Philippe Perrenoud (2001), é uma habilidade muito difícil de desenvolver, na medida em que essa habilidade só é exigida em situações inesperadas. A urgência é uma condição a qual não esperamos que ocorra. "Ele hoje me odeia [...], mas eu lamento não ter feito antes. Ele me gritava, me humilhava, e eu, idiota, não sabia como sair daquilo, mas nunca deixei meus filhos verem. Na pandemia, eles viram." Kátia, quando me concedeu a entrevista, estava sendo acompanhada psicologicamente.

Temas emergentes não são temas previstos. Em pesquisa, quando começamos uma investigação, dizemos que existem categorias conceituais, aquelas com as quais começamos a jornada da pesquisa, todavia, à medida que mergulhamos no processo, emergem categorias as quais não esperávamos. A emergência do inesperado que Kátia viveu com a separação se somou à descoberta da autolesão do filho. "Eu não sabia como agir, era dolorido demais. Só senti que tinha de fazer algo. Se ele se cortava daquele jeito, é porque o sofrimento não era brinquedo." Kátia, em razão da situação do filho, saiu à cata de ajuda e encontrou, na psicoterapia, uma possibilidade de saída para Matheus. "Quando ele começou a me contar a dor que sentia, eu me acabei. Meu filho sabia que meu marido me violentava e eu achava que tudo estava sob controle."

Matheus comentou com Kátia que sentia muito medo quando o pai gritava e, depois, eles se trancavam no quarto, e depois havia barulho, como se fosse alguém empurrando alguém, ou como se fosse alguém fazendo algo ruim com o outro. "Meu filho sofreu e eu, ali, acuada, dentro de uma relação abusiva, no meio de crise financeira, na puberdade da minha filha, fui suportando, até que gritei." Gritar pode ser uma forma de reagir à dor, de não aceitar, de tentar ver-se livre dela. "Matheus gritava para dentro, doutor Hugo."

Em 2017, eu e o meu amigo Carlos Henrique Aragão Neto compusemos uma mesa de diálogo[33] para o Ministério Público do Piauí, cujo título foi "'13 *Reasons Why*' e o desafio de 'Baleia azul'". Nessa mesa, eu e meu amigo retomamos a discussão que havíamos elaborado durante

---

[33] Ver: MPPI realiza mesa de diálogo sobre série "13 Reasons Why" e o desafio de "Baleia azul".

o painel homônimo em roda de discussão realizada na Sala Calouste Gulbenkian, da Fundação Joaquim Nabuco, no âmbito dos estudos do Grupo de Estudos da Transdisciplinaridade, da Infância e da Juventude (GETIJ). Àquela época, minha orientanda Vera Araújo começava seus primeiros estudos sobre o fenômeno da autolesão sem intenção suicida em escolas públicas do estado de Pernambuco. Também àquela época, a Empresa Brasileira de Comunicação (EBC) fez o documentário, no âmbito do programa *Caminhos da reportagem*, intitulado *Cicatrizes da tristeza*, em que colaborei.

Comento isso para explicar que, quando Kátia me pediu ajuda em relação ao sofrimento de Matheus, o tema da autolesão sem intenção suicida já me era infelizmente comum e eu já havia experimentado como ele dilacerava quem com ele cruzava. "As pessoas não sabem o que isso significa na vida de um pai, de uma mãe e na vida de uma criança ou um adolescente, doutor Hugo", me dizia Kátia naqueles dias difíceis de 2020. Importante chamar atenção que, por essa ocasião, como bem dizia Carlos Aragão Neto (2019), as pessoas não tinham noção do que acontecia com seus filhos nesse aspecto. Carlos fez uma tese de doutorado sobre o tema da autolesão sem intenção suicida e aprendi muito com ele sobre esse assunto.

Não saber lidar com a autolesão sem intenção suicida do filho fez com que Kátia também se desse conta de que não sabia lidar com temas correlacionados: ideação suicida, tentativa de suicídio, transtornos psicopatológicos. "De repente, eu me dei conta de que educar um filho no século XXI não é a mesma coisa que educar antes. Hoje, a gente tem de aprender a entender o que aparece sem que ninguém tenha avisado." O que Kátia estava me dizendo é que a emergência de um tema e a maneira urgente de como lidar com ele fazem parte desse novo cenário de educação de filhos no qual as famílias atuais estão inseridas até o último fio de cabelo.

A ilusão e a delusão

Quando, em 2007, defendi a tese de doutorado, creio ter inaugurado na minha existência uma nova forma de compreender e explicar a vida. Para mim, a existência faz parte de uma grande rede formada por vários fios transversais uns aos outros, inter-relacionados e interpenetrados.

Nesse sentido, em termos de pesquisa, me sustento nas teorias e nas epistemologias as quais não ignoram a importância dos saberes cartesianos, entretanto, têm consciência de que tais saberes não são senão apenas uma parte de um todo que não se reduz a fórmulas matemáticas ou bioquímicas.

Em outras palavras, meus estudos apontam que a educação de crianças e adolescentes atualmente não pode ser rígida, prescritiva, dominadora e disciplinarizadora. Na verdade, nunca pôde, todavia, atualmente, por tudo o que eu já disse, me parece completamente improducente para uma família tentar educar seus filhos e as suas filhas sem considerar elementos como a ilusão ou a delusão de educar. Ilusão e delusão são uma só coisa, todavia, uso aqui as duas palavras porque quero registrar o quanto é valioso pensarmos nas ilusões e delusões que temos sobre os filhos que criamos, sobre as filhas que educamos, sobre as suas vidas e sobre os seus sonhos e desejos.

Numa educação da incerteza ou numa educação do impermanente ou numa educação nas nuvens, a maior ilusão dos pais e das mães é acreditar que os filhos lhes contam tudo sobre as suas vidas, sobretudo quando esses filhos atravessam a adolescência. Os filhos não nos contam suas vidas e seus segredos, não nos mantêm informados de tudo, não nos narram os episódios como se passaram. Eles nos contam aquilo que conseguem, que podem, que sabem que não será por nós processado, mas talvez julgado e condenado. Mesmo assim, ainda assim, não é tudo o que nos dizem. É uma ilusão acreditar no inverso.

Então os filhos nos mentem? Não foi isso o que eu disse, embora mentir para pais e mães não seja nada estranho, afinal também já fizemos isso. O que os filhos fazem é uma análise, e a pergunta que lhes vem à mente é a seguinte: vale a pena dizer a verdade aos meus pais? Essa pergunta é crucial. Se valer a pena, eles não só dirão a verdade como pedirão ajuda quando pressentirem perigo ao redor. No entanto, se, diante dessa pergunta, eles responderem "não vale a pena", então mentirão ou omitirão. Mas por que não valeria a pena? Essa é a questão que quero conversar com vocês agora.

Os filhos pensarão que não vale a pena contar a verdade aos pais, na medida em que contar a verdade implique em ser julgado, não ser acolhido, ser comparado, ser condenado, não ser escutado. É importante que, mesmo diante de uma discordância de opinião entre pais e filhos, exista, sobremaneira por parte dos pais, o acolhimento à opinião adversa. Em famílias saudáveis, a discordância, antes de ser um motivo para brigas e guerras, é saudada como um elemento importante para a troca de saberes, para a permuta de conhecimentos. "Minha mãe não aceita ser contrariada, quando imagino a confusão que vai dar se eu lhe disser que já beijei uma menina, me calo mesmo. Minto", a fala é de Jéssica, 15, uma das interlocutoras da pesquisa "A geração do quarto: quando crianças e adolescentes nos ensinam a amar".

A afirmação de Jéssica se opõe ao pensamento da mãe. Durante sua participação nas rodas de discussão, técnica usada na pesquisa referida, a mãe de Jéssica dizia em alto e bom som: "Minha filha me conta tudo da vida dela, foi educada para isso". A mãe de Jéssica, em razão de uma crença pessoal, se iludia com a relação que mantinha com a própria filha. "Minha mãe não sabe ou faz questão de não saber, mas eu não sou mais virgem." As afirmativas de Jéssica não coadunam com as afirmativas de sua mãe. "Temos nossos problemas, mas vivemos com a verdade na mesa", dizia a mãe. Jéssica me completava: "Minha mãe também me esconde as coisas. Ela tem diabetes. Na madrugada, come doce. O doce, ela esconde por baixo das verduras", conclui a adolescente ouvida por mim distante da mãe.

Em 2022, época em que estive fora do Brasil, com vista aos meus estudos pós-doutorais, acompanhei uma família muito iludida. A ilusão maior que essa família alimentava tinha relação com a conduta do filho no âmbito escolar. A criança, na ocasião com 11 anos, demonstrava muita dificuldade de relacionamento com os colegas. Era comumente autor de perseguições aos pares e costumava organizar "trolações" com os professores e as professoras. Na escola, ninguém tinha dúvidas de que aquela criança não estava bem e demonstrava tal situação por meio de seu comportamento, entretanto, a mãe e o pai, quando ouvidos sobre os diversos episódios, muito irritados, disseram: "Este menino sobre o qual vocês falam não pode ser nosso filho. Não aceitamos".

A posição desses pais não é exclusiva deles. Eu costumeiramente ouço de equipes pedagógicas o quanto pais e mães, em razão de uma ilusão, negam, muitas vezes, que seus filhos possam ter algum tipo de transtorno mental, como Transtorno do Espectro Autista (TEA) ou Transtorno do Déficit de Atenção com Hiperatividade (TDAH). A recusa tem a ver com uma série de questões profundas as quais não analisarei aqui, no entanto, a negação também faz parte dessa ilusão, dessa delusão. Em 2023, acompanhei um caso, numa escola, em que a criança havia sido diagnosticada com TEA, suporte 3, mas os pais diziam que o diagnóstico estava errado e que a escola era responsável pelo sofrimento da família deles.

Raquel, uma psicóloga escolar, comentou comigo:

> Sabemos que não é simples para uma família receber um diagnóstico repleto de estigma; entretanto, não reduzimos nossas crianças e adolescentes a diagnósticos e trabalhamos com as competências e as habilidades possíveis. Temos alcançados resultados muito bons. Muitas vezes, pais de crianças e adolescentes neurodivergentes não aceitam as idiossincrasias de seus filhos, imputando à escola responsabilidades que não são dela.

"Eu quis fechar os olhos, mas meu filho, aquele menino educado para ser maravilhoso, foi quem tocou fogo no banheiro da escola. Difícil admitir. Muito difícil", o depoimento é de Margareth, 36, médica, que chegou à conclusão difícil de que seu filho era autor de várias ações violentas na escola. "Ele entupiu, várias vezes, todas as privadas dos banheiros", ela me contava visivelmente constrangida. "Demorei para aceitar, até que ele fez isso em outros lugares e as câmeras desses outros lugares filmaram. Foi um choque. Nunca acreditei." Quando a ilusão/delusão se desfaz e vemos nossos filhos como eles conseguem ser, muitas vezes, não queremos os nossos filhos. "Tem horas em que me pergunto: se mereço esse filho", falava em voz alta Margareth.

Os filhos, ao contrário do que supomos e queremos, não são e nem serão o que almejamos. Quando, por qualquer razão, eles seguem caminhos parecidos com o que projetamos, devemos pensar duas coisas: a) em que medida interferi nessa escolha do meu filho? e b) essa escolha o deixa verdadeiramente em paz? Filhos não devem ser confundidos com investimentos, bolsa de valores, poupanças, títulos de capitalização. "Minha mãe me disse que eu sou a maior decepção da vida dela. Me criou para eu ser diplomata e fui me transformar em professor de crianças", me falou Alexandre, um dos entrevistados do grupo composto por Carmem, Miriam, José, Afonso e Kátia.

Nossa ilusão em relação aos filhos, se analisarmos bem, nada tem a ver com eles diretamente, mas sim conosco, com nossas expectativas, nossos desejos, nossos projetos, nossas frustrações. "Eu me iludi: meu filho nunca me afirmou que casaria na igreja e que casaria com alguém do nosso nível social. Eu fui quem me iludi. Meu marido também se iludiu, mas está tudo bem. Importa que Emerson está bem e cheio de planos", me confidenciou Maria Lúcia, uma mãe que acompanhei durante o período da covid-19, época em que ministrei curso, no âmbito do Programa Nacional de Capacitação do Sistema Único de Assistência Social (CapacitaSUAS), para a rede de assistência do estado de Pernambuco.

Terreno movediço[34]

Era uma noite tranquila para uma família composta por pai, mãe, dois filhos, um bebê e uma criança, além de uma trabalhadora que colaborava no cuidado com as crianças e que estava grávida.[35] De repente, num cruzamento, na Zona Norte da cidade do Recife, um carro em alta velocidade, segundo a perícia, guiado por um homem jovem e embriagado, colidiu com o carro em que estavam as pessoas antes referidas. Dessa colisão provocada, morreram a mãe, um dos filhos, a trabalhadora grávida; o pai e a filha, sobreviventes, ficaram entre a vida e a morte.

Em 2017, a vida dessas pessoas virou de ponta-cabeça. O autor do crime, segundo as investigações, havia passado o dia todo consumindo álcool, dirigia, num trecho em que a velocidade máxima era 60 km/h, em 108 km. Segundo as notícias saídas à época na imprensa brasileira, o autor do crime tinha histórico de dirigir em alta velocidade e de recorrentes multas. O álcool que circulava em seu corpo era três vezes maior do que é considerado crime de trânsito. "Me mate, me mate", disse o autor do crime no dia em que seu julgamento popular ocorreu, no dia em que foi condenado.

As famílias atingidas pela tragédia estavam no júri e pediam justiça. A morte de seus entes queridos dilacerou a todos. O assassino era um jovem estudante universitário. Numa entrevista, logo após a tragédia, o pai do autor do crime falou: "Meu filho é uma boa pessoa, mas uma pessoa doente, se envolveu com drogas, é um bom rapaz, jamais faria isso intencionalmente". O sobrevivente da tragédia, durante o júri, pedia "justiça", a família da trabalhadora morta pedia "justiça". O chão dessas famílias, de uma hora para outra, tornou-se movediço.

---

[34] Importante: este tópico não foi escrito na ordem cronológica.

[35] Este caso é real, mas não citarei os nomes de nenhum dos envolvidos na tragédia. Tudo muito dolorido.

O pai sobrevivente, depois que o assassino foi condenado, falou para a imprensa: "Eduquem seus filhos com cuidado e com amor, para que o amor prevaleça, é isso que estou fazendo com a minha filha, ainda que ela não entenda". A criança que sobreviveu, em razão do traumatismo cranioencefálico, ficou com sequelas as quais interferirão por toda a sua existência em seu desenvolvimento. O jovem que matou, usuário abusivo de substâncias psicoativas, pediu perdão, disse que não queria ter feito o que fez. A tragédia se anuncia na vida de cinco famílias. Nenhuma delas será a mesma nunca mais.

> Eu era criança quando, na casa em frente à minha, um padrasto, com arma de fogo, matou o enteado. Era uma pequena vila de casas. O assassino ceifou a vida do jovem no dia do aniversário do jovem. A mãe da vítima ajudou o assassino a fugir. Isto aconteceu no início dos anos 70 do século XX. Minha mãe detestava essa mãe. Todo mundo detestava essa mãe. O assassino, ao que se sabe, nunca foi encontrado. Os outros filhos, os irmãos da vítima, odiaram a mãe. A festa não houve mais. Seria um assustado, como chamávamos, para festejar a vida de Raul, mas Raul foi morto pelo marido de sua mãe. A mãe que ajudou o assassino a fugir. A fábula da família se desfez ali. Eu ainda era criança.

Esse depoimento me foi dado por Elizabeth, na ocasião em que ela me contava, ao final de uma palestra minha, que, após a leitura do meu livro *Antônio* (2024), decidiu denunciar o seu tio, o irmão do seu pai. "Aquele bandido abusou de mim, dentro da casa de meus pais e nunca meus pais souberam. Eu me calei. Ele dizia que me matava. Matava minha irmãzinha. Matava meus pais. Eu ficava calada. Mas, depois do seu livro, eu fui tomada de uma força e falei. Falei e denunciei. Um nojento." A família que pisa no terreno movediço, como chamo aqui, pode ou não afundar. "Foi muito difícil sair da lama movediça na qual entrei. Foi Deus quem me tirou de lá", me dizia Elizabeth.

As famílias, quando atravessam situações tsunâmicas, aquelas as quais devastam tudo, precisam de ajuda, de amparo, de muito cuidado. O jovem condenado pela morte das duas mulheres, uma delas grávida, de um menino na primeira infância, condenado por deixar um homem entre a vida e a morte, e deixar uma criança para sempre com deficiências motoras e cognitivas, dirigia em alta velocidade, bêbado, entorpecido, tinha histórico de uso abusivo de substâncias ilegais, internações em clínicas para reabilitação, o seu carro virou uma arma, uma arma mortífera. "O terreno movediço no qual entrei, Hugo, também foi o das drogas. Terreno difícil de sair", me falava naquela noite Elizabeth.

As famílias contemporâneas se darão conta de que, a depender do contexto, tudo que parecia calmo pode se transformar numa grande confusão. É fundamental educar os filhos para que eles entendam limites e que não se pode fazer tudo o que se quer. "O irmão do meu pai, esse nojento que abusou de mim, foi criado cheio de mimos", me disse Elizabeth. É movediço educar dizendo sempre "sim", dizendo sempre "não", usando sempre "talvez". É movediço não ver quem é o filho, o que ele faz, como ele pensa, o que ele sente. "Ele dirigia em alta velocidade sem se preocupar com quem estava na pista, o que buscava senão matar?", comentava comigo uma jornalista que cobriu a tragédia no trânsito, na Zona Norte do Recife.

A educação de uma criança é a base da vida de adolescentes, jovens e adultos. Quando crianças são educadas tendo o mundo aos seus pés, elas se entenderão imperadoras, muitas vezes, imperadoras opressoras e muito provavelmente crescerão acreditando que o mundo lhes deve reverência. "O irmão do meu pai fazia tudo errado e meus avós passavam a mão na cabeça dele", dizia Elizabeth. "Esse rapaz que matou a família era um riquinho mimado, cheio de gosto, completamente sem qualquer noção de limite", me dizia, em 2019, uma pesquisadora sobre violência no trânsito e que acompanhava o caso atentamente.

É importante entender que, como eu já disse aqui, as famílias que buscam controlar, na verdade, não controlam; buscam prever, de fato, não preveem; buscam disciplinar, de fato, não disciplinam; buscam antever, na verdade, não conseguem. Famílias que prescrevem, que são rígidas, que dominam, que disciplinarizam são, na verdade, famílias negligentes, porque, no lugar de educar, querem adestrar, moldar, fazer de um jeito que tudo pareça simples, tudo pareça ideal, não olham realmente para o que se passa. De repente, o terreno movediço se mostra, um filho estudante, de uma hora para outra, se torna um criminoso, é condenado a décadas de prisão e a vida se transforma numa eterna dor.

É evidente que, em situação tão trágica, não quero especular culpados, todavia, quero chamar a atenção para o quanto o terreno movediço nos aparece de uma hora para outra e que, se nós não pensarmos em sua existência, não analisarmos sua possibilidade, não entendermos que ele faz parte da vida, não vamos conduzir a educação de nossas crianças e adolescentes, considerando que essa é uma hipótese, essa é infelizmente uma probabilidade, que as coisas podem sair tão erradas com a vida de nossas crianças e de nossos adolescentes, de nossos jovens, porque não é só com o outro que se dá assim, que se dá desse jeito, pode também ser com a gente.

"Mas como evitar o terreno movediço, doutor Hugo?", me questionou Elizabeth naquela noite na cidade de Duque de Caxias, estado do Rio de Janeiro. "Não acho que eu saiba a resposta para a sua pergunta, no entanto, eu entendo que, para nos prevenirmos do movediço, é essencial que aprendamos a como sair de dentro dele, caso ele cruze nosso caminho."

PARTE II

Nem sempre a casa é o canto seguro

CAPÍTULO 4

As portas fechadas das casas

As casas não são seguras

Em seu livro *A poética do espaço* (2002), o filósofo Gaston Bachelard[36] nos diz que a casa é um lugar para o qual voltamos e no qual nos aconchegamos à procura de nós mesmos. Em 1999, quando entrevistei crianças para a minha pesquisa de mestrado, no instante em que trabalhávamos a categoria "família", após a leitura dos livros *A casa da madrinha* e *A bolsa amarela*, quase 100% das crianças me disseram que suas casas não eram lugares calmos e tranquilos, mas agitados e perigosos. Na ocasião, me chamaram atenção os seguintes depoimentos das crianças, sobre a insegurança de suas casas:

1. "Minha casa é bem barulhenta e minha mãe grita comigo e dá em mim. Eu não obedeço."
2. "Meu avô sai e me deixa sozinha trancada dentro de casa. Teve uma vez que eu quase morri queimada."
3. "Meu pai bebe cachaça e vem pra cima de todo mundo. Eu me escondo dentro do guarda-roupa."
4. "Não gosto de ficar sozinho na minha casa, porque eu não sei acender a luz e fico no escuro até minha mãe chegar do trabalho."

---

[36] De origem humilde, Gaston Bachelard formou-se tarde, tornando-se professor de Física em sua cidade natal. De 1930 em diante, ensinou na Universidade da Borgonha, em Dijon, França. Publicara, dois anos antes, seu primeiro livro, *Ensaio sobre o conhecimento aproximado*. A partir de 1940, Bachelard lecionou na Sorbonne, de onde só se afastou em 1954. Ingressou na Academia das Ciências Morais e Políticas, em 1955, e recebeu, em 1961, o Prêmio Nacional das Letras. Veja mais sobre o autor em: https://tinyurl.com/nhdtx7n8. Acesso em: 11 ago. 2025.

Como vemos, há evidente reclamação das crianças. Elas não aliviam nas críticas que fazem às suas casas. Elas viram, depois da leitura dos livros, que tanto a casa da família de Raquel, protagonista de *A bolsa amarela*, quanto a casa da família de Alexandre, protagonista de *A casa da madrinha*, não eram casas seguras e perceberam que a casa delas, a casa das crianças reais, também não eram exemplo de seguridade. Em 2012, quando fui lançar meu livro *Antônio* (2024, 2ª edição) no 14º Salão do Livro Infantil e Juvenil, evento, à época, organizado pela Fundação do Livro Infantil e Juvenil, à medida que as crianças compreendiam a história de *Antônio*, elas começavam a levantar a mão e pedir a fala.

1. "Eu corro com medo da minha avó. Ela é braba e bate em mim com correia de máquina."
2. "Quero voltar para casa não, eu não gosto do marido novo da minha mãe, e meu pai batia na minha mãe."
3. "A mão que pega Antônio também quer me pegar. Eu tenho medo, tio."
4. "Não é segura. A minha casa é bem pequena. Eu não tenho nem onde dormir. Tenho medo de fazer xixi e apanhar."
5. "Quase todo dia, eles me batem com força e me puxam o cabelo e me dizem que, se eu contar, apanho mais."

Diante das falas das crianças, eu e a coordenadora editorial, minha amiga Laura van Boekel, fomos às lágrimas. Se, na minha dissertação, os livros de Lygia Bojunga tinham aberto as portas fechadas das casas, no lançamento de *Antônio*, coisa similar havia acontecido naquele salão. Em 2022, para fins de pesquisa, entrevistei 17 pessoas sobre o tema deste capítulo: a segurança das casas para a vida de crianças e adolescentes. Na ocasião, uma das entrevistadas foi a assistente social Jéssica Azevedo, 37, que me disse: "Foi dentro da minha casa que começou o meu inferno. Ninguém sabia, mas era horrível. Eu saí dali toda machucada, e foi isso que me fez procurar ajuda".

Jéssica fazia acompanhamento psiquiátrico e psicológico, tinha diagnóstico de Transtorno de Estresse Pós-Traumático (TEPT). No depoimento a seguir, ela me contextualiza como era a sua casa, como se davam as violências que ela viveu na infância e como essas violências repercutem em sua vida até hoje.

> Minha mãe morreu de câncer quando eu tinha 7 anos. Meu pai se casou outra vez. Aí, foi quando começou tudo. Essa mulher do meu pai me detestava. Ela dizia coisas horríveis comigo. E dizia que, se eu desobedecesse a ela, eu ficava sem comer. Eu contava ao meu pai, mas ele acreditava na mulher dele. Sofri muito. Apanhei de todo jeito. Fui trancada, várias vezes, dentro do armário, no escuro, sendo assustada. Desenvolvi fobia de escuro, passei a fazer xixi na cama, tinha medo até da voz dela. Uma vez ela me mandou lavar os pratos e eu não ouvi. Quando eu senti foi um tapa no meu ouvido. Até hoje meu problema de surdez tem a ver com isso. Eu só estou viva porque minha tia, irmã da minha mãe, ameaçou meu pai de denúncia. Ele quis brigar com a minha tia. Eu já era mocinha. Passei anos sob tortura daquela maldita.

Jéssica viveu horrores dentro de sua casa, sua madrasta lhe fez muito mal, e seu pai não a protegeu. Ela desenvolveu, além do TEPT, vários outros transtornos que atrapalharam a sua aprendizagem. Além da surdez, em razão das pancadas que levou, teve sérios problemas orgânicos. No bojo das entrevistas com Jéssica, foi possível ouvir a sua psicoterapeuta que me deu o seguinte depoimento: "Quando Jéssica me procurou, já adulta, lembro ter me sentido incapaz de acompanhá-la, pois a história dela mexia muito comigo, entretanto, consegui e seguimos. Jéssica teve ajuda de uma tia materna, mas nem todas as crianças, envoltas em violência dentro de suas casas, têm". "Fui salva por tia Jussara. Não fosse ela, teria morrido. Aquela mulher me odiava", me contou Jéssica.

Em 2019, Maria Luiza de Oliveira Wanderlei (2019), uma orientanda minha de mestrado, investigou a relação entre o fenômeno *bullying* e a vida intrafamiliar. Na pesquisa de Malu, como carinhosamente a chamo, encontramos vários elementos presentes no âmbito da família que serviam para vulnerabilizar a vítima do *bullying*, como educação violenta simbólica, psicológica e física, maus-tratos, negligência, excessivo controle, desvalorização, deslegitimação e estigmatização. Esses elementos, todos demasiadamente prejudiciais ao desenvolvimento de uma criança, de um adolescente, estão, como aponta a pesquisa de Malu, no seio das casas.

Nessa pesquisa, vimos que a casa é um lugar que pode ser extremamente violento para uma criança, um adolescente, e que, quando essa violência existe, ainda que não extrema, causa muito mal às vítimas de *bullying*, uma vez que afeta o desenvolvimento do indivíduo em formação, fragilizando o seu ego, vulnerabilizando sua autodefesa. A violência também causa muito mal ao ator do *bullying*, uma vez que, nesse caso, é modelo, referência, base para a atuação persecutória e sistemática. Portanto, além de causar mal à vítima e ao ator do *bullying*, casas violentas são nocivas às testemunhas do *bullying*. Isso quer dizer que a violência dentro da escola tem relação (in)direta com a violência dentro das casas.

Corroborando com a pesquisa de Malu, as entrevistas com Jéssica apontavam que sua condição de violação dentro de casa a fazia também ser violentada fora de casa, posto que ela não sabia se defender, não conseguia denunciar, não tinha a quem recorrer, exceto a sua tia materna, porém, ela morava em outra cidade e não era visita frequente na casa de Jéssica. "Muitas vezes, apanhei na escola, fui xingada, agredida, mas não sabia o que fazer. Minha tia morava longe. Meu pai não queria saber de mim e minha madrasta tinha raiva de mim. Eu me tornei vítima de *bullying* e nem mesmo a escola soube como me proteger ou quis me proteger." Infelizmente, a situação de Jéssica não é incomum, muitas crianças, no Brasil, são violadas dentro dos seus lares.

Segundo dados oficiais publicados pelo Ministério dos Direitos Humanos e Cidadania (2022), das mais de 50 mil denúncias recebidas pelo Disque 100, em 2021, cerca de 81% são de violência praticada contra crianças dentro de casa. Sendo as crianças menores, mais vítimas de violência psicológica e verbal; e as crianças maiores, mais vítimas de violência física. Conforme tais dados, as várias formas de violência que ocorrem dentro de casa são praticadas por mães, pais, padrastos e outros familiares. Esses dados estão no âmbito da ocorrência do período em que houve o confinamento, em razão da covid-19.

Numa das entrevistas, Jéssica me contou:

> Quando a minha madrasta me batia, a portas fechadas, ela tampava a minha boca. Se eu chorava, dizia que era birra minha. Tinha uma vizinha, dona Rosa, ela sempre me perguntava se eu estava feliz, aí, quando eu disse que não, a mulher do meu pai dizia que eu era uma criança linda, maravilhosa, muito meiga e estudiosa. Mas eu queria falar, só que não sabia se aquilo tudo era culpa minha. Meu pai nunca me ajudou. Fiquei sozinha. Quando a minha irmã nasceu, aí foi que eu sofri mais. Até que, num dia, apareceu uma conselheira tutelar na minha casa e eu ouvi quando ela disse: "Temos uma denúncia de maus-tratos contra uma criança". Era eu, essa criança. Tempos depois, já crescida, eu soube que foi dona Rosa quem fez a denúncia e foi

graças a essa denúncia que o juiz decidiu que quem ia ficar comigo era a minha tia Jussara e obrigou meu pai a dar uma pensão a mim.

Segundo dados do UNICEF (2024), no mundo todo, cerca de 400 milhões de crianças e adolescentes são vítimas de violência dentro das próprias casas. São meninas e meninos submetidos a agressões físicas, psicológicas, simbólicas, entregues aos maus-tratos praticados pela própria família. Ainda segundo o referido documento, em cada 10 crianças e adolescentes, seis são submetidos às mais variadas violências, privados do direito de brincar, de viver a vida com plenitude e cuidado. Em 2005, uma adolescente que fazia parte de um projeto coordenado por mim, quando falávamos de violência contra crianças e adolescentes, me disse:

> Eu apanhei muito dentro da minha casa. Era comum, por exemplo, minha mãe me bater sem motivo, sem razão, só porque alguma coisa havia dado errado na vida dela. Ela já meteu a frigideira na minha cabeça e já me queimou com piola de cigarro. Ela também gostava de me dar beliscão. Quando meu pai batia nela, no outro dia, quando ele saía para trabalhar, sei lá para onde aquele demônio ia, ela descontava em mim e nos meus irmãos, mas eu era a escolhida. Hoje, ela depende de mim para tudo, mas eu não guardei amor por ela.

Segundo dados do Ministério da Saúde do Brasil, apenas em 2021, o país registrou 47 mil casos de violência sexual contra crianças e adolescentes, e 71% desses casos ocorreram dentro das casas. Das vítimas, 84% foram meninas e 56% delas eram negras. "Eu fui abusada dentro da minha casa pelo marido da minha mãe, e minha mãe infelizmente sabia e nunca fez nada para me proteger. Dizia que, se eu dissesse algo a alguém, ela se mataria", me comentou Mariza, uma leitora que leu meu livro *A costureira da rua quinze* (2021), ficção que é minha ode às mulheres. Nela, conto a história de três mulheres que buscam sobremaneira equidade.

Em 2023, a ChildFund,[37] com apoio da The LEGO Foundation, realizou, no Brasil, uma pesquisa[38] que aponta que 72,7% de crianças

---

[37] Saiba mais sobre: https://childfundbrasil.org.br/. Acesso em: 11 ago. 2025.

[38] Saiba mais sobre a pesquisa neste link: https://tinyurl.com/5b6jmfxh. Acesso em: 11 ago. 2025.

e adolescentes vítimas de violência são vitimizadas em ambiência doméstica e convivem com o seu agressor diariamente, sob o mesmo teto. Segundo estudos, a violência doméstica contra crianças e adolescentes é uma herança do período colonial, época, na qual, para muitas famílias, a educação estava diretamente relacionada à correção, à obediência irrestrita, à dominação e à submissão. Os castigos psicológicos e físicos eram usados como mecanismo educativo. Em 2022, Rogério, um ex-aluno de pós-graduação, me deu o depoimento a seguir:

> Meu pai dizia que me batia para eu poder ser certo na vida. Ele me bateu muito, o tempo todo. Batia mais em mim do que no meu irmão, porque ele achava que eu não era filho biológico dele. E quando olhava para mim, enxergava a suposta traição da minha mãe. Inclusive, minha mãe só não foi morta por ele porque fugiu de casa e sumiu no mundo. Eu só fui reencontrar a minha mãe tantos anos depois. Ele já estava morto. Não vou negar, quando ele morreu, eu senti uma espécie de alívio. Foi bom. Lamento dizer isso.

Rogério, atualmente policial militar, me procurou, depois de uma de minhas aulas, pedindo ajuda, pois estava prestes a se casar e tinha pavor de reproduzir com os seus filhos o que viveu dentro de sua casa. "Para os vizinhos, ele era cordato, mas, dentro de casa, parecia uma fera, um demônio, eu o odiei várias vezes e várias vezes, na escola, bati nos colegas, assim como ele batia em mim", me dizia Rogério. Como a pesquisa de Malu já havia apontado, a violência intradoméstica pode ser propagada por crianças e adolescentes que vivenciam essa experiência adversa ao seu desenvolvimento sadio.

Frantz Fanon (2022) nos diz que a descolonização nunca poderia ser pacífica porque a colonização é violenta. Em outras palavras, a violência da qual a criança e o adolescente são vítimas é terreno fértil para a reprodução da violência. Se educamos filhos com violência, é mais provável que eles crescerão e atuarão, em nível individual e coletivo, violentamente. Casas inseguras são espaço e tempo de produção de adultos inseguros, que provavelmente serão violentos, violáveis, atores ou vítimas ou vítimas-atores. "Eu sinto que a violência cometida pelo meu pai contra mim não saiu de mim, ela está dentro de mim", me dizia Rogério.

Num panorama da violência contra crianças e adolescentes no Brasil, entre os anos 2021 e 2023, dados alarmantes são evidenciados.

De acordo com o UNICEF e o Fórum Brasileiro de Segurança Pública, nos 27 estados da Federação, no período referido, 15.101 crianças e adolescentes foram vítimas de Mortes Violentas Intencionais (MVI) e 164.199 pessoas entre 0 e 19 anos foram vítimas de estupro e estupro de vulnerável. Os números mostram o quanto, em território nacional, meninas e meninos correm riscos em suas próprias residências.

> Do total de vítimas de MVI, 13.829 (91,6%) estão na última faixa etária, entre 15 e 19 anos. Além disso, 90% das crianças e adolescentes de 0 a 19 anos vitimadas são meninos e 82,9% são negros. O perfil majoritário de vítimas letais no Brasil, portanto, continua sendo adolescente, masculino e negro. Apesar de não ser nenhuma novidade, é assustador que, em 2023, para cada 100 mil habitantes no país entre 0 e 19 anos, do sexo masculino e de cor negra, 18,2 são assassinados enquanto a taxa de mortalidade para o mesmo grupo entre brancos seja de 4,1 por 100 mil. Isso significa dizer que o risco relativo de um adolescente negro, do sexo masculino, ser assassinado no Brasil é 4,4 vezes superior ao de um adolescente branco do sexo masculino (Reinach; Barros, 2023, p. 5).

Essas pessoas mortas ou vítimas de estupro ou estupro de vulnerável são vítimas a partir de recortes de gênero e recortes raciais, isto é, as violências contra crianças e adolescentes estão atravessadas por racismo, machismo e misoginia. O 17º Anuário do Fórum Brasileiro de Segurança Pública (FBSP), publicado em 2023 com dados de 2022, aponta que as violências contra criança e adolescentes – violências letal e não letal (abandono, negligência, maus-tratos, abuso sexual, estupro, estupro de vulnerável, exploração sexual e pornografia infantojuvenil) – aumentaram assustadoramente.

> Dificilmente teríamos como apresentar um cenário pior em relação à violência contra crianças e adolescentes do que o que se desenhou para o ano de 2022. Diferentes formas de violência contra quem possui entre 0 e 17 anos cresceram no último ano. Os números são impressionantemente altos e, como previsto nos últimos Anuários, já extrapolam as estatísticas anteriores à pandemia de covid-19. Vale lembrar que acidentes e violências, segundo a OMS, representam o maior problema de saúde pública entre crianças e adolescentes em

países em desenvolvimento e podem atingir, segundo estimativas, até 1 bilhão de vítimas anualmente em todo o mundo, considerando casos de violência física, sexual, emocional e negligência contra quem tem entre 2 e 17 anos (Reinach; Barros, 2023, p. 188).

Em junho de 2019, o ator Rafael Henrique Miguel, 22, e seus pais, João Alcisio Miguel, 52, e Miriam Selma Miguel, 50, foram assassinados pelo pai da namorada do Rafael. O assassino, condenado pela justiça brasileira a 98 anos de prisão em regime fechado, era, segundo a sua ex-mulher e a sua filha, um homem violento, agressivo, explosivo, que já havia agredido a mulher e a filha inúmeras vezes. A morte das três vítimas causou extrema comoção perante a opinião pública; e a família do assassino, o tempo em que ele esteve dentro de casa, viveu horrores descritos durante as sessões de julgamento público desse crime.

Segundo a ex-mulher do assassino condenado, ela foi vítima de violência doméstica durante anos de sua vida: "Ele quebrou as minhas costelas sete vezes. Quebrou o meu nariz quatro vezes. Me agrediu com um facão. Bateu em minha mãe. Me ameaçava de morte e me dizia que, se eu o denunciasse, ele mataria meus pais. Não consigo mensurar quantas vezes fui agredida"; já a filha do assassino afirmou, logo após a sentença, que "o verdadeiro culpado por todo o caos vai pagar pelo que fez". Agora, imaginemos o quanto esse homem violentou a portas fechadas a família que construiu.

Em 2022, depois de uma entrevista que concedi para um programa de televisão, falando sobre o meu livro *A geração do quarto: quando crianças e adolescentes nos ensinam a amar*, fui procurado por Beatriz, 37. Ela, na infância, tinha vivenciado uma experiência de extrema violência e queria que essa experiência não viesse para dentro da sua casa, sobremaneira na educação de sua filha. Eu, então, pedi que ela me narrasse o que lhe havia ocorrido, caso ela quisesse partilhar comigo. E ela então me narrou e, depois, me autorizou a fazer menção ao seu depoimento, quando viesse a produzir este livro, à época, já em processo de produção.

> Quando as portas da minha casa eram fechadas, eu sabia que a maldade seria usada. Foram tempos de pavor. Nunca me esqueço. Desenvolvi transtorno de estresse pós-traumático. Tive um irmão que se envolveu com drogas. E, minha mãe, não sei dizer a razão, nunca reagiu, nunca contou nada a ninguém. Apanhava daquele macho, não o chamo de

> pai, calada. Aquilo tudo só parou, porque eu, num surto, não sei dizer se foi surto ou se foi ódio, numa tarde, quando ele chegou, bateu em todos nós e dormiu. Esquentei a água e, quando ela estava fervendo, bem fervendo, joguei na cara dele. Eu queria pegar o olho. Pegou. Não fui presa. Eu tinha 11 anos. Ele infelizmente não morreu. Mas todo mundo ficou sabendo o que era a minha casa quando as portas estavam fechadas.

Beatriz, como vemos, tinha acompanhamento psiquiátrico e psicoterapêutico. A experiência de violência extrema que vivenciou foi terrível para ela. Quando ouvi a história dessa mulher, fiquei muito triste. Foi um dia complexo para mim. A princípio, a vontade que tive foi de dizer a ela que "aquilo passou", mas depois, preferi, nesse primeiro momento, dizer: "Você tentou se proteger, tentou cuidar de sua casa contra alguém que agredia a própria casa". Ela me olhou com uma expressão como se me perguntasse "então eu não sou a pior pessoa do mundo?", mas não falou nada, só me olhou e chorou bastante. Quando ela saiu, eu também chorei. Não foi fácil ouvir tudo aquilo.

As diferentes casas

A palavra casa aqui utilizada é uma metáfora, e eu quero tratar das diferentes ambiências familiares, de diferentes situações socioeconômicas, de diferentes situações de gênero, de orientação sexual e de relações étnico-raciais que habitam as casas. Os dados mostram que as violências contra crianças e adolescentes ocorrem em todo o mundo. No Brasil, essas violências estão escancaradas quando analisamos os dados apresentados no tópico anterior, mas a violência não é a mesma em toda casa e nem é tratada da mesma forma a depender da casa.

> É claro que eu digo ao meu filho, o Heitor, 17 anos, que ele não se esqueça de que, no nosso país, gente como a gente, é associada ao errado. Eu sou uma mulher negra, meu marido é um homem negro, meu filho, apesar de estudar em escola de rico, ganhou bolsa, é negro, e o Brasil é racista. O racismo é feio aqui. Feio, o senhor entende, é brabo. Eu estudei, sou professora, meu marido é marceneiro, temos o necessário, mas sempre que a coisa aperta na escola, recebo chamado, se Heitor erra, ele erra mais que os colegas. Eu já

disse a ele: a casa da gente é diferente da casa de seus amigos, meu filho (Amara, 47, professora).

No âmbito da pesquisa para este livro, entrevistei Amara, professora, moradora do bairro do Ibura, periferia da cidade do Recife. Heitor, seu filho, um adolescente de 17 anos, é bolsista numa escola privada, localizada na Zona Sul, e costuma ser convidado para festas de aniversários na casa dos colegas. Amara sempre o lembra que o racismo vai atravessar a vida dele, assim como atravessa a vida dela, do pai de Heitor e das famílias negras e periféricas. Amara, todavia, também explica a Heitor que ele tem os mesmos direitos que os colegas.

> Não iludo o meu filho, porque sei que morar no Ibura, na periferia, é diferente de morar nas Graças, no Pina, em condomínios de luxo. Eu sei que, muitas vezes, nessas casas, acontece muita violência, mas, quando os jornais, a polícia, a sociedade de modo geral tratam sobre casas violentas, apontam logo as casas dos pobres, das famílias pobres, acreditando que, nas nossas casas, a violência acontece mais do que nas casas dos ricos. Mas eu sei que isso é preconceito. Sei ler e, todos os dias, leio que mulheres são vítimas de violência doméstica, que crianças são abusadas sexualmente, e essas violências não acontecem só nas casas localizadas nas periferias (Amara, 47, professora).

Amara está coberta de razão. A violência intradoméstica não ocorre exclusivamente em casas localizadas nas periferias, todavia, para o imaginário social, lugares socialmente mais vulneráveis são lugares mais violentos, são lugares mais inseguros, são lugares mais perigosos. Essa crença, além de ser preconceituosa, não condiz com os fatos e nem com os dados. Infelizmente, a violência contra crianças e adolescentes está presente em muitas casas social e economicamente abastadas. O depoimento a seguir confirma o que digo:

> Dr. Hugo, tudo o que o senhor disse nessa palestra é a minha vida. Veja (levantando a camisa e me mostrado marcas nas costas): essas marcas são cicatrizes de surras que levo. Aqui na escola, ninguém sabe, mas, dentro da minha casa, a violência é grande, é forte. Eu, hoje, vim assistir aqui a sua palestra com muita esperança (abre a mochila e me mostra uma arma de fogo). Eu vim decidido a matar esses canalhas,

um a um, todos eles, esses cães. Eu não aguento mais. É violência em casa e é violência na escola. Me ajude, doutor.

Essa fala é de um adolescente. Na época, ele tinha 12 anos. Importante dizer que, diante da fala dele, foram tomadas as devidas providências para que a proteção imediata ocorresse, considerando a voz dele: "Em casa, sou surrado pelo marido da minha mãe. Ele me espanca, e minha mãe, quando ele começa, vai tomar banho". Em torno do que o adolescente me disse, procedemos imediatamente à denúncia. A escola, aquela instituição que havia me convidado para palestrar, tomou medidas legais e entendeu que a situação era muito grave. Eu, que deveria ficar duas horas naquela atividade, fiquei cerca de quatro horas. Aquela manhã de uma quarta-feira foi muito difícil.

Esse adolescente, que me pediu socorro, era filho de pessoas economicamente abastadas. A casa dele ficava num bairro considerado nobre, em que o metro quadrado é caríssimo para os padrões da cidade. Duas vezes ao ano, a família que surra leva esse adolescente para viajar em outros países. O cenário da riqueza, na vida desse menino, não alterou a violência a portas fechadas. Mas então o que muda? Muda que a voz desse adolescente pôde ser ouvida, e, em razão de ter sido ouvida, providências legais foram tomadas com vistas à proteção integral do menor. Ocorre que, em outras casas, com situação socioeconômica desfavorável, o cenário também é violento, todavia, nem sempre a voz que sai desse cenário encontra eco, ressoa, logo não é ouvida.

A banda Titãs tem no seu repertório uma música na qual diz: "Miséria é miséria em qualquer canto, riquezas são diferentes". As casas são diferentes a partir dos contextos nos quais tais casas – vidas – estão inseridas, são construídas, são instituídas. Quando digo que a violência dos ricos ocorre também na casa dos pobres e vice-versa, estou dizendo que, embora ocorra, não se materializa do mesmo modo em terras brasileiras. Infelizmente, por razões sociais, econômicas, culturais, históricas, o Brasil é um país desigual no qual as desigualdades conduzem crianças e adolescentes a modos de sofrimentos diferentes. Nesse sentido, é fundamental entender que, a depender da casa, a seguridade da criança e do adolescente é tratada pelo Estado e pela sociedade de modo geral a partir de parâmetros distintos.

Em 2024, Érica Gonçalves Nunes, minha orientanda de mestrado, investigou a relação entre saúde mental e meninas que cumpriam medida socioeducativa de internação na Fundação de Atendimento Socioeducativo (Funase). O objetivo do seu trabalho foi compreender a trajetória dessas meninas e como a Funase colaborou no processo de sofrimento e adoecimento psíquicos delas (Nunes, 2025). A partir dessa pesquisa, entendi que a casa de onde vêm as meninas que cumprem medida socioeducativa não é a mesma casa de onde vem, por exemplo, a adolescente que matou a sua amiga com arma de fogo, num condomínio de luxo na cidade de Goiânia, no estado de Goiás (Moraes; Garcia, 2022).

No caso das meninas na Funase, a internação é cumprida na sua integralidade. Já no caso da adolescente de Goiânia, a justiça decide – ainda que cause um tremendo mal-estar na opinião pública, na família da adolescente morta, indignação e revolta – a trajetória da menina que matou a colega, mas a internação se dá de modo diferente das meninas interlocutoras de Érica. As casas não são iguais, posto que fica evidente que não há equanimidade e garantia de direitos plenos. Não pretendo aqui analisar um caso específico, todavia, ilustra o que argumento neste tópico, a situação que ora me serve de exemplo. Existem casas e casas, e existem pessoas, famílias que moram nessas casas, que as habitam.

> Eu matei, Érica, como você sabe, uma pessoa. Não foi querendo, foi sem querer, mas aí, não deu outra, vim parar aqui dentro. Sei que só saio quando o tempo acabar. Eu sei que não tem como fazer de outro jeito. Já entendi. Quando eu sair daqui, terei mais idade, mais dificuldade para arrumar emprego. Eu não queria que ela morresse, mas aconteceu. E agora, minha mãe já me avisou que não tem dinheiro, grana, bufunfa. Advogado é caro demais, Érica. Terei de ficar aqui mesmo. Lá, na minha rua, conheço umas três que vieram parar aqui. Eita!

Infelizmente, como dizia a minha avó Naná, o "pau que bate em Chico nem sempre bate em Francisco". Quando é mesmo que a justiça se aplica da mesma forma para todas as pessoas? Pergunta difícil e, ao mesmo tempo, fácil de responder, e alguns exemplos nos ajudarão a refletir. Vejamos este caso: em 2 de junho de 2020,[39] uma mulher rica, na cidade

[39] O caso tratado se refere ao trágico episódio da morte da criança Miguel Otavio, filho de Mirtes Renata, neto de dona Marta. É possível ler inúmeras notícias jornalísticas sobre a morte de Miguel.

do Recife, abandona uma criança de 5 anos sozinha no elevador. Essa criança, um menino negro, filho da empregada doméstica da casa dessa mulher, vai à procura da mãe, sobe até o terraço do prédio, no 9º andar, e cai de uma altura de mais de 35 metros.

A mulher que abandona a criança negra, filho da empregada doméstica, é presa, mas, ao pagar uma fiança, é solta. A justiça, na medida em que o caso avança, condena inicialmente a mulher a 8 anos e seis meses de cadeia, por abandono de incapaz com resultado de morte. Depois, essa mesma justiça diminui a pena dessa mulher, que fica em 7 anos. A justiça concede a ela responder a condenação em liberdade. A mulher que abandonou a criança, que pagou a fiança, que nunca foi devidamente presa, decide fazer faculdade de Medicina, e vive livre e leve, com o dinheiro que tem, para impetrar recurso atrás de recurso. A casa dessa mulher que provocou a morte da criança é de luxo.

O menino morto, a mãe do menino, a avó do menino, o pai do menino, todos negros, moram num bairro periférico. As casas são diferentes. A casa de luxo, mesmo na pandemia da covid-19, não hesita em colocar a empregada doméstica – uma mulher negra, filha de outra mulher negra, mãe de um menino negro – para trabalhar, ainda que houvesse à época um decreto governamental, afirmando que serviços domésticos não eram essenciais. Mas a família da casa de luxo exige que a família da casa periférica vá trabalhar. Com as creches públicas fechadas, em razão da covid-19, a mãe do menino leva o menino para o trabalho. A mulher condenada pela morte do menino faz as unhas enquanto a criança negra morre.

- "Uma vida inteira sem o meu filho."
- "Neste dia, o que invadiu minha vida não foi só a tragédia, foi a brutalidade do racismo, da desigualdade, da impunidade."
- "Eles podem ter a influência que for, mas eu não vou me calar."
- "A justiça que não chega nos mata aos poucos, e o silêncio é cúmplice da violência."
- "São 5 anos sem Miguel, cinco anos da partida dele, e 5 anos sem justiça."
- "Eu não vivi meu luto. Eu não vivi o luto pela morte do meu filho porque eu preciso estar em cima."
- "A sensação de que é uma tortura grande."

Essas falas são todas de Mirtes Renata, mãe do menino abandonado – é possível acessar, numa busca rápida pelo Google, vasto material do que foi publicado na imprensa brasileira sobre esse discurso. O menino homenageado na música "2 de junho", composta e cantada por Adriana Calcanhotto, cantada também por Maria Bethânia. A criança negra, indefesa, filha da empregada doméstica, neta da empregada doméstica, moradora de um bairro de periferia, poucos recursos econômicos, vítima de uma mulher, vítima de uma estrutura racista, vítima do total descuido. As casas não são iguais. As casas são diferentes. Nesse sentido, a violência contra crianças, a depender de recortes interseccionais, não ocorre do mesmo modo. Eis um fato.

As casas que matam

Em 2008, no estado de São Paulo, num bairro de classe média, moradores de um condomínio veem um corpo de uma criança estirado no chão. A criança estava morta. Ao que tudo indica, teria caído de um dos apartamentos. A queda, dada à violência do impacto, ceifou a vida da menina de 5 anos de idade, de nome Isabella Nardoni. Nar-do-ni, assim mesmo que se escreve e se pronuncia. Trata-se do sobrenome do pai, Alexandre Nardoni, casado com uma mulher chamada Anna Carolina Jatobá, madrasta de Isabella. Com o desenrolar dos fatos, ficamos sabendo que, no dia que morreu, Isabella estava sob os cuidados desses dois adultos, estava na casa deles.

Por mais difícil que fosse de acreditar, ao contrário do que explicaram o pai e a madrasta, Isabella não havia caído sozinha, mas foi arremessada da janela do quarto em que dormia. Alguém, um adulto com força física suficiente para suspender o corpo franzino da pequena menina, meticulosamente, cortou a tela protetora da janela, de modo que, por meio da fenda feita, o corpo de Isabella passasse, tentando simular um acidente. Segundo o que as investigações policiais disseram, quando Isabella foi arremessada, ela já não estava mais viva. Em outras palavras, alguém a matou dentro da casa e depois, calculadamente, tratou de se livrar do corpo dela.

As investigações policiais apontaram que o pai e a madrasta de Isabella a mataram. Sim, a menininha indefesa, sem qualquer possibilidade de autoproteção, foi morta, conforme a justiça brasileira, por Alexandre Nardoni, seu pai, e Anna Carolina Jatobá, sua madrasta. O episódio comoveu o

Brasil e muitos lugares do mundo. Um pai assassino da própria filha. A filha, uma pequena garotinha de sorriso franco e vozinha meiga, cabelos escorridos e com dentinhos por trocar. A portas fechadas, a trama macabra foi urdida e a tragédia realizada. Alexandre Nardoni, o pai, aquele que seria protetor, foi condenado por matar Isabela. Embora sempre tenha negado, a justiça brasileira refutou, em todos os níveis, a sua defesa.

A madrasta, a mãe dos irmãos de Isabela, também a matou e foi condenada pela justiça. Também negou o ato, mas o Poder Judiciário Brasileiro não aceitou sua negação, sentenciando-a de modo definitivo a décadas de cadeia, em regime fechado. Os dois adultos responsáveis, naquele final de semana, por cuidar da pequena menina, urdiram uma trama e agiram de caso pensado. Quem poderia crer que isso seria possível? Ao longo da história das infâncias no mundo todo, entretanto, ações similares a desses dois assassinos não são nem inéditas e nem raras. Muitas crianças são mortas dentro de suas casas por pessoas que deveriam protegê-las, todavia, as condenam a dor e sofrimento, seguidos de morte.

No Rio Grande do Sul, segundo dados apresentados numa reportagem-dossiê do jornal *Zero Hora*, em uma década, de 2013 a 2023, o maior número de crianças mortas – de 0 a 12 anos – resultou de assassinatos dentro de casa, realizados pelos próprios pais dessas crianças; às vezes, por padrasto e/ou madrasta. Para fins de pesquisa deste livro, entrevistei Valquíria, uma corretora de imóveis, 45 anos. Em uma das entrevistas, ela me disse quando falávamos sobre o caso Nardoni: "O caso de Isabella Nardoni é mais um, doutor Hugo, mas não é o único. Eu mesma, como o senhor sabe, quase fui morta pelo meu padrasto, e minha mãe me expulsou de casa e ficou com ele".

Aos 13 anos de idade, Valquíria foi expulsa de casa pela mãe, porque, segundo ela, Valquíria mentia e queria acabar com o casamento dela. "Ele tentou me estrangular duas vezes porque eu não queria fazer nojeira com ele. Aí, uma vez, ele disse: 'hoje, acabo com você, sua vigaristazinha'. Só não morri, porque corri. Minha mãe não me quis mais na casa dela, tive de morar em casa de acolhimento e viver a vida sem mãe, porque pai nunca tive." Valquíria conseguiu, com a ajuda de muitos, sobreviver e construiu a sua família. "Não tem macho nesse mundo que seja mais importante do que meus filhos."

Em 2024, no Rio Grande do Sul, um outro pai, chamado Tiago Ricardo Felber, matou o filho, um menino chamado Théo. Um dia antes de matá-lo, Tiago tentou asfixiar a criança. Em depoimento às autoridades, o pai não negou o que fez e justificou a sua ação porque queria se vingar da ex-mulher. Não mediu esforços para pôr em prática o seu plano vil e terrível. A morte do filho, a ele, o assassino, pouco importava. Em reportagem-dossiê, no jornal *Zero Hora*, lemos:

> Na manhã de 25 de março, mesmo dia em que completara 40 anos, **Tiago Ricardo Felber circulou com o menino pelas ruas de São Gabriel**, na Fronteira Oeste, onde vivia. Na noite anterior, conforme ele mesmo confessou, havia tentado **asfixiar o filho**. Apesar do ataque, o garoto sobrevivera e estava desperto, sentado na cestinha da bicicleta. Próximo ao meio-dia, o pai apanhou Théo mais uma vez nos braços e **arremessou o filho, ainda com vida, do alto de uma ponte**. Desamparado, o garoto tombou sobre pedras do rio que sofre com a seca e **morreu** (Mendes, 2025, grifos do original).

A morte de Théo trouxe à tona dados sobre crianças mortas dentro das suas próprias casas no Rio Grande do Sul. O jornal *Zero Hora* mapeou e analisou 153 casos em que vítimas de até 12 anos foram assassinadas dentro de suas casas, sendo que 70% dessas crianças foram assassinadas pelos próprios pais. Os dados apontam que "as **mães foram as que mais mataram**, com 41 crimes, seguidas pelos **pais**, com 18. Em 11 mortes, pai e mãe são indicados como autores. O total é ainda maior quando se incluem **padrastos e madrastas**, responsáveis por 19 assassinatos. Outros familiares teriam sido autores em, ao menos, nove casos" (Mendes, 2025).

Ainda na esteira das entrevistas que fiz para este livro, Denise, 40, conselheira tutelar, me disse:

> Como conselheira, não tem sido incomum saber de casos de crianças mortas pelos próprios pais, pelas mães, pelo padrasto, pela madrasta, pelo namorado da mãe, pela namorada do pai. Só no ano passado, aqui em Recife, eu fiquei sabendo de uns cinco a sete casos em que as crianças sofriam violência letal dentro de suas casas. A violência letal era praticada pelos adultos cuidadores dessas crianças. Numa certa ocasião, ouvi de uma mãe o seguinte depoimento: "Eu fiquei na cadeia porque fui cúmplice da morte do meu filho. Eu deixei aquele cara matar meu menino. Eu não presto para nada. Sou uma imprestável".

No dia 4 de abril de 2014, um menino chamado Bernardo Uglione Boldrini foi morto pelo próprio pai e pela madrasta, com ajuda de uma amiga da madrasta. A criança, segundo informações coletadas em reportagens publicadas no Brasil, era constantemente vítima de negligência e maus-tratos realizados pelo pai e pela madrasta. Bernardo, no dia em que foi assassinado de maneira vil e torpe, foi levado a uma cidade diferente da que residia, lhe foi aplicada uma superdosagem de medicação que ceifou a sua vida e, depois, ele foi enterrado numa cova vertical. Para o Ministério Público, o pai de Bernardo, um médico (um profissional que teoricamente cuida), foi o autor intelectual do crime. O autor intelectual é aquele que urde a trama, planeja e delega a execução a outrem.

A morte desse menino, 6 anos depois da morte de Isabela, também chocou o país. O pai planejou a morte do filho, segundo as investigações policiais, para ficar com a herança da mãe de Bernardo, sua ex-mulher, morta, tempos antes, em circunstâncias não totalmente esclarecidas. O caso do menino Bernardo me fez recordar o caso de um menino aqui em Recife chamado Samuel. Samuel perdeu a mãe e, como herdou a casa onde morava sua mãe junto com ele, foi visto pelo pai como um adversário e o próprio pai planejou a sua morte. Segundo dados, Bernardo, antes de ser morto, foi, várias vezes, maltratado dentro de sua casa, com a anuência e outorga do pai.

Em razão do caso de Bernardo, foi instituída a Lei Federal 13.010/2014 (Brasil, 2014), conhecida como Lei Menino Bernardo, que prevê punição para quem bater em crianças ou colocá-las em situação de vulnerabilidade. "Eles enterraram o menino numa posição vertical. O corpo posto na vertical remete a um período de nossa história em que crianças, adolescentes e jovens, sobretudo mulheres, eram enterrados vivos, pois, de alguma maneira, seus pais acreditavam que fazer isso era um tipo de correção", comentou comigo Valquíria. O caso de Bernardo, assim como o de Isabela, demonstram que, independentemente da classe social e econômica, crianças podem ser mortas em casa, no âmbito familiar.

Em 2021, no mês de abril, uma menininha de 6 anos de idade chamada Ketelen Vitória Oliveira da Rocha, por três dias, foi torturada e espancada pela sua mãe e sua madrasta. As duas mulheres, costumeiramente, sob os olhos de outra adulta, a mãe da madrasta de Ketelen, maltratavam a criança, fazendo-a todo tipo de maldade possível. No dia em que morreu, depois de ter apanhado violentamente, sem qualquer possibilidade de proteção, a menininha foi jogada de uma altura de 7 metros pela madrasta. Segundo a polícia civil, entre os dias 16 e 18 de abril, Ketelen não foi alimentada, recebeu socos, empurrões, pisões, pontapés e sofreu lesões provocadas por um fio de TV.

As agressões que a levaram à morte, segundo as duas assassinas, teriam ocorrido em razão de a menina ter bebido uma caixa de leite que havia caído no chão. Depois da tortura, dos espancamentos, além de ter sido atirada de uma altura de 7 metros, Ketelen não resistiu. As duas criminosas urdiram uma mentira e disseram que a criança havia sofrido uma queda, por isso estava naquele estado, todavia, os médicos que atenderam à menina identificaram total contradição e acionaram a polícia. O júri popular condenou as duas mulheres a mais de 57 anos de prisão. Ketelen morreu pelas mãos de quem a trouxe ao mundo. Sofreu muito esse pobre serzinho. Ninguém a defendia. Ela não conseguiu escapar.

A condição social e econômica de Ketelen era diferente da de Isabella e de Bernardo, mas, como eu já disse antes, a violência dentro das casas contra meninos e meninas atravessa classes sociais. Neste caso, também atravessa formação familial em termos de orientação sexual. São duas mulheres que formam um casal. Em outras palavras, a violência contra crianças e adolescentes também não se restringe a um único modelo familiar, ela está presente em várias configurações. Também em 2021, um casal de mulheres, Yasmin Vaz dos Santos e Bruna Nathalie Porto da Rosa, mãe e madrasta de Miguel, 7 anos de idade, foram condenadas pela justiça brasileira por matarem a criança.

Miguel, entregue nas mãos dessas duas mulheres, era torturado, espancado, maltratado. Um dos castigos impostos ao menino por elas, era ser trancafiado dentro de um armário escuro. A polícia teve acesso a uma fala de Bruna quando impunha o castigo à criança. Na fala, a madrasta de Miguel diz: "Se tua mãe chegar e tu mijar, eu te desmonto a pau. Eu te desmonto, eu te desmonto, eu te desmonto e tu vai sair todo quebrado". Miguel estava sozinho, dentro de casa, aos cuidados dessa mulher. Miguel era obrigado a escrever num caderno *"eu sou um idiota"*, *"não mereço a mamãe que eu tenho"*, *"eu sou ladrão"*. As duas, segundo a justiça, mataram Miguel, jogaram o corpo dele num rio e, por isso, foram condenadas a mais de 50 anos de prisão.

Queriam, com essa ação, ocultar o cadáver. Em um depoimento dado durante o julgamento, tanto uma quanto a outra tentaram se desvincular da morte, todavia, as provas eram irrefutáveis. A tortura fazia parte da vida de Miguel. Ele sofria horrores nas mãos dessas duas criminosas. Tudo dentro da casa, a portas fechadas. Me dói profundamente ter de escrever o que relato neste tópico do meu livro. Penso nesse menininho sem ter a quem recorrer. Penso também onde está o pai dele? O pai não o via? O pai não percebia nada? Elas, as duas criminosas, colocaram o corpo da criança dentro de uma mala, depois, atiraram o corpo, nunca encontrado, num rio, o rio Tramandaí.

Em novembro de 2013, Joaquim Pontes Marques foi assassinado pelo namorado da sua mãe, a psicóloga Natália Ponte. Dez anos depois, Guilherme Raymo Longo, o assassino, foi condenado a 40 anos de prisão. Ele matou Joaquim, uma criança com 3 anos de idade, diabética, aplicando nele mais de 160 doses de insulina. Cinco dias após ser dado como desaparecido, Joaquim foi encontrado morto nas águas do rio Pardo, em Ribeirão Preto, São Paulo. A mãe de Joaquim, embora tenha sido acusada de homicídio, foi absolvida. Ela sabia, quando começou o relacionamento com Longo, de seu histórico de uso abusivo de substâncias psicoativas e de seu perfil violento, mas a justiça entendeu que ela não teve responsabilidade sobre os atos do namorado.

Joaquim, aos 3 anos de idade, entregue às mãos do seu assassino, não sabia como se defender. O assassino conhecia as vulnerabilidades da criança, usou-as sem qualquer sentimento de cuidado. Dentro de sua casa, o pequeno menino, filho de Artur Paes Marques, foi morto. A morte da criança assusta o país. É trágico perceber que a casa não é segura, que a casa pode matar, que a casa mata. É difícil admitir que os adultos que matam são adultos, a princípio, responsáveis pela proteção, entretanto, essas crianças estão nas mãos de pessoas ruins, capazes de atrocidades tais quais as que, infelizmente, preciso dissertar aqui. Disserto para percebermos que seria uma ilusão acreditar que todas as famílias protegem, cuidam e são genuinamente boas. Não são. Eis a verdade.

Em março de 2021, um menininho, Henry Borel, 4, chorava nos braços do pai quando foi entregue aos cuidados da mãe. O pai, no entanto, precisava trabalhar, e o acordo era que a mãe cuidaria dele. A mãe da criança namorava um homem, que era vereador, médico, alguém de família política e rica. Henry, todavia, segundo as investigações policiais, sofria violência, dentro da casa da sua mãe, do namorado dela. As violências foram tantas que Henry morreu. Sim, isso mesmo, morreu. O namorado e a mãe são acusados pela justiça de homicídio e vão a júri popular. A criança sofreu muito antes de morrer, segundo as investigações, seu corpinho foi muito machucado. Para o Ministério Público e para o Judiciário, a mãe participou do crime cometido.

Os dois acusados são a mãe e o seu namorado. Ele se chama Jairinho e ela se chama Monique. Ambos ainda não foram a julgamento. Ainda não foram sentenciados. No entanto, são acusados e estão preventivamente presos. Em razão da morte de Henry, foi criada a Lei n.º 14.344/22, batizada como Lei Henry Borel, que, segundo sua ementa, diz:

> **EMENTA:** Cria mecanismos para a prevenção e o enfrentamento da violência doméstica e familiar contra a criança e o adolescente, nos termos do § 8º do art. 226 e do § 4º do art. 227 da Constituição Federal e das disposições específicas previstas em tratados, convenções ou acordos internacionais de que o Brasil seja parte; altera o Decreto-Lei n.º 2.848, de 7 de dezembro de 1940 (Código Penal), e as Leis n.ºs 7.210, de 11 de julho de 1984 (Lei de Execução Penal), 8.069, de 13 de julho de 1990 (Estatuto da Criança e do Adolescente), 8.072, de 25 de julho de 1990 (Lei de Crimes Hediondos), e 13.431, de 4 de abril de 2017, que estabelece o sistema de garantia de direitos da criança e do adolescente vítima ou testemunha de violência; e dá outras providências (Brasil, 2022).

A lei torna hediondos os crimes contra crianças e adolescentes cometidos no âmbito doméstico. Os acusados pela morte do pequeno Henry Borel, mãe e padrasto, negam o crime e se dizem inocentes, todavia, não é isso o que dizem o Ministério Público e o Judiciário do estado de São Paulo. Quando chegou ao hospital, já morto, com lesões no corpo, a acusada de matá-lo levava a criança nos braços, como se Henry ainda estivesse vivo, e o acusado de matá-lo a acompanhava. Numa rede social, 30 dias após a morte de Henry, seu pai, Leniel Borel, desabafou:

> 30 dias desde que te dei o último abraço. Nunca vou esquecer de cada minuto do nosso último final de semana juntos. Deixar você bem, cheio de vida, com todos os sonhos e vontades de uma criança inocente.

> Desculpa o papai por não ter feito mais, lutado mais e protegido você muito mais. Confiamos que Deus fará sobressair a tua justiça como a luz, e o teu juízo como o meio-dia.

A morte de Isabela, Théo, Ketelen, Bernardo, Joaquim, Miguel, Henry, entre outras crianças que preferi não trazer aqui, confirmam o que eu disse antes: as casas matam. Claro, ainda bem, não são todas as casas. Na sua grande maioria, as casas não matam, os pais, as mães, os padrastos, as madrastas não são assassinos. A questão é outra, a questão é que o número, mesmo não sendo maioria, é assustador. Como eu já referi aqui, noutro tópico, numa sociedade saudável, esse tipo de crime jamais ocorreria. Ele ocorre numa sociedade adoecida, na qual crianças devem ser corrigidas com castigos, sejam eles simbólicos, psicológicos ou físicos. As casas que matam não têm letreiro nas portas. Antes dessas crianças serem assassinadas, elas sofreram horrores. É esta a questão: as portas fechadas das casas, muitas vezes, escondem violências.

É bom estar em casa?

Em 1982, eu tinha 11 anos. Neste ano, sofri *bullying*. As consequências psicológicas daquela violência estão em mim até os dias de hoje. Certa vez, uma psicoterapeuta me perguntou: "Hugo, o que restou daquilo tudo?", eu não lhe respondi. Chorei. Já era um adulto. Pai. Escritor. Mas a memória do trauma é uma memória perversa. Ela guarda o que queremos esquecer. Quando conversei com Valquíria, a entrevistada à qual aludi no tópico anterior, lhe perguntei se ela se sentia bem quando voltava para casa. Ela me disse que sim, porque na casa dela, a casa que ela criou, há sempre espaço para um "carinho", "aconchego", "um pouco de descanso".

Quando a casa na qual nós moramos, no lugar de nos proteger, como disse Bachelard, aqui já citado, nos ameaça, nos espanca, nos tortura, nos traumatiza, não é bom retornar, não é bom estar em casa. Quando a casa na qual moramos existem a violência doméstica, os gritos, os empurrões, os móveis quebrados, a bebedeira, a opressão, não é bom voltar para casa, estar em casa. "A casa, doutor Hugo, deve ser um lugar para a gente ser feliz", me comentou Valquíria. "Quando quase fui morta, dentro da minha própria casa, eu tinha medo de lá viver."

As casas violentas são casas que aos poucos matam e, quando não matam, nos tornam pessoas traumatizadas.

> Minha casa sempre tem um cheirinho que eu compro. Coloco na sala e nos quartos. Quando a gente entra, já sente. O pai dos meus dois filhos não era muito bem-humorado. Na primeira vez em que ele tentou se assanhar para o meu lado, fui à delegacia da mulher, prestei queixa, pedi medida protetiva e o expulsei de casa. Expulsei mesmo. Eu aprendi a lutar judô para me defender de macho escroto, doutor Hugo. Ele sumiu. Não apareceu mais. Nem dá conta dos filhos. Mas os meninos me dizem que se sentem melhor em casa sem ele. Eu sei como é.

Valquíria passou a infância e a adolescência sem ter paz e sossego dentro de casa. Nesse sentido, ela não quer que sua casa seja parecida com aquela em que morou, por isso o seu relato anterior é importante, para que pensemos o seguinte: a casa que criamos, a família que construímos, o lar que edificamos não devem ser cópias fiéis da casa de nossos pais, sobretudo se essas casas eram violentas. Nossos filhos esperam de nós casas bondosas. "Mas, doutor Hugo, como é uma casa bondosa?", me perguntou Valquíria, eu respondi que "é uma casa que nos faz ter vontade de estar nela, que nos faz gostar dela, que nos acostuma em sentir bem-estar dentro dela."

Em seu livro *Tudo sobre o amor: novas perspectivas* (2021), a escritora estadunidense bell hooks nos conta que adultos feridos na infância levam esses ferimentos para a fase adulta e podem usá-los para ferir os outros. Portanto, é importante curar nossas feridas, para que não formemos famílias ainda feridos, ainda com chagas abertas e, se acaso formarmos, termos em mente que vamos precisar curá-las a fim de que nossos filhos não recebam de nós essa herança traumática.

> Nunca perdoei a minha mãe. Eu nem acho que ela fosse mãe. Preferi esquecê-la. Mas, num certo dia, uma irmã minha me procurou. Ela vinha me dizer que a mulher que me gerou estava bem doente. Ela me dizia que ela, a minha mãe, se arrependia de tudo. E eu não consegui ir ter com ela. Não consegui mesmo. Eu lembro que essa minha irmã, nunca mais a vi, me dizia que aquela mulher tinha sido vítima de muita violência também, tinha sido até vendida pelos pais

e, por isso, ela era daquele jeito. Mas eu não aceitei. Eu realmente renunciei à herança, doutor.

Valquíria falava ainda de um lugar de muita dor, não era para menos. Sua mãe a expulsou de casa aos 13 anos de idade, jogando-a no mundo, sem qualquer cuidado. As feridas de Valquíria não estavam curadas totalmente, mas ela caminhava com ajuda psicológica e tentava não transmitir aos filhos o legado que lhe foi transmitido pela mãe. Falo mãe, porque a figura do pai, mais uma vez, não aparece nas falas de quem entrevistei. O pai é como um fantasma que existe, mas quando aparece, quase sempre, é para assombrar.

Em seu livro *Filhos adultos de pais emocionalmente imaturos: como se curar de pais que rejeitam ou que são distantes e egoístas* (2021), a psicoterapeuta Lindsay C. Gibson explica que:

> Crescer em uma família com pais emocionalmente imaturos é uma experiência solitária. Esses pais podem parecer e agir dentro da normalidade, cuidando da saúde física dos filhos e lhes assegurando alimentação e segurança. No entanto, se eles não estabelecem uma conexão emocional sólida, a criança sentirá um vazio no lugar da segurança real. A solidão por se sentir ignorado pelos outros, causa uma dor tão grande quanto um dano físico, porém, menos visível. A solidão emocional é uma sensação vaga, privada e difícil de ver ou descrever. Pode-se dizer que é uma sensação de vazio ou de estar sozinho no mundo. Algumas pessoas chamam isso de solidão existencial, mas não há nada de existencial nela, pois sua raiz está na família de origem da pessoa (Gibson, 2021, p. 18).

A solidão emocional que Gibson fala é a mesma sensação narrada por Valquíria quando fala do modo como se sente em relação com a sua família de origem: "Eu não sinto qualquer ligação com eles, mesmo quando a minha mãe morreu, eu não senti nada, exceto o que se sente em relação à morte de alguém indiferente". Quando nossa casa não nos convida a estar nela, se dela saímos, não mais queremos retornar. "Eu jamais voltaria àquela casa, com aquele bandido."

A pergunta que dá nome a esse tópico, "É bom estar em casa?", também nos remete à questão do pertencimento à família. "Eu não sou mais daquela família", Valquíria me dizia em relação aos seus parentes biológicos, "Eles são estranhos a mim [...] não me sinto parente deles [...] é isso!".

Quando, em 2023 e 2024, entrevistei famílias cujos filhos estavam usando a plataforma Discord, a ideia do pertencimento à casa, à família, ao grupo social veio à tona. Os pais me diziam que seus filhos preferiam estar no quarto, usando a internet, a estar perto da família. Me diziam que seus filhos não se sentiam membros da família, só gostavam de viver dentro do mundo virtual. O sentimento de pertencimento ao grupo familiar parecia não ter sido construído, os vínculos pareciam mais difusos, uma frouxidão nos laços parentais e filiais. A casa, nesse caso, não era, para esses meninos, um lugar bom de estar, exceto se, aqueles que habitassem a casa, não os incomodassem. No Capítulo 6, trato sobre esse ponto, aprofundando-o.

CAPÍTULO 5

Educação de meninos

O patriarcado destrói as famílias

Eu faço palestras. Sou um palestrante, digamos assim. Nunca fiz curso ou mesmo fui orientado de como falar em público. Minha técnica é nenhuma técnica, e talvez seja mesmo essa a técnica da minha mãe, pois ela dizia: "Tenho uma boca e dois pulmões, por isso falo". Eis o que a ouvi dizendo em muitas ocasiões na vida. Depois, não posso negar, quando fui espírita, sob a batuta do espiritismo, atravessei bairros e mais bairros, por vezes, até cidade, usando meus pulmões, falando no que chamávamos de *tribuna.*

Lembro que, ao final de minhas palestras nos centros espíritas, invariavelmente, vinham comigo falar umas senhorinhas. Elas não se cansavam de dizer: "Meu filho, continue falando". E eu meio que segui o conselho delas. *Falo.* Bom, não devo me esquecer de que, além da boca e dos pulmões, eu sempre fui um leitor de literatura. Quem lê ficção sente uma enorme vontade de compartilhar o que leu. É quase uma consequência: *ler implica dizer o que leu.*

Eu estou dizendo isso porque, na atualidade, eu faço palestras para muitos públicos, no Brasil e em outros países, e todas as vezes em que abro a boca e toco no nome *patriarcado*, a depender do público, sei que estou incomodando. O incômodo surge porque muitas pessoas não aceitam nem essa palavra e nem o que ela significa. Muita gente – percebo pelo movimento dos corpos, os olhares desviantes – gosta de fazer de conta que o patriarcado é mera especulação feminista. "Esse palestrante é esquerdista", alguns dizem. Mas não se trata exatamente disso.

O patriarcado, como mostram as feministas, é um sistema de poder social, cultural, histórico forjado com um único objetivo de impor a dominação masculina sobre a vida e todos os seus desdobramentos. Queiramos ou não, por razões ideológicas, políticas, o modelo de sociedade que construímos insiste em dar ao homem privilégios os quais ele não teria caso não fosse o sistema de poder e dominação patriarcal. Aliás, criado e mantido pelo próprio homem e, em muitos casos, também pela mulher. O patriarcado, diz bell hooks (2021), é a base da violência doméstica. É ele que destrói a família.

No livro *A dominação masculina: a condição feminina e a violência simbólica*, Pierre Bourdieu nos diz:

> Como estamos incluídos, como homem ou mulher, no próprio objeto que nos esforçamos por apreender, incorporamos, sob forma de esquemas inconscientes de percepção e de apreciação, as estruturas históricas da ordem masculina; arriscamo-nos, pois, a recorrer, para pensar a dominação masculina, a modos de pensamento que são eles próprios produto da dominação (Bourdieu, 2024, p. 17).

Em outras palavras, quando criticamos o patriarcado, uma vez que ele organiza a nossa própria crítica e nossa maneira de construir a crítica, somos nós mesmos patriarcais, sem, muitas vezes, termos consciência de que somos. No entanto, na maioria dos casos, o modelo patriarcal de família é mantido de forma lúcida, de maneira intencional. "Minha família sempre foi regida pelas vontades do patriarcado, e nós sabíamos disso e achávamos que isso fazia bem a todos nós", me disse Epifânia, viúva, mãe de quatro filhos, dois homens e duas mulheres.

> Eu fui educada para ser uma excelente mãe, uma excelente dona de casa, até ser uma profissional, todavia, se isso não fizesse sombra para o meu marido. Entendi meu lugar desde cedo e, para evitar aborrecimentos, fui seguindo consciente de tudo o que se passava. Não posso dizer que fui infeliz, mas depois que ele morreu, que Deus o tenha, entendi que as correntes que nós dois usamos não mais faziam sentido, exceto na educação de nossos filhos. Tentei passar para eles e elas as regras que aprendi, mas as minhas filhas não seguiram, nem mesmo meus filhos.

O modo como Epifânia foi educada seguia a lógica patriarcal: *homem e mulher são diferentes, e ele tem soberania em relação a ela.* Essa ideia pregada pela lógica machista e misógina consegue organizar no seio das famílias uma hierarquia infeliz: "Meus filhos até achavam que podiam mandar nas irmãs, mas minhas filhas não aceitavam, e as brigas eram grandes. Já teve até ameaça com faca". Os relatos de Epifânia sinalizam que o modelo de educar privilegiando homens e desprivilegiando mulheres não dá certo e nem é saudável.

É fundamental que as famílias contemporâneas eduquem seus filhos e suas filhas de modo a desconstruir o patriarcado, uma vez que esse sistema é preconceituoso, acredita e defende que a mulher deve ser subordinada ao homem e que essa subordinação ocorre porque se trata de uma condição de inferioridade. O modelo patriarcal de família quer nos fazer crer que meninas são diferentes de meninos e que essa diferença implica que eles podem mais do que elas, que eles mandam e elas obedecem.

No texto "As conversas que nunca tive com a minha mãe", Michele Filgate nos diz:

> Minha mãe é uma pessoa difícil de decifrar. Pode-se dizer que eu a conheço e, ao mesmo tempo, que não a conheço. Consigo visualizar o cabelo comprido meio grisalho, meio castanho, que ela resiste a cortar, e o copo com vodca e gelo numa das mãos. Mas, se tento relembrar seu rosto, encontro uma risada forçada, típica de quem está tentando provar alguma coisa, em geral uma felicidade falsa.
>
> Várias vezes por semana, ela posta fotos apetitosas de comida em seu perfil no Facebook. Tacos de carne de porco com urucum e picles de cebola-roxa, tiras de carne-seca recém-defumadas, fatias de filé com legumes cozidos no vapor. Essas são as refeições da minha infância – um tanto ousadas, mas práticas. A questão é que, para mim, esses pratos me fazem lembrar de meu padrasto: da vermelhidão de seu rosto, do vermelho do sangue de carne em seu prato, dele usando o pano de prato para secar o suor das bochechas, de suas botas de trabalho cobertas de serragem. As palavras dele me ferem, como se fossem os dentes de um garfo cravados em um balão meio vazio.
>
> "É você que está causando problemas em meu casamento", diz ele. "Filha da puta", ele acrescenta. "Vou acabar com sua raça", ele completa. Tenho medo de que ele faça o que diz. Tenho medo de que ele pressione seu corpo sobre o meu até o colchão ceder e me engolir inteira. Agora minha mãe usa todas as suas habilidades culinárias para agradar o marido. Agora, ela faz comida para ele na casa do sítio e no apartamento da cidade. Agora minha mãe já não cozinha para mim (Filgate, 2023, p. 13).

O modelo patriarcal (incorporado no procedimento conivente da mãe, diante da violência sexual da qual a autora é vítima dentro de sua própria casa, realizada pelo marido da sua mãe) estrutura essa família violenta e traumatizante. O padrasto é um criminoso, pois a estupra, abusa e faz isso sob os olhos fechados da mãe. A mãe, a mulher que a pariu, também é patriarcal, também segue a ordenação comentada anteriormente por Epifânia. A manutenção do patriarcado é o homicídio e o suicídio da instituição familiar. Mantê-lo, ainda que não seja nos moldes da violência narrada por Michele Filgate, é, sem réstia de dúvida, favorecer a dominação masculina.

No livro *Preciosa* (2010), de Sapphire, lemos o caso de uma adolescente negra, de 16 anos, vítima da mais profunda violência dentro de casa. Sua mãe e seu pai são abusadores da criança e da adolescente. Num determinado momento do romance, vemos a mãe dizer que Preciosa era abusada pelo pai desde bebê e que ela, a mãe, entendia que aquilo fazia parte da natureza do homem, o seu homem. Preciosa, em razão da violência sexual, é contaminada pelo vírus HIV e fica grávida inúmeras vezes. O pai de Preciosa, se assim podemos nominar um estuprador, tinha a conivência da mãe dela.

O patriarcado não poupa as mulheres, mas como bem diz Nana Queiroz (2021), suas principais vítimas são as crianças e os adolescentes. "Meu pai era cheio de privilégios dentro de casa e ele adorava esses privilégios. Nunca conversei com ele. Eu tinha medo dele", me disse Epifânia. Esse pai, que não exerce a paternagem, é um grande risco à família saudável. Se queremos filhos saudáveis, precisamos enfrentar esse modelo de família, repleta de violência e mascarada pelo medo. "Quero sair do porão, mas não posso simplesmente ir embora, não tenho permissão para isso", narra Filgate em seu texto. "Não sinto vontade de cuidar desse pai que nunca cuidou de mim", me comenta Epifânia.

O patriarcado é um grande desafio para as famílias contemporâneas. Ele precisa ser vencido. Nele, além da misoginia e do machismo, também se encontram o racismo e a transfobia. Aquilo que se organiza para inferiorizar a mulher inferioriza toda a sorte da sociedade, inclusive homens que, por não se enquadrarem no modelo patriarcal, se distanciarão dele. Lembro que, na minha infância, rara não foi a vez que ouvi: "Você é homem, Hugo. Um homem não faz como você faz". E quem dizia isso? Quase todo mundo, exceto a minha mãe. Ela nunca me disse isso.

Ao contrário, me falava: "Adoro como você é". E como eu era? Aos 5, 6, 7 anos de idade, eu não sabia.

O patriarcado me levou a atentar contra a minha vida duas vezes. Ele, no meu caso, se travestiu de *bullying*. Uma das piores violências criadas pela humanidade.[40] Ele, ainda que se materialize de modo hegemônico na mentalidade e no comportamento do homem, como vimos anteriormente, não se restringe ao homem e é vivenciado também pela mulher, a princípio sua presa mais vulnerável. "Eu reconheço que minha mãe é muito machista e, por isso, deu ao meu irmão oportunidades as quais tive de conseguir na marra, na luta", explicou a mim Epifânia no final das sessões de entrevista. "Eu só sobrevivi porque, felizmente, me tornei uma mulher feminista", concluiu Epifânia.

As famílias necessitam educar os meninos para que eles não sejam sujeitos crentes numa superioridade que, de fato, eles não têm em relação a qualquer outro ser vivo. Famílias rígidas, prescritivas, dominadoras e disciplinarizadoras precisam aprender que, enquanto educarmos meninos para que eles se sintam, se percebam e se comportem como se fossem melhores que meninas, teremos sérios problemas na construção das famílias. Meninos machistas e misóginos, quando adultos, destroem suas famílias e, num ciclo de violência, afetam a vida de outras tantas pessoas.

Meninos sensíveis

Em 2021, conheci Diego, 12, estudante de escola pública, em Recife. Diego chegou até mim porque leu meu livro *Emílio ou quando se nasce com um vulcão ao lado*. Ele me disse que sofria muito na escola porque ele não era igual aos outros meninos da sala dele. Perguntei em que ele era diferente, ele me disse: "Eu sou sensível, gosto de poesia, de flores e não gosto de futebol, gosto de dança e gosto de me vestir de outra forma. A minha forma". Escutei. Dei um abraço nele e perguntei se ele já havia lido o livro *O menino que brincava de ser* (2000), de uma escritora do Rio de Janeiro, chamada Georgina Martins.

---

[40] Num livro chamado *1982*, que ainda será publicado, enfrentarei a discussão sobre *bullying* e trarei elementos para que possamos refletir sobre essa violência terrível que assola a escola, mas que tem raízes para além dela.

Entre os anos 2012 e 2014, organizei, na cidade do Recife, um congresso de Leitura e Contação de Histórias. Numa das edições, a Georgina Martins esteve comigo. Lembro de ter lhe indagado sobre o livro anteriormente citado. Ela me falou coisas muito bonitas sobre a educação de uma criança sensível, uma criança que pudesse ver o mundo por meio de olhares poéticos. O olhar poético sobre o qual Georgina conversou comigo também está no livro chamado *Como educar um filho feminista: maternidade, masculinidade e a criação de uma família*, de Sonora Jha. Neste livro, Sonora nos diz que educou seu filho levando-o ao cinema e que isso fez diferença em sua formação.

> Nós criamos um ritual: sempre que viajávamos, assistíamos a um filme naquela cidade. Era uma forma de explorar o lugar, ele dizia, através dos cinemas. Aham, eu dizia. Era só o jeito que ele dava para ir ao cinema, não importava o que acontecesse. E, embora não falasse isso para ele, eu sabia que era a forma dele encontrar algo rotineiro, normal, familiar, não importava em que lugar do mapa ele estivesse, enquanto o mundo de seus pais se desfazia. Na nossa vida cotidiana, nós tínhamos preocupações. Nos filmes, nós tínhamos admiração (Jha, 2021, p. 19).

Ir ao cinema, no caso de Sonora Jha com seu filho Gibran, tem um sentido, entre muitos: fazer o menino aprender para além da lógica econômica que assola o mundo de modo geral. Já crescido, 20 anos depois, Gibran diz à Sonora num Dia das Mães: "E, talvez, o melhor de tudo, eu aprendi a apreciar e criticar arte em todo aquele tempo que passamos juntos, assistindo TV e filmes na tela, telona, ou mesmo em nossos variados sofás, apontando problemas de roteiro, ridicularizando a estupidez de diferentes personagens e rindo". O olhar sensível de Gibran construído na cumplicidade materna.

Em seu livro *Falar de amor à beira do abismo*, Boris Cyrulnik, psiquiatra francês, nos conta várias histórias e vários episódios. Em um deles, o autor apresenta-nos um adolescente de 16 anos chamado Rouland. A mãe desse adolescente era prostituta, e ele, em razão disso, se sentia vulnerável, era silencioso e evitava exposição demasiada. Na verdade, segundo o autor, ele queria dizer: "[...] estou observando vocês, vocês me interessam, mas me calo para não me entregar" (Cyrulnik, 2006, p. 1), ou seja, para não fazer saber a profissão de sua mãe. Cyrulnik, então, nos diz que "para parecer sábio, basta calar-se" (2006, p. 1).

Num dia, Rouland recebe Cyrulnik em sua casa, e este faz tudo o que é possível para não deixar evidente ao amigo que ele sabe qual é a profissão da sua mãe. Essa atitude sensível, cuidadosa, revela empatia, uma das características de quem consegue olhar o mundo por meio das lentes do poético. Meninos sensíveis tendem a não ser violentos, na medida em que compreendem e veem mais do que meninos insensíveis. Nós, pais e mães, precisamos educar nossos filhos para que eles consigam ter empatia e saibam silenciar quando a sua palavra violentar o direito do outro.

"Eles não tinham pena de mim, doutor Hugo. Eles me massacravam muito. Eu sei que sou diferente, mas qual é o problema? Por que tenho de ser como eles são?", Diego me questionava naquela manhã de quarta-feira. Eu lamentava que uma criança de 12 anos, em razão da sua condição identitária, estivesse passando por tamanho sofrimento. "Você não precisa ser como eles querem que você seja! Você pode tentar ignorá-los", eu disse a Diego. E ele chorou ali, perto de mim, chorou soluçando, chorou de um modo que só homens choram. "Eu sou homem e choro, doutor Hugo." Ele viu meus olhos marejados. "Oxe, o senhor também chora." Foi uma quarta-feira vital na minha vida.

No seu livro *Elogio da razão sensível* (1998), o sociólogo francês Michel Maffesoli, no último capítulo, afirma que uma razão sensível é uma forma de percepção, compreensão e explicação do mundo, apesar do império da cognição, sobremaneira no Ocidente, presente na história da civilização. Em outras palavras, a sensibilidade de Diego, ainda que possa parecer estranha aos seus colegas da escola, é um elemento do ser humano, todavia, nem sempre cultivado e nem sempre considerado como "coisa de homem". Eis, talvez, um dos grandes erros das famílias: alimentar a rigidez nos meninos.

Educar um menino sensível é prevenção ao fascismo. Todo fascista é insensível ao sofrimento alheio, à dor alheia. Thiago Brennand,[41] um homem agressor de mulheres, agressor do próprio filho, denunciado, processado, condenado por vários crimes, entre eles o estupro, é, no meu entendimento,

---

[41] Para mais informações, ver: https://noticias.uol.com.br/cotidiano/ultimas-noticias/2024/01/12/brennand-ouca-todos-os-episodios-do-podcast-de-uol-prime.htm. Acesso em: 13 ago. 2025.

um fascista e, na mesma medida, um homem capaz de atrocidades terríveis e criminosas. Não há sensibilidade nas práticas fascistas de Thiago Brennand e nem na sua forma de pensar e de sentir.

Um ex-funcionário dele, em depoimento ao Ministério Público, disse o seguinte sobre as agressões que eram praticadas contra o filho:

> Tudo o que não agradava o pai, o pai agredia ele. Várias agressões, muitas, dar porrada, cotovelada. Bateu várias vezes na minha frente. Ele se irritava, do nada. Se o menino não comesse o macarrão que ele queria, ele batia no menino. O menino tinha 6 anos, por aí. Teve uma época que eu tive que esconder uma máquina de choque porque ele batia no menino. Pegava o choque, ficava dando nele (G1, 2023).[42]

Um fascista é um autoritário, centralizador, contra democracia, defensor de ideologias opressivas e violentas. Uma pessoa capaz de torturar, matar, oprimir e sentir prazer nas suas atitudes. "Tenho medo que meu filho, nesse grupo do Discord que tramou o estupro de uma menina, não passe de um fascista dos dias de hoje. Eu não sei o que fazer, doutor. Estou perdido", me disse um pai desesperado quando soube, por meio de uma citação judicial, que seu filho, um jovem de 21 anos, estava sendo investigado por fazer parte de um grupo de homens que se reuniam na plataforma Discord para tramar crimes contra grupos minoritários, especialmente mulheres.

A insensibilidade, aparentemente apenas uma característica identitária, pode revelar um elemento da personalidade que aponta para comportamentos violentos e não empáticos. "Ele queimou a minha roupa e ele já tinha me batido. Ele era violento e não queria que eu fizesse nada sem pedir a ele, como seu fosse uma escrava", me contou Kamile, uma das minhas entrevistadas sobre esse tema da educação de meninos sensíveis. Ela me disse: "Eu fico preocupada que meu filho seja feito o pai dele, violento com as mulheres e incapaz de pedir desculpas, de dizer que errou. O pai dele também era assim, até que foi preso. Não quero que meu filho também siga essa sina dele".

---

[42] Reportagem intitulada "Ex-funcionário diz que Thiago Brennand batia e dava choques no filho: 'Cara desumano'", publicada em Globo.com, 5 mar. 2023. Disponível em: https://tinyurl.com/bdfm884y. Acesso em: 13 ago. 2025.

Kamile é manicure, tem 27 anos, foi casada com um homem violento e ficou grávida desse homem. Ela tenta educar o filho para que ele seja uma pessoa "sensível", ou seja, alguém que não se sinta no direito de, porque é homem, fazer coisas erradas e que entenda que o fato de ser homem não o torna imune a culpas e à impunidade. Robinho, um ídolo do futebol internacional, em 2013, segundo a justiça italiana, estuprou uma mulher de 23 anos, junto com outros homens, ou seja, o estupro foi coletivo.

A justiça italiana que o condenou teve acesso a vários áudios de Robinho; em alguns, o estuprador, quando se referia ao fato de ter sido denunciado, disse as seguintes frases: "Por isso que eu estou rindo, eu não estou nem aí. A mina estava extremamente embriagada, não sabe nem quem eu sou. A mina sabe que tu não fez porra nenhuma com ela, ela é idiota? A gente vai dar um soco na cara dela. Eu vi o Rudney rangando ela, e os outros caras rangando ela. Então os caras que rangaram ela vão se f*der".[43] As frases do estuprador falam por elas mesmas. O grau de indiferença ao sofrimento da vítima é deplorável, desprezível e, ao mesmo tempo, preocupante.

Quando Sonora Jha se preocupa com a educação de seu filho Gibran e Kamile se preocupa com a educação de seu filho Matheus, essas duas mulheres, de países diferentes, de línguas diferentes, estão sinalizando que a educação dada aos meninos tem sido patriarcal, machista e misógina, pois, no lugar de formar homens sensíveis, cuidadosos, preocupados com a dor alheia, forma homens violentos, agressivos, covardes, praticantes de ações distantes de uma ética amorosa, como nos alerta bell hooks. "Quero que meu filho ame as pessoas e saiba cultivar flores e, quem não gosta dele assim, que se dane", me disse a mãe de Diego quando foi pedir a transferência dele daquela escola.

A violência como sobrevivência?

Em seu livro *O fim de Eddy* (2017), Édouard Louis conta-nos que seu pai era um homem violento, capaz de esmagar gatos e esperar que o sangue escorresse parede abaixo. Esse modelo parental, que serviu de base para o desenvolvimento de Louis, é terrível e pode trazer consequências graves à saúde mental de quem o viveu. No depoimento a seguir, um jovem de 25 anos

---

[43] É possível encontrar na internet vasto material sobre os áudios vazados. A fala em questão consta de um desses áudios, fartamente divulgado pela imprensa brasileira.

que, assim como Louis, sobreviveu à violência de seu pai, me disse, quando eu o entrevistei: "Eu apanhava com a sandália e ele me dizia para não chorar, porque senão eu ia acordar a minha avó, a mãe dele. Ele me batia sem motivo. Eu aprendi que o ódio seria bom para mim. Por quê? É que, com ódio, eu conseguia organizar as minhas ideias. No dia em que ele veio me bater, eu era meio taludinho, derrubei ele no chão, bati muito nele". Este jovem pertencia ao grupo Eu sou de raça.

O grupo Eu sou de raça é um dos inúmeros que estão distribuídos nas redes sociais digitais. Nesse grupo, os membros são jovens que se dizem sobreviventes da violência dos pais e que, em razão disso, aprenderam que, neste mundo, a violência sofrida cria uma "armadura" para aguentar as "pancadas" dadas ao longo da vida. "As pancadas são hoje para mim um estímulo, pois me fizeram mais forte." O grupo tem muitos membros, todos homens jovens com histórias de violência doméstica, todos acreditando que a violência é uma linguagem.

> Não quero saber de conversa de fraco, de vulnerável, de covarde, eu apanhei e apanhei mesmo. Agora defendo que o fato de ter apanhado me fez mais touro, mais cavalo, mais javali e sei lutar e não apanho agora, agora, é minha vez de bater. Tem dia que a gente apanha e tem dia que a gente bate. No tempo de hoje, eu não apanho, eu bato. Não faça cara feia para mim, eu respondo com cara feia e pontapé.

O *modus operandi* dos membros do grupo é como o depoimento acima apontado. A violência foi sendo o mecanismo de fortalecimento desses homens. Meninos que sofreram violação física, psicológica, simbólica sobreviveram, se encontraram nas redes sociais digitais e formaram um coletivo que tem por premissa defender que os maus-tratos lhes fizeram fortes. "Aqui, nesse grupo, ninguém tem filho, mas a gente acha que menino precisa ser criado para aguentar porrada e, depois, para usar a porrada." Em outras palavras, os sobreviventes da violência se tornaram difusores de violência, defensores da violência e creem que seu modo de pensar tem a ver com a sua masculinidade forte.

Num outro grupo chamado Soldados, também criado nas redes digitais, os membros, liderados por um jovem de 25 anos, se dizem sobreviventes de violências psicológicas. Eles acreditam que as violências psicológicas foram vencidas por eles e que, como soldados seguindo um comandante, se tornaram imunes a transtornos mentais. Nesse grupo, os membros são orientados para que sejam disciplinados, regrados, praticantes de artes marciais, aprendam a usar armas de fogo, fortaleçam o corpo, não se masturbem, não vejam pornografia, dominem as mulheres e sejam líderes. "Depois que comecei a fazer parte do grupo e a conhecer os membros, aprendi que homem é superior mesmo. Eu sou superior", me contou um membro do Soldados.

"Eu gosto de filme de terror. Meu tio, quando eu desobedecia, me mandava buscar a navalha e, como ele sabia que eu achava meu cabelo bonito, ele raspava meu cabelo. Me deixava careca. Me mandava olhar no espelho e repetir 100 vezes: eu errei, por isso mereci", me contou outro membro que acreditava que essa educação violenta o fez mais forte e capaz de não ter depressão, não ter pânico, não ter "essas frescuras que os fracos têm. Soldado não tem isso". Os sobreviventes à violência, ainda que possa parecer contraditório e paradoxal, nesses casos, acreditam que a violência lhes trouxe benefícios.

Aquilo que não mata fortalece é o nome de um outro grupo. Ele também é composto por membros que se dizem sobreviventes de *bullying*. "Eu sofri *bullying* e foi bom, porque me deu couraça, me deu armadura. Agora, sei que a maioria da galera é ruim. Sou ruim também." Para mim, ouvir os depoimentos dos membros desse grupo foi muito difícil, porque eles realmente acreditam que o *bullying* fez bem a eles. "Mas não estou dizendo que faz bem a todo mundo, só faz bem a quem consegue aguentar. Aí, quando a gente aguenta, cria casco. Hoje, eu sei o que quero na vida." Nesse grupo, os membros se dizem "homens que ficarão ricos", porque "são imunes da dor mental". "Nossa mente é blindada", me contou um.

No livro *Clube da luta* (2012), e também no filme homônimo,[44] de alguma maneira, homens adultos se juntam, com o propósito de lutar, bater e apanhar, uma forma de destruir uma vida sem sentido. "Quando eu cheguei nesse grupo, encontrei um sentido para a minha vida", me disse um membro do Eu sou de raça. No *Clube da luta*, homens inicialmente observam outros homens na briga, na troca de socos e pontapés, mas, em seguida, os que olham também querem trocar socos e pontapés. "Eu só me senti membro mesmo quando falei para o restante dos soldados que eu sobrevivi e estou mais forte", me informou um membro do grupo Soldados.

---

44 Ver: https://www.primevideo.com/-/pt/detail/Clube-da-Luta/0N0CS0LQQGWVRXWT1EI6LATOWB. Acesso em: 13 ago. 2025.

No dia 12 de junho de 2000, o ônibus 174, no Rio de Janeiro, foi sequestrado por um homem chamado Sandro Barbosa do Nascimento. Ele sequestrou o ônibus e fez 10 pessoas reféns, por 4 horas. Entre elas, uma professora cearense chamada Geisa Gonçalves, usada como escudo humano por Sandro, foi atingida por um tiro dado pelos policiais que tentavam deter o sequestrador. Sandro, o jovem negro que sequestrou o ônibus 174, era um sobrevivente da violência carioca/fluminense/brasileira. Ele sobreviveu a uma chacina, a chacina da Candelária.

> Na madrugada de 23 de julho de 1993, dois carros pararam em frente à Igreja da Candelária, no Centro do Rio, e seus ocupantes atiraram em direção a pessoas que dormiam sob uma marquise. Seis menores e dois adultos morreram. Atingido por quatro tiros, o lavador de carros Wagner dos Santos sobreviveu e se tornou testemunha-chave do processo. O motivo do crime teria sido o apedrejamento de um carro da polícia por menores, no dia anterior. Ameaçado, Wagner mora hoje no exterior (Acervo O Globo, 2013).

Sandro era um sobrevivente da violência. Um menino que foi abandonado pelo pai. Aos 8 anos, viu a mãe ser assassinada a facadas. Aos 13 anos, sobreviveu a tiros dados por policiais contra pessoas que estavam dormindo em frente à Igreja da Candelária. Aos 14, se envolveu com traficantes. Aos 17, se envolveu com roubos, furtos. Aos 21, foi condenado a 3 anos e meio por assalto à mão armada. Aos 21, sequestrou o 174 e, diante das câmeras de televisão, usou a professora nordestina como escudo. Depois, Sandro morreu asfixiado no carro da polícia. Durante o sequestro, ele dizia: "Querem pagar para ver? Então vêm. Meu pai morreu de tiro também. Perdi meu irmãozinho na Candelária. Arrancaram a cabeça da minha mãe quando eu era pequeno. Sou maluco e não estou para bobeira".

Yvonne Bezerra de Mello, uma pessoa que conhecia Sandro desde criança, disse que ele era um menino quieto e tranquilo. "Ele era calado, quietinho, era um menino que sempre morou em casa com a mãe, nunca tinha se metido em complicação nenhuma, uma criança normal que teve a vida cortada por um ato violento." Ele foi um sobrevivente que aprendeu a usar a violência como recurso de sobrevivência e, assim, provocou mais violência, viu mais violência, gerou mais violência e, em quase toda a sua vida, foi violentado. O pai que o abandonou começou a violência que, depois, a polícia deu continuidade na Candelária e tudo terminou com a morte. Ao contrário dos membros dos grupos virtuais, Sandro não criou couraça.

Meninos são os que atacam

Em 2019, a convite do meu amigo-irmão Afonso Borges, fui a Belo Horizonte falar em dois lugares: numa biblioteca pública e numa escola pública, localizada numa região periférica de Belo Horizonte. O tema que me levava ao Sempre um Papo[45] não era alegre nem saudável, mas assustador e difícil de falar. A Escola Estadual Raul Brasil, na cidade de Suzano, em São Paulo, havia sido vítima de ataque de dois rapazes, um adulto, de 25 anos, e um adolescente, de 17 anos. Eles entraram na escola encapuzados, portando arma de fogo, mataram oito pessoas, cinco adolescentes e três adultos. Em seguida, o adolescente matou o adulto e se suicidou.

Eles tinham um revólver calibre 38, coquetel molotov, um carregador rápido de armas, machado, arco e flecha, uma besta, mala com fios. Estavam vestidos com roupas escuras e usavam capuz. Segundo as investigações à época, os dois assassinos tinham um pacto, depois das mortes, um mataria o outro e, logo depois, se mataria. Ambos eram ex-alunos da escola atacada e, antes de chegarem à escola, passaram numa loja e mataram o dono dessa loja, o tio do adolescente-atacante. Eu fui para Belo Horizonte, então, falar sobre a geração do quarto e o ataque à Escola Estadual Raul Brasil.

Foi impactante para mim perceber pela primeira vez que o perfil da geração do quarto tinha a ver com o perfil dos atacantes e ter consciência de que, no histórico de ataques às escolas, em todo o mundo, quem ataca majoritariamente são meninos, homens, pessoas do gênero masculino. De 1996 a 2023, nos Estados Unidos, só temos um registro, quando tratamos de ataques às escolas, da participação de alguém do gênero feminino. Os demais todos são homens, adolescentes, jovens ou já adultos. A presença masculina na violência é preponderante e se materializa com uma série de elementos misóginos.

Quando analisamos o perfil dos atacantes às escolas, vemos que ele está atravessado pelos seguintes elementos: discurso de ódio, uso de arma de fogo

---

[45] Mais informações sobre o projeto no site: https://sempreumpapo.com.br/. Acesso em: 13 ago. 2025.

e arma branca, misoginia, racismo, xenofobia, *bullying* e *cyberbullying*, experiência com violência intradoméstica, questões relacionadas à saúde mental, mais especificamente comportamento autodestrutivo. Os ataques às escolas, na sua maioria, vitimizaram meninas e mulheres. No quadro a seguir, vemos 10 dos principais ataques às escolas no mundo, segundo informações da BBC de Londres (2019),[46] e identificamos que o gênero do(s) atacante(s) é masculino.

Quadro 1 – Principais ataques às escolas no mundo.

Ano	**País**	**Situação**	**Atacantes**
1999	Colorado (EUA)	Eric Harris, de 18 anos, e Dylan Klebold, de 17, atiraram contra estudantes e professores da Columbine High School, em Colorado, nos Estados Unidos, em 20 de abril de 1999. Usando máscaras e roupas negras, os dois percorreram os corredores e as salas da escola com revólveres e bombas caseiras. Mataram 13 alunos e um professor, antes de trocarem tiros com a polícia. Durante o confronto, ambos se suicidaram. O massacre comoveu o mundo e se tornou um marco na história americana.	Dois adolescentes. Gênero masculino.
2004	Beslan (Rússia)	Durante três dias, cerca de 30 extremistas chechenos fizeram mais de mil reféns, incluindo cerca de 800 crianças, numa escola russa em Beslan, na Ossétia do Norte. Entre as exigências deles estava o fim da Guerra da Chechênia. Vários reféns foram executados e os militantes colocaram explosivos no ginásio onde reuniram o restante das crianças. As forças de segurança russas decidiram invadir o local no terceiro dia, numa operação que deixou mais de 300 mortos, entre os quais mais de 180 crianças. O governo russo foi acusado internacionalmente de usar força excessiva, e analistas apontam o episódio como catalisador de reformas que levaram a uma maior concentração de poder presidencial e uma diminuição das liberdades individuais no país.	30 adultos. Gênero masculino.

[46] Reportagem intitulada "Tiros em Suzano: 10 casos de massacres em escolas que chocaram o mundo".

Ano	País	Situação	Atacantes
2007	Virgínia (EUA)	O mais sangrento massacre numa instituição de ensino dos Estados Unidos ocorreu na Universidade Estadual da Virgínia, conhecida como Virginia Tech, na cidade de Blacksburg. Armado com duas pistolas, o estudante Seung Hui Cho matou 32 pessoas. O jovem de origem sul-coreana trancou algumas das principais portas de um dos edifícios da universidade e passou de sala em sala atirando em quem via pela frente. Logo após o massacre, ele se matou.	Um jovem. Gênero masculino.
2009	Winnenden (Alemanha)	O jovem Tim Kretschmer, de 17 anos, invadiu sua antiga escola e iniciou um massacre que terminou com a morte de 16 pessoas, incluindo o próprio atirador, em Winnenden, no estado de Baden-Württemberg, sudoeste da Alemanha. Kretschmer se suicidou após atingir os colegas e professores e ser perseguido pela polícia. Ele usou uma pistola que pertencia aos pais. Após o ocorrido, a Alemanha endureceu as leis sobre posse de armas.	Um adolescente. Gênero masculino.
2010	Fujian (China)	Médico Zheng Minsheng, 41 anos, matou a facadas oito crianças e feriu outros cinco alunos de uma escola primária. Ele foi contido por pessoas que passavam pelo local e seguranças da escola. Autoridades chinesas disseram que o autor sofria de transtornos psiquiátricos.	Um adulto. Gênero masculino.
2011	Rio de Janeiro (Brasil)	No dia 7 de abril de 2011, Wellington Menezes de Oliveira, de 23 anos, entrou armado com dois revólveres, às 8:30, na Escola Municipal Tasso da Silveira, no bairro de Realengo, na Zona Oeste do Rio de Janeiro. Ex-aluno do colégio, ele atirou contra estudantes em salas de aula lotadas. Matou 12 adolescentes – 10 meninas e dois meninos com idades entre 12 e 14 anos. Em seguida, se matou com um tiro na cabeça. Em vídeos gravados antes do crime, Wellington diz que sofreu *bullying* na escola. O massacre gerou grande comoção em todo o país. Na época, a então presidente Dilma Rousseff declarou luto de três dias.	Um jovem. Gênero masculino.

Ano	País	Situação	Atacantes
2011	Oslo e Ilha de Utoya (Noruega)	Um dos massacres mais sangrentos da história recente ocorreu na Noruega. O extremista de direita Anders Breivik abriu fogo em 22 de julho de 2011 contra jovens que participavam de um acampamento de verão na Ilha de Utoya, matando 69 pessoas – mais de 30 tinham menos de 18 anos. Antes, ele matou outras oito pessoas em Oslo, capital da Noruega. Breivik foi condenado a 21 anos de prisão, mas as leis norueguesas permitem que o prazo de detenção seja estendido indefinidamente, no caso de os condenados serem considerados de alta periculosidade. O massacre foi considerado a pior tragédia vivida pela Noruega desde o fim da Segunda Guerra Mundial (1939-1945). Recentemente, a Universidade de Oslo gerou polêmica ao aceitar pedido de Breivik para fazer um curso da instituição. O material didático é dado a Breivik por um carcereiro e ele não tem nenhum contato com nenhum outro estudante ou professor. Também não tem acesso à internet.	Um adulto. Gênero masculino.
2012	Connecticut (EUA)	Um atirador abriu fogo na escola primária Sandy Hook School, em Newtown, no estado de Connecticut, deixando 27 pessoas mortas, entre as quais 20 crianças e o próprio autor dos disparos. O atirador foi identificado como Adam Lanza, de 20 anos. Inicialmente, as informações eram de que o autor do ataque teria sido o irmão mais velho de Adam, Ryan, que foi detido para ser interrogado pela polícia. Na hora do crime, Adam estaria portando um documento de seu irmão. Os dois eram filhos de uma professora que trabalhava na escola e que também foi morta pelo atirador. Na época, a Sandy Hook School tinha cerca de 600 alunos com idades entre 5 e 10 anos.	Um jovem. Gênero masculino.

Ano	País	Situação	Atacantes
2018	Flórida (EUA)	Um atirador de 19 anos abriu fogo contra alunos e professores da escola pública Marjory Stoneman Douglas, em Parkland, na Flórida. O ataque deixou 17 mortos. Nikolas Cruz, apontado pelas autoridades como o responsável pelo ataque, havia sido expulso da escola por "motivos disciplinares". Ele está preso. À *BBC News Brasil*, a brasileira Kemily dos Santos Duchini, de 16 anos, que cursava o ensino médio no colégio e que estava lá no momento do ataque, relatou os longos minutos de desespero. "Eu estava em um prédio chamado Freshment Building, que foi o primeiro onde ele entrou. Estávamos fazendo tarefa, e a primeira coisa que escutamos foram quatro tiros e barulhos altos, como se alguém estivesse jogando algo muito pesado no chão", contou. A jovem chegou a mandar uma mensagem de texto para a mãe durante o tiroteio. "Mãe, tem alguém na minha escola atirando", dizia a mensagem.	Um jovem. Gênero masculino.
2018	Texas (EUA)	Um adolescente de 17 anos matou 10 pessoas a tiros e deixou outras 10 feridas na Santa Fe High School, no Texas, Estados Unidos. Dimitrios Pagourtzis, que foi preso pela polícia, usou uma espingarda e um revólver calibre 38 de seu pai, que tinha autorização para possuir armas. As vítimas foram nove estudantes e um professor. Pagourtzis se rendeu quando a polícia chegou ao colégio e relatou que tinha a intenção de se matar, mas que não teve coragem. Ele está preso na Galveston County Jail, e deve enfrentar júri.	Um adolescente. Gênero masculino.

Fonte: BBC News Brasil (2019).

Meninos atacam e matam mais que meninas e matam mais meninas do que meninos. No seu livro *Os meninos são a cura do machismo: como educar crianças para que vivam uma masculinidade da qual nos orgulhemos* (2021), Nana Queiroz afirma que os homens são as criaturas mais tristes que existem: "São masculinas as guerras, as cadeias, as brigas de bar, e eu acrescento a ideia de que precisa ser melhor, mais forte, ter a resposta, a decisão, nunca chorar, nunca expressar sentimentos, ser o que pode, o que consegue, o que fala grosso". O homem, esse que entra em escolas, de arma em mão, e mata, como vimos, também se mata.

Segundo o Censo de 2022, na população jovem, entre 15 e 34 anos de idade, homens morrem muito mais que mulheres, e a causa da morte é de natureza violenta: homicídios, suicídios e acidentes no trânsito. Segundo a CNN Brasil, a partir de dados fornecidos pelo IBGE, "entre agosto de 2021 e julho de 2022, foram registrados no Brasil um total de 1.326.138 óbitos nessa faixa etária, sendo 722.225 (54,5%) de homens e 603.913 (45,5%) de mulheres. Os dados do IBGE também indicam que o grupo de 20 a 24 anos é o mais afetado, com 371 óbitos masculinos para cada 100 femininos" (Coelho; Laforé, 2024).

Em seu livro *A parte do diabo: resumo da subversão pós-moderna*, Michel Maffesoli afirma que:

> Não existe nada pior que alguém querendo fazer o bem, especialmente o bem dos outros. O mesmo se aplica aos que "pensam bem", com irresistível tendência a pensar por e no lugar dos outros. Encouraçados em suas certezas, eles não têm espaço para dúvidas. E é claro que não apreendem a complexidade da vida. A coisa em si não teria tanta importância se esses donos da verdade, intitulando-se detentores legítimos da palavra, não decretassem o que a sociedade ou o indivíduo "devem ser" (Maffesoli, 2004, p. 11).

Quando queremos que um menino seja "macho" e quando dizemos antecipadamente o que é "ser macho", impomos a esse menino um modelo que deve ser não somente seguido, mas replicado, não somente replicado, mas defendido como o modelo a ser seguido de maneira rígida, de maneira prescritiva, de maneira disciplinarizadora e dominadora. Se as famílias bem soubessem, nunca diriam a um menino que ele precisa se comportar como homem, porque, na medida em que se diz isso, imediatamente impõe ao menino um *jeito de ser*. Os ataques às escolas, no mundo, mais especialmente no Brasil, trazem dados importantes do perfil do atacante: jovem, homem, branco, racista, misógino, comportamento isolacionista, aderente a modelos ideológicos e políticos opressivos, sintomas e sinais de transtornos mentais (nesse caso, importante dizer que não é o transtorno em si a questão, mas as ideias preconizadas por esses atacantes).

Ainda que os autorrelatos não identifiquem de maneira massiva a relação com a experiência do *bullying* e do *cyberbullying*, as minhas pesquisas sobre essa natureza de violência apontam correlação entre o modelo cognitivo dos atacantes e das pessoas envolvidas com o *bullying* e o *cyberbullying*. Nesse sentido, entendo que exista correlação, que não é fácil e nem simples de identificar se a nossa análise partir do discurso dos adultos. Quando ouvimos os adolescentes e seus pares, as crianças e seus pares, os jovens e seus pares, conseguimos compreender melhor essa correlação entre o perfil do atacante e a violência sistemática.

Os meninos são quem atacam, porque, como bem disse bell hooks, a lógica patriarcal, embora se valha mais do homem do que da mulher para perenizar seu projeto de poder, não alivia para os homens. Lembro que, quando eu era adolescente, um adolescente, digamos, não convencional, meu pai – sim, ele mesmo –, tentou me dizer o que eu deveria fazer para *ser homem*. Uma das coisas, na lógica insensata dele, seria amossegar[47] caminhão. O meu pai disse isso a mim, porque ele estava achando estranho que eu, em pleno feriado de Carnaval, ficasse em casa lendo.

De algum modo, meu pai queria que eu fosse viril, másculo, um macho aos moldes do machismo. "Você precisa fazer coisas que adolescentes na sua idade fazem", dizia ele, do alto de sua condição de homem. Além dessa belíssima orientação, ao que me lembre, nunca pude ter meu pai ao meu lado me dando outras orientações. Hoje, à medida que mergulho nesse universo teórico, entendo que meu pai temia que eu fosse *gay*. Em 2023, após uma palestra, numa cidade do interior de Pernambuco, um professor me falou: "Uma vez minha mãe me disse que preferia ter um filho morto a um filho gay e acrescentou: prefiro que ele seja bandido, mas seja macho".

Os meninos atacam porque eles, de alguma maneira, são educados, na maioria dos casos, para realmente atacarem. Certa vez, precisei mediar um conflito entre duas famílias no âmbito de uma escola. A família de um menino e a família de uma menina. A mãe da menina não queria que a sua filha namorasse o filho da outra família. O argumento dela era o

---

[47] O mesmo que se pendurar na traseira do caminhão e sair pegando carona, algo perigoso, podendo, inclusive, pôr em risco a vida.

seguinte: "Minha filha é muito nova, não a quero namorando, pois pode prejudicar os estudos". A mãe do menino também não queria que o filho namorasse a garota. No entanto, num certo momento do diálogo, a mãe do menino disse: "Meu filho é livre, é homem, pode atacar, a sua filha é mulher, precisa saber se defender. É a natureza do homem. A gente sabe".

Obviamente que o conflito quase se tornou uma confusão sem fim e com possibilidade de justiça. Eu e a equipe técnica da escola tivemos que nos desdobrar em vinte para que a situação se amainasse. A fala da mãe do menino, além de machista, tem elementos de misoginia: *a mulher aprender a se defender e o homem a ser um atacante.* No ataque de 7 de abril, em Realengo, Rio de Janeiro, o atacante matou 12 adolescentes, todavia, desses 12, 10 eram meninas. Testemunhas dizem que ele atirava nas meninas em determinadas partes do corpo porque eram letais, e nos meninos, em partes as quais permitiam sobrevida. "Ele queria exterminar a menina, sem chance de escapar", me contou uma testemunha da tragédia.

CAPÍTULO 6

É uma sociedade de *jokers*?

O que são *jokers*?

Joker é uma palavra de língua inglesa e quer dizer palhaço. No sentido em que utilizo aqui, significa coringa. Coringa, o antagonista do Batman, é um vilão. Bandido, usa o sorriso como marca quando atua de maneira premeditada e vil.[48] Ele explode e gargalha de forma debochada e sádica diante da dor e do sofrimento alheio (*lulz*).[49] "Eles riam alto e me diziam para cortar os braços e me xingavam de vagabunda, de vadia, de piranha. A panela,[50] nessa noite do meu *lulz*, estava cheia deles. Eram muitos. Minha vida virou um inferno", me disse Regina, hoje com 19 anos, à época com 14. "Quando eu fui levada para dentro de uma panela, eu não tinha noção do que viria pela frente. Eu achei que ele queria me namorar, que ele tinha a minha idade, que ele era um garoto da minha escola, mas não era. Ele era um paneleiro."

Segundo a jornalista Carla Albuquerque,[51] em entrevista a Tiago Santineli,[52] no podcast *Bluecast*, os paneleiros são homens, às vezes

---

48 Para muitos teóricos e analistas, o Coringa tem um transtorno neurológico chamado pseudobulbar. Alguns ventilam a hipótese de ser uma espécie de epilepsia gelástica, outros falam de transtornos depressivos. No entanto, há uma série de dúvidas sobre um diagnóstico exato. O que se sabe, todavia, é que, de um ponto de vista da estrutura psíquica, Arthur Fleck é um psicótico com possíveis atuações perversas.

49 *Lulz* são momentos nos quais a violência praticada é mostrada ao vivo para várias pessoas. A vítima é exposta, humilhada, agredida, violentada e até estuprada virtualmente.

50 Comunidades dentro de servidores alocados em plataformas tais como a Discord.

51 Jornalista e documentarista que tem debatido e enfrentado essa temática, ajudando vítimas a saírem dessa situação. Para saber mais sobre ela: https://www.instagram.com/carlabuq/?hl=pt-br. Acesso em: 13 ago. 2025.

52 Militante e ex-comediante. Para saber mais sobre ele: https://www.instagram.com/tiagosantineli/?hl=pt-br. Acesso em: 13 ago. 2025.

menores de 18 anos, às vezes maiores, responsáveis pela criação de panelas dentro de servidores em plataformas digitais tal qual a plataforma Discord. Esses paneleiros cooptam meninas, geralmente crianças na terceira infância, entrando na adolescência, conseguem enganá-las, roubam-lhes os dados pessoais, conseguem dados de familiares, iludem-nas pedindo nudes e, depois, de posse de dados, informações e fotos, fazem ameaças a elas, forçando-as a se automutilarem, a introduzirem objetos em suas partes íntimas, a tocarem fogo em suas casas, a planejarem vitimizar outras pessoas.

> Eles queriam que minha filha atacasse uma escola, a escola na qual ela estudava. Disseram para ela que, se ela não fizesse isso, eles soltariam todas as imagens dela. Foi nesse dia, graças a Deus, que ela me pediu ajuda. Eu nunca imaginei que dentro daquele quarto, com a porta fechada, usando aquele celular, Bia tivesse entrado num submundo, num mundo de crimes. Eduquei a minha filha para ser uma princesa. De repente, minha garotinha estava sendo chantageada, stalkeada, estuprada virtualmente. Eles, esses criminosos digitais, são cruéis, são ruins, eles não têm pena, riem alto, acham bom quando as meninas sofrem. Quem criou esses malditos? (Imara, 47, mãe de Bia, 12, em entrevista que me foi concedida em outubro de 2023).

Atualmente, as famílias contemporâneas vivenciam muitos desafios na educação de seus filhos. Um deles, sem dúvida, como eu já disse antes, é o mundo das nuvens, esse lugar no qual as vidas se dão em outro tempo e em outro formato. Um local que, para os *jokers*, é espaço-privilégio, uma Gotham City sem Batman. "Eles, os criminosos, são viciados em ódio, se alimentam do ódio, querem sentir o sangue jorrar, quanto mais sangue, melhor, quanto mais caos, melhor, são predadores digitais, à caça de vítimas com vulnerabilidades socioemocionais como eu", me disse Regina, em 2025, estudante de Psicologia, sobrevivente de uma panela localizada em um servidor dentro do Discord e ativista em prol da proteção integral de crianças.

No livro *Aconteceu com a minha filha: uma história real sobre os abismos sombrios da internet* (2025), Paulo Zsa Zsa conta-nos que sua filha Júlia, à época com 14 anos, foi vítima de quadrilhas digitais, de *jokers*, que a fizeram cometer diversos atos autodestrutivos, indo da automutilação à tentativa de suicídio. Ela, vulnerabilizada mentalmente, foi vítima fácil dos servidores, das panelas, dos terríveis paneleiros. Atraída por jogos on-line, a menina se tornou dependente de jogos, telas e celulares. Essa dependência, asseverada durante a pandemia de covid-19, a fez viver experiências muito adoecidas e doloridas, fez com que Paulo aprendesse com a dor como é importante entender a impermanência da educação de meninas e meninos e como é relevante saber conduzir a educação com a ética amorosa.

> Se eu pudesse dar um conselho a um pai de uma menina, não seria *não dê um celular para ela*, mas algo bem direto: *não deixe começar a jogar on-line.* Essa, com certeza, é a grande porta de entrada para problemas futuros. Por infelicidade, percebi isso tarde demais [...] Júlia foi apresentada ao Discord por alguém que conheceu no Roblox. Dentro do quarto, sem meu conhecimento, ela mergulhou de cabeça. É provável que sentisse atração pela liberdade dos servidores, sem nenhum tipo de controle ou regras, ou seja, não há uma moderação centralizada pela empresa. São os próprios criadores dos servidores que administram as comunidades por eles criadas. Isso dava aos usuários uma sensação de liberdade sem limites. Para alguém da idade de Júlia, irresistível.

As famílias precisam ficar muito atentas, pois, atualmente no Brasil, no submundo das internets, dentro de plataformas digitais, tais como X (antiga Twitter), Telegram, Discord, uma rede de criminosos, na sua maioria jovens, homens, defensores de nazismo, misóginos, racistas, transfóbicos, elaboram e executam crimes contra crianças e adolescentes, na sua grande maioria, meninas. Como *jokers* (coringas), sentem prazer com a violência, com a dor, com o sofrimento e com a morte de meninas, de crianças na terceira infância e de adolescentes.

"Minha filha me disse que estava sendo chantageada dentro da plataforma Discord e falou isso chorando e dizendo que, se não fosse salva, se mataria", me contou Samantha, a mãe de Letícia, 11 anos, vítima de violência virtual. "Eu percebi que minha filha estava diferente, mas ela negava e dizia que estava bem. Até que eu não aceitei mais a desculpa e a pressionei. Ela então me contou o que estava se passando. Eu quase morri." Aos prantos, Samantha me falou, quando a entrevistei, de como percebeu que a sua filha, no período da pandemia, foi mudando o seu comportamento, adoecendo mentalmente e passando a ter ações agressivas, violentas com todos dentro de casa.

Letícia, em 2020, durante a pandemia da covid-19, passou a usar o celular com muita frequência e, certa vez, clicou num link que alguém lhe mandou pelo *direct* do Instagram. Quando entrou nesse link, ela foi convidada a fazer parte de uma comunidade cujo objetivo era jogar. O jogo ofertado exigia que ela, inicialmente, desse os dados pessoais dela, os dados pessoais dos pais, inclusive número de WhatsApp e endereço residencial. Letícia, animada com o jogo, forneceu as informações. Em seguida, apareceram dois homens com mais de 18 anos e disseram a Letícia que, se ela não fizesse tudo o que eles mandassem, eles matariam os pais dela e eles espalhariam nas redes digitais que Letícia era *vadia*.

> Minha filha ficou aterrorizada e, no lugar de nos contar, começou a fazer tudo o que eles mandavam. Eles mandavam Leti fazer coisas horríveis. Uma delas, foi beber xixi na frente deles ao vivo. Outra foi Leti se cortar. E também pediam para que minha filha ficasse nua e tocasse nas suas partes íntimas. Esses bandidos gravavam essas cenas e, depois, ameaçavam Leti de mostrar tudo. Minha filha começou a querer morrer. Foi um inferno em nossa casa. Leti passou a ser uma menina com comportamento muito estranho. Foi difícil demais. A nossa sorte também é que meu filho mais velho é muito apegado à irmã e conseguiu, sem que Leti soubesse, acompanhar uma entrada dela num desses jogos. Fizemos uma denúncia à polícia. Leti me disse que esses bandidos virtuais riam dela, achavam engraçado quando ela chorava e gargalhavam como o Coringa do filme *Batman*.

Arthur Fleck, o protagonista do filme *Coringa* (2019),[53] é um homem atormentado, acometido de algum – ou alguns – tipo de transtorno psicopatológico. Sua biografia aponta uma infância de abusos e maus-tratos, realizados por sua própria mãe e pelo seu padrasto. Arthur é um paciente psiquiátrico, acompanhado por um serviço de atenção psicossocial, fazendo uso de medicação, enfrenta desafios em seu campo de trabalho como palhaço. Num determinado momento de sua vida, usando uma fantasia de *joker*, ele mata jovens violentos em um trem e, a partir daí, diante de

---

[53] Para saber mais sobre o filme: https://www.adorocinema.com/filmes/filme-258374/. Acesso em: 13 ago. 2025.

situações constrangedoras, inicia uma escalada de violência sem limites, fazendo discípulos, criando apoiadores, *seguidores*.

Quando, em 20 de abril de 1999, nos Estados Unidos, dois adolescentes armados com armas de fogo (espingardas e armas semiautomáticas), cometeram um verdadeiro massacre numa escola de ensino médio, Columbine High School, no Colorado – matando 12 estudantes e um professor, deixando 24 feridos e cometendo suicídio logo em seguida –, eles provavelmente não sabiam que, para muitos meninos do mundo, se tornariam uma espécie de ídolos. "Me impressionou que eles, quando perguntados a quem admiravam, em quem se inspiravam, disseram, sem rodeios, 'Eric Harris e Dylan Klebold, nossos heróis'. Eric e Dylan eram os adolescentes que atacaram Columbine", comentou comigo Samantha.

"Quem são eles?", perguntou a tia de Vanessa. Ela não respondeu diretamente, mas pegou recortes da figura do Coringa e dos atacantes de Columbine e mostrou a tia. "Quando ela me mostrou, eu tomei um susto. Mas eles realmente se pintavam na cara como um *joker*. Horrível." Vanessa, 15 anos, moradora da Zona Sul da cidade do Recife, viveu uma experiência tenebrosa. Em março de 2022, saiu de casa sem avisar aos pais e foi encontrar com um rapaz que havia conhecido pelas redes digitais. Quando ela chegou à casa desse rapaz, um adolescente de 17 anos, foi surpreendida com a presença de mais sete adolescentes. "Minha sobrinha foi agredida e violentada, e tudo isso foi filmado e transmitido num inferno chamado *lulz*."

A tia de Vanessa, uma ativista do movimento que busca regulamentar as redes sociais digitais,[54] quando soube do meu trabalho, me procurou e contou o que havia se passado com a sua sobrinha. "Eu li o seu livro *A geração do quarto* e vi uma entrevista sua na televisão, então quando soube que o senhor era de Recife, pensei em pedir ajuda." Marcamos cinco encontros, e a tia de Vanessa foi me trazendo informações do perfil da

[54] Há tempos tramita no Congresso Nacional, porém enfrenta severos boicotes de partidos da extrema direita, o PL 2630/2020, que ficou conhecido como PL das Fake News. Este PL pretende regulamentar o mundo das internets, atribuindo responsabilidades às chamadas *big techs* pela engenharia do caos, isto é, pelo uso antiético, mentiroso, criminoso do mundo digital em prol de certas ideologias políticas. Em 26 de junho de 2025, o STF altera o Art. 19 do Marco Civil da Internet e diz que as *big techs* serão responsabilizadas por postagens de usuários, antes de ter sido emitida uma ordem judicial, como dizia o referido artigo antes da alteração.

sobrinha, do modo como a família se portava, de como era o perfil dos bandidos que haviam violentado a sua sobrinha.

> Quando minha sobrinha, iludida por esse bandido, chegou ao endereço que ele havia dado, ela foi surpreendida com a presença de cerca de sete adolescentes, todos vestidos de preto, usando máscaras, pinturas nos braços. Ela foi violentada por esses sete adolescentes. Tudo era filmado e transmitido em tempo real. Minha sobrinha foi mandada embora, depois do estupro coletivo e ameaçada, se abrisse a boca, eles mandariam a filmagem para a escola na qual ela estudava. Seis meses depois, numa quarta-feira, minha irmã, a mãe de Vanessa, a encontrou morta dentro do quarto. Ela deixou uma carta. Na carta, pedia perdão e dizia: "*Se eles mandarem aquilo para a minha escola, eu não aguento. Eu não quero mais viver isso. Perdão. Amo vocês. Van*". Quando esses adolescentes foram identificados e condenados às devidas penalidades, um deles disse: "Nossos líderes são Eric e Harris. Eles fizeram o que tinha de ser feito".

Em 30 de abril de 2023, o programa jornalístico *Fantástico (Show da vida)*, da Rede Globo,[55] com reportagem do jornalista Estevan Muniz,[56] trouxe à tona um problema assustador: crianças, adolescentes e jovens, na internet, usuários da plataforma Discord, do X, do TikTok,[57] estavam envolvidos num cenário de crimes – estupro virtual, estupro físico, tortura, matança de animais, crueldade do mais alto grau. As imagens que a produção do *Fantástico* teve acesso demonstram que crianças e adolescentes, em muitos casos, são vítimas de grupos neonazistas alocados na plataforma Discord e em redes sociais digitais, como X e TikTok. Esses grupos atuam chantageando as vítimas, geralmente meninas, a cometerem toda sorte de autoviolência e de heteroviolência.

---

[55] É possível assistir à reportagem na plataforma da *Globoplay*: https://globoplay.globo.com/v/11729798/. Acesso em: 13 ago. 2025.

[56] Saiba mais sobre Estevan Muniz, jornalista da Rede Globo: https://www.linkedin.com/in/estevan-muniz-27234350. Acesso em: 13 ago. 2025.

[57] X e TikTok são redes sociais digitais. Saiba mais sobre acessando estes links: https://www.meioemensagem.com.br/midia/pesquisa-aponta-x-como-a-rede-social-mais-acessada-pelos-brasileiros e https://www.cnnbrasil.com.br/tecnologia/entenda-por-que-o-tiktok-que-e-chines-nao-existe-na-china/. Acesso em: 13 ago. 2025.

A reportagem apresentada pelo *Fantástico* mostrava que, majoritariamente, dentro da plataforma Discord, meninos tramavam violentar meninas, promovendo o terror. A referida plataforma, durante o período da pandemia, segundo seus criadores, alcançou no mundo todo 300 milhões de inscritos. Dentro do Discord, existem as comunidades, algumas abertas, maiores, e outras fechadas, menores. Nas comunidades fechadas, só é possível acessar se lhe for concedido um link de entrada. Esses adolescentes e jovens denunciados pela reportagem do *Fantástico* atuavam em comunidades fechadas e eles só permitiam que meninas entrassem nas suas comunidades.

As vítimas, segundo a reportagem, eram meninas (crianças e adolescentes) e os agressores eram meninos (adolescentes e jovens). "Minha sobrinha me disse que viu que, nessa plataforma Discord, há muitas comunidades e que, dentro dessas comunidades, há regras que devem ser seguidas, senão a pessoa é severamente punida. Uma das regras, chego a me sentir mal em falar, é maltratar animais, matando o animal na frente dos chefes. Os chefes são esses adolescentes que sequestram, estupram e matam", me contou a tia de Vanessa. "Esses adolescentes se inspiram em outros adolescentes e jovens que pertencem a grupos masculinistas", completou ela.

Os grupos masculinistas estão espalhados pelas redes sociais digitais. Tais grupos defendem pautas, inclusive, neonazistas. A chamada "machosfera", constituída de grupos masculinistas, tais como MGTOW [Men Going Their Own Way (Homens seguindo seu próprio caminho)] e Red Pill [Pílula vermelha], os quais validam e incentivam discursos de ódio contra mulheres, tem sido cada vez mais populares nas redes digitais sociais.

"Esses meninos que violentaram a minha sobrinha diziam a ela que mulher era cheia de direito, de privilégio, que não aceitam que eram inferiores aos homens", me falou a tia de Vanessa. Em junho de 2023, o *Fantástico* fez uma nova reportagem sobre o tema da violência dentro do Discord. Fui convidado a analisar a situação e expliquei a relação entre o perfil dos *jokers* e da geração do quarto.

Em 2017, quando entrevistei 3.115 pessoas entre 11 e 18 anos para a minha pesquisa, que se desdobrou no livro *A geração do quarto: quando crianças e adolescentes nos ensinam a amar*, identifiquei que o adolescente do quarto tinha muitas similaridades com o perfil dos adolescentes que atacavam as escolas. Fiz uma análise comparativa, considerando os perfis biográficos dos atacantes de Columbine (EUA) e Suzano (Brasil). Esses meninos que atacaram as escolas tinham potencial heterodestrutivo, discurso misógino, visão supremacista racial, postura xenofóbica, experiência com *bullying* e *cyberbullying*, vulnerabilidade na saúde mental, atitudes planejadas e premeditadas, parecendo ter atuações perversas em seus comportamentos.

Nesse sentido, quando analisei os perfis dos criminosos que atuavam dentro da plataforma Discord e de suas vítimas, cheguei à conclusão de que teriam, ainda que em polos extremos, o perfil infantojuvenil do quarto. A criança e o adolescente do quarto são pessoas atravessadas, em vários níveis, por violências, sejam simbólicas, psicológicas ou físicas, e têm comportamento destrutivo: seja autodestrutivo, seja heterodestrutivo. Esse perfil está atravessado por adoecimentos mentais, isso não quer dizer que adoecimentos isentam os criminosos do que eles fazem, quer dizer adoecimentos – transtornos – os quais se configuram no campo das psicopatologias ou dos transtornos de personalidade.

Nas duas referidas reportagens do *Fantástico*, fica evidente que os pais e as mães ignoravam o que os filhos faziam no mundo digital, com quem eles conversavam, com quem eles se relacionavam, o que eles debatiam, discutiam, discursavam. "Eu dei um computador ao meu filho, ele estava com depressão. Queria ajudar, nunca imaginei que ele fazia parte de uma quadrilha que torturava meninas, que estuprava meninas, que ameaçava de morte. Que horror, meu Deus", comentou uma mãe que viu seu filho de 18 anos ser preso por envolvimento com crimes virtuais.

Um jovem que está atuando como um *joker* não é alguém que começou do nada a sua prática. Ele tem seguidores, discípulos, passava horas e mais horas dentro do seu quarto promovendo o pavor. No livro *O acerto de contas de uma mãe: a vida após a tragédia de Columbine* (2016), Sue Klebold, a mãe de Dylan Klebold, afirma, quando fala sobre cartas que passou a receber, depois da tragédia:

> Uma delas exibia apenas, em pincel atômico preto: COMO VOCÊS PODIAM NÃO SABER??! Essa era, obviamente, a pergunta que eu me fazia dia e noite. Eu não me imaginava uma mãe perfeita, de jeito nenhum. Acreditava, no entanto, que minha conexão tão próxima (não só com Dylan, mas com meus dois filhos) significaria que eu seria capaz de intuir se algo estivesse errado, especialmente se estivesse

> muito errado. Eu nunca diria que tinha acesso a cada pensamento e sentimento de Dylan, mas diria, com confiança, que sabia exatamente do que ele era capaz. E estaria errada.

Sue Klebold e sua família não poderiam prever o que seu filho adolescente seria capaz de fazer. Penso que culpar a família não é o caminho mais acertado para tentar prevenir a emergência de *jokers*. Entendo, inclusive, que um *joker* é resultado de um processo multifacetado e multifatorial, não se trata exclusivamente da família. No entanto, e apesar disso, a família é, sem dúvida, o grupo social que tem muitas chances de impedir a construção de um perfil *joker*. Para isso, é, antes de tudo, imperioso perguntar como é a trajetória biográfica dessa família na qual o *joker* aparece?

Em seu livro *Longe da árvore: pais, filhos e a busca da identidade* (2013), o escritor Andrew Solomon traz uma interessante reflexão sobre a família de adolescentes que entraram em conflito com a lei e como a violência na vida deles é um elemento que colabora, talvez até seria a causa principal, para que cometam atos similares aos que são realizados por esses adolescentes que praticam crimes dentro do mundo virtual, extrapolando para o mundo físico. Ainda sobre a ignorância da família em relação a um comportamento-*joker*, Solomon diz:

> Sophia e Josiah McFeely não faziam ideia de que o filho Chuck, de 17 anos, sustentava o uso próprio de cocaína traficando, nem que andava pela zona sul de Boston carregando uma arma. Por isso, ficaram perplexos quando ouviram um estouro numa noite em que Chuck e os amigos estavam em casa. Um deles tinha mostrado uma arma e de brincadeira propôs que jogassem roleta russa. Os demais tentaram detê-los, mas ele apertou o gatilho e deu um tiro na cabeça. Josiah correu escada acima e só chegou a tempo de tomar nos braços o menino já moribundo (Solomon, 2013, p. 34).

Jokers são pessoas que atravessam histórias violentas, e, no caso de crianças e adolescentes, comumente se dão ou dentro das casas ou no universo escolar. A maldade praticada por adolescentes-*jokers*, dentro da plataforma Discord ou em redes sociais digitais – em lugares que conhecemos como *dark web* e *deep web* –, pode ser contagiosa. Em outras palavras, crianças e adolescentes podem aprender e replicar essa maldade.

Os grupos extremistas que atuam no submundo das internets pretendem fazer escola, fazer discípulos, e aproveitam da vulnerabilidade emocional e mental de muitas crianças e adolescentes.

É preciso que as famílias estejam atentas dentro de suas casas para que seus filhos não se envolvam com grupos extremistas que atuam aos borbotões no universo digital. A organização jornalística Porvir[58] me convidou para colaborar com um guia (Porvir, 2023), cujo objetivo é ajudar a sociedade de modo geral e a escola mais especialmente a enfrentarem a escalada de ódio que se tornou frequente entre os anos 2018 e 2024 no Brasil. Nesse guia, explico que muitos pais e muitas mães querem *expulsar* seus filhos do quarto, no entanto, na maioria das vezes, eles nunca entraram no quarto do filho, não sabiam o que se passava lá dentro e por que o quarto era tão atraente às suas crianças e aos seus adolescentes.

> Entendo que esses criminosos do mundo digital, esses que o senhor chama por *jokers*, professor Hugo, se aproveitam desse distanciamento entre pais e filhos e cooptam filhos que não conversam com os pais, nem com as mães. Aqui, na escola, por exemplo, os alunos dizem que não conseguem trocar ideia em casa, porque, na maioria das vezes, os pais estão também plugados nas telas e trabalhando ou estressados ou cansados ou mesmo sem tolerância às ideias deles. Eu aqui na biblioteca funciono praticamente como um consultório terapêutico, e eu sei que não é e nem quero confundir as coisas, mas é isso que acontece: os alunos vêm aqui e desabafam comigo.

Esse depoimento me foi dado por Edna, a bibliotecária de uma grande escola em Recife. A escola, com mais de 3.000 alunos, da educação infantil ao ensino médio, me procurou, numa certa ocasião, porque foram apontados alunos como sendo possíveis *jokers*. "Eu estou acabada, doutor Hugo. Nunca imaginei que meu Leco, aquele menino criado com tanto amor, ficasse no quarto, dentro dessa Discord, vendo meninas serem torturadas." Me dizia aos prantos uma mãe que se certificou de que o seu filho, além do que ela me narrou, também participava de panelas dentro do Discord cujo teor era nazista, supremacista racial, misógino e destilava ódio contra animais e moradores de rua.

---

[58] Porvir é uma agência jornalística sem fins lucrativos que busca soluções no campo educativo.

O que querem as redes sociais digitais com os nossos filhos?

Em 2017, fui convidado pelo Senado Federal Brasileiro a ser consultor[59] de uma CPI interpartidária sobre maus-tratos contra crianças e adolescentes.[60] A CPI gerou um importante relatório[61] e fundamentou algumas legislações que foram construídas no Brasil, entre elas, a Lei n.º 13.819/2019,[62] a Lei n.º 13.968/2029[63] e, mais recentemente, a Lei n.º 14.811/2014.[64] Por meio do requerimento número 10, a CPI convidou as *big techs* para se posicionarem diante dos problemas que a CPI trazia (as mesmas atrocidades que acontecem hoje, em 2025, nas plataformas digitais). Porém, as empresas bilionárias, simplesmente, não atenderam o convite. As *big techs* convidadas foram Facebook, Google, YouTube, Yahoo (Tumblr), WhatsApp, Instagram e Twitter.

À época da CPI, em 2017, o cenário de ataques às escolas, por exemplo, não era o mesmo que se deu entre os anos 2020 e 2022, todavia, já havia naquela ocasião uma série de problemas que vemos hoje emergirem de forma brutal na sociedade brasileira. A CPI já alertava para os inúmeros maus-tratos contra crianças e adolescentes, e muitos desses maus-tratos estavam diretamente relacionados às plataformas digitais. O que hoje nomino como comportamento-*joker*, sem dúvida nenhuma, remete ao modo como as plataformas digitais operam no mundo físico e no mundo digital.

No documentário *O dilema das redes* [*The Social Dilemma*],[65] um grupo de especialistas em mídias digitais, redes sociais digitais, desenvolvimento humano, psicologia social e psicologia humana alertam para o

---

59 O requerimento aprovando a minha consultoria se encontra neste link: https://legis.senado.leg.br/atividade/comissoes/comissao/2102/. Acesso em: 14 ago. 2025.

60 Disponível em: https://www2.senado.leg.br/bdsf/handle/id/609813. Acesso em: 14 ago. 2025.

61 Disponível em: https://site.cfp.org.br/wp-content/uploads/2022/04/PLS_482_2018.pdf. Acesso em: 14 ago. 2025.

62 Disponível em: https://www.planalto.gov.br/ccivil_03/_ato2019-2022/2019/lei/l13819.htm. Acesso em: 14 ago. 2025.

63 Disponível em: https://www.planalto.gov.br/ccivil_03/_ato2019-2022/2019/lei/l13968.htm. Acesso em: 14 ago. 2025.

64 Disponível em: https://www2.camara.leg.br/legin/fed/lei/2024/lei-14811-12-janeiro-2024-795244-publicacaooriginal-170834-pl.html. Acesso em: 14 ago. 2025.

65 Disponível em: https://www.netflix.com/title/81254224. Acesso em: 14 ago. 2025.

perigo das redes sociais digitais para a mente humana. Os inventores das redes sociais digitas, como Facebook, explicam que empresas dessa ordem foram criadas, para além do *slogan* "vamos unir o mundo", para ganhar dinheiro com os usuários, ou seja, com os humanos que fazem usos dessas redes, fornecendo a elas seus dados, sua biografia, sua personalidade, seus gostos, seus costumes, seus desejos, seus desafetos.

As mídias sociais digitais, na medida em que precisam dos usuários, pois são eles os negócios rentáveis das *big techs*, lucram horrores com o que vendem. E o que elas vendem? Vendem as mentes de quem as usa, de quem as opera. No reino das nuvens, no qual as famílias contemporâneas habitam, a corte não é feita senão de interesses cada vez mais comerciais. Durante a CPI da qual fui consultor, as *big techs* não quiseram participar porque certamente entendiam que nada tinham a ver com o que estávamos mostrando, mas elas tinham, elas estavam completamente imbricadas, ainda que se esquivassem, ainda que negassem.

Uma rede social digital não brinca de ganhar dinheiro, ela ganha muito dinheiro. As pessoas mais ricas do mundo atualmente estão relacionadas às empresas que estão no chamado Vale do Silício. Nossas crianças e nossos adolescentes quando estão conectados às internets e usam as redes correm perigo, tanto no nível sobre o qual os *jokers* atuam quanto no perigo de se fecharem em bolhas culturais e ideológicas. "Percebi que meu filho passou a compartilhar no grupo da família vídeos que defendiam, por exemplo, que a Terra era plana. De repente, começou a me dizer que não acreditava em vacinas." A bolha na qual o filho de Eva estava era negacionista.

"Ele me dizia que eu era uma tola, mas que ninguém tinha como provar que o homem realmente pisou na Lua. Quando fui inquiri-lo, mostrar dados de estudos científicos, ele me mostrou um vídeo de um blogueiro que pregava teorias advindas não sei até hoje de onde." O filho de Eva tinha, na ocasião em que ela me deu as entrevistas para este livro, 17 anos. "Por mais que eu e o pai tenhamos discordado do que ele dizia, era mesmo que nada." Quando foi analisar as redes sociais digitais do filho, Eva se deu conta de que ele seguia muitas pessoas que se diziam membros de grupos masculinistas, terraplanistas e negacionistas. "Lembro que o sangue sumiu do meu corpo. Perguntei a mim mesma: onde erramos?", me disse Eva.

Na verdade, Eva e o esposo erraram no mesmo ponto em que quase todos nós, pais e mães, temos errado: a liberação sem restrição ou monitoramento do uso de telas pelos nossos filhos. As grandes empresas, como

Facebook, Instagram, YouTube, Google, X, TikTok, Discord, entre outras, querem que nossas crianças e adolescentes fiquem, cada vez mais, conectados e que possam ser usuários dessas plataformas. Quanto mais tempo ficamos conectados, mais os objetivos das *big techs* estão sendo alcançados. Em seu livro *Nação dopamina* (2024), a psiquiatra norte-americana Anna Lembke nos adverte para o fato de que as redes sociais digitais podem gerar dependência química.

Anna Lembke trabalha com o tema da adicção e reflete no livro citado sobre como atualmente a sociedade humana busca prazer a qualquer custo e a qualquer preço. De alguma maneira, as *big techs* sabem que o neurotransmissor dopamina provoca no humano uma sensação de bem-estar, logo, na medida em que querem que os usuários de suas redes não as larguem, usam estratégias de neuromarketing para alcançar os seus objetivos de venda. As crianças e os adolescentes expostos às internets podem ficar viciados em internets tal qual podem ficar viciados em substâncias psicoativas, em medicações prescritas, em ódio, em violência. Anna Lembke[66] explica que as famílias – os adultos – também se viciam no prazer desenfreado.

> Eu percebi que meu filho não largava o celular por nada nesse mundo e, quando eu ou meu esposo fazia intervenção, no sentido de retirar o celular dele, o tempo fechava. Ele nunca foi rebelde, mas, depois da Pandemia, esse menino passou a me enfrentar e enfrentar o pai. Teve dia que ele disse ao pai que nem dois dele tiravam o celular do quarto, e o meu marido quase teve um infarto. Nessa noite, eu perdi as estribeiras, peguei o celular do meu filho e quebrei, parti e gritei olhando bem na cara dele: "Vai me bater, vai bater no seu pai? Você perdeu tudo comigo, seu bosta!".

Eva, quando me contou esse episódio, ainda que ele fizesse parte do passado da sua família, me disse que ainda tremia por dentro quando lembrava de tudo aquilo, mas que achava fundamental me contar, porque sabia que essa experiência da família dela poderia ajudar outras famílias a não deixarem que seus filhos, ainda criança ou mesmo adolescentes, usem esses aparelhos em excesso e fiquem dependentes das redes sociais digitais. "Entendi, depois de leituras, que essas redes sociais digitais são grandes

66 Professora de Psiquiatria e Medicina da Adicção na Escola de Medicina da Universidade Stanford e Chefe da Clínica de Medicina de Adicção de Duplo Diagnóstico de Stanford.

negócios e que nossas crianças e adolescentes são usadas nesses negócios. Eles não estão nem aí."

Em seu texto "Uso problemático de mídias interativas entre crianças e adolescentes: dependência, compulsão ou síndrome?" (2019), Michael Rich, Michael Tsappis e Jill R. Kavanaugh afirmam que existe na literatura internacional uma dificuldade de nominar a dependência de crianças e adolescentes da internet, entretanto, não existe dúvida, a partir dos estudos que foram e são empreendidos sobre o tema, de que a internet, quando usada de modo excessivo, traz prejuízos ao desenvolvimento sadio de crianças e adolescentes, e esses prejuízos estão muito atrelados às questões da saúde mental. Segundo os referidos autores, é muito relevante que haja compreensão sobre o problema, entendendo-o como algo interdisciplinar, logo, complexo, tanto de se avaliar quanto de se acompanhar em termos psicoterapêuticos.

> Procurei muitos médicos, psiquiatras, psicólogos, porém não foi fácil que eles percebessem que o comportamento violento do meu filho estivesse relacionado ao uso excessivo de celular. Eu mesma não tinha essa compreensão. Ninguém tinha. A própria escola estimulava o uso na medida em que pedia pesquisas e realização de atividades escolares tendo o celular como meio de consulta. Quando não era o celular, era a tela do tablet ou do computador. Aos poucos, o comportamento de Bento foi se alterando e, quando vimos, meu filho estava viciado em tela. O pior dia foi quando ele se trancou no quarto e só conseguimos entrar porque tivemos que forçar a fechadura. Quando vi a cena, ele segurando o celular, com os olhos vermelhos de choro, pedindo para que o deixássemos em paz, dizendo que, se a gente pegasse o celular, ele se mataria. Aquela cena não sai da minha cabeça até hoje, doutor Hugo.

Bárbara, a mãe de Bento, também foi entrevistada por mim no bojo das pesquisas para este livro. Ela me disse que o filho nunca teve um diagnóstico de vício em internet, pois os profissionais que o ajudaram tinham pouca ou quase nenhuma certeza do que se passava com o menino. "Eles entenderam que Bento sofria com transtornos de ansiedade ou depressão, mas eles não conseguiam identificar quais as possíveis causas. Me senti perdida. Minha companheira também. Hoje, depois de tudo o que passamos, meu filho está bem, mas foi sofrido pra caramba!" Bárbara conseguiu ajuda na medida em que se deu conta de que a entrada da internet na vida do filho não foi saudável.

> As empresas que criam esses jogos on-line e criam essas redes sociais ganham bilhões com a desgraça de nossos filhos. É impossível controlar, dentro de casa, um comportamento que é estimulado o tempo todo fora de casa. A verdade é que não sabemos exatamente como agir para que o vício em internet seja enfrentado por todos nós. Não é uma preocupação que deva ser só das famílias, das escolas, dos médicos e dos psicólogos, entretanto de toda a sociedade, do Estado, das autoridades. Se não tomarmos providências urgentes, teremos sérios problemas ainda mais graves.

Essa opinião é da psiquiatra de Bento, que me concedeu uma entrevista à época em que eu coletava informações sobre o tema deste livro. No seu livro *A fábrica de cretinos digitais: os perigos das telas para nossas crianças* (2023), o neurocientista Michel Desmurget alerta, de forma categórica, sobre os perigos que o uso excessivo de tela tem na vida de crianças e adolescentes. Segundo ele, a ideia pregada por muitos de que a chamada "geração digital" – nativos digitais – é exemplo de inteligência avançada, sobremaneira quando comparada às anteriores, não passa de uma falácia, de um ledo engano, de uma espécie de ilusão.

> Outra objeção essencial, regularmente citada pela comunidade científica a respeito do conceito de *nativos digitais*, refere-se à suposta superioridade tecnológica das novas gerações. Imersas no digital, estas teriam adquirido um grau de domínio que não será jamais acessível para os fósseis da era pré-digital. Bela lenda, mas que, infelizmente, não está livre de enfrentar, ela também, alguns problemas importantes. Para começar, até que se prove o contrário, esses fósseis pré-digitais "foram (e com frequência ainda são) os criadores desses dispositivos e ambientes". Em seguida, ao contrário das cativantes lendas populares, a esmagadora maioria de nossos *geeks* potenciais apresenta, além das utilizações recreativas mais escandalosamente básica, um nível de domínio das ferramentas digitais no mínimo titubeante (Desmurget, 2023, p. 24).

Ainda que eu não tenha acordo absoluto com o que diz Desmurget, uma vez que entendo o conceito de inteligência para além das questões cognitivas, concordo com ele quando aborda sobre a falácia de que os chamados nativos digitais são o exemplo do que há de mais avançado em nosso desenvolvimento. Isso, de fato, não se aplica à realidade, nem ao que vemos quando analisamos os prejuízos que as redes sociais digitais, o tal universo das tecnologias avançadas, têm promovido na vida de tantas famílias no mundo todo. As internets, como eu gosto de chamar, não são o erro por elas mesmas, mas quando usadas sem conduta ética, tornam-se um dos mais perigosos erros humanos.

De que modo agem os algoritmos?

Algoritmos são conjuntos de regras criados para que nos ajudem a tomar decisões, executar tarefas e resolver problemas. Algoritmos classificam, regridem, agrupam e otimizam. Ao tratarmos desse assunto aqui, estamos tentando debater sobre os algoritmos das inteligências artificiais, que são treinados para fazer com que uma pessoa fique o maior tempo possível conectado na internet, usando redes sociais digitais ou plataformas digitais.

Uma inteligência artificial é a tentativa humana de replicar na máquina as redes neurais humanas, de tentar mimetizar a linguagem humana, de imitar as funções básicas psicológicas humanas e mesmo as funções psicológicas superiores dos humanos. As inteligências artificiais se valem de algoritmos para que possam operar na classificação, na análise acurada de um perfil, no agrupamento de costumes, nos hábitos de uma pessoa e na oferta de soluções positivas para os problemas encontrados numa determinada situação social. É difícil conceituar e definir inteligência artificial, mas é importante que pais e mães entendam o mínimo que seja sobre esse tema.

Nossos filhos estão tomados pelas inteligências artificiais e nós também estamos. Elas atravessam nossas vidas em quase todos os setores. Por exemplo, quando entramos em um shopping e passamos pela cancela, quem lê e registra a placa do nosso carro e emite o ticket de pagamento é uma IA. Quando vamos ao supermercado, passamos o código de barras de um produto numa máquina de autosserviço, estamos diante de uma IA. Quando estamos à procura de uma informação na internet e usamos um aplicativo de busca, quem busca o que queremos, a partir do que digitamos, é uma IA. A inteligência artificial é usada no mundo corporativo, nos bancos, no comércio, também tem sido usada nas escolas, nas plataformas pedagógicas.

Azambuja e Silva (2024), quando tratam sobre IA, explicam que podemos falar de três tipos: IA Fraca ou estreita, IA Forte ou geral e IA Superinteligente. No primeiro tipo, temos uma IA menos avançada, aquelas que atuam em *chatbots*, em telemarketing, assessorias artificiais, tais como

Alexa, Siri, que fazem atendimento eletrônico, produzem textos, áudios e imagens. Esta IA, dizem os autores, é a mais comum e frequente entre nós, é mais próxima da nossa realidade, em 2025. As outras duas, a Forte, por exemplo, seria uma IA com autoconsciência, com inteligência similar à humana, capaz de fazer todas as coisas que são possíveis de serem feitas através de nossa rede neuronal. Uma IA desse porte, segundo os referidos autores, ainda não é vista atuando em nosso cotidiano. A terceira IA, essa Superinteligente, seria uma inteligência artificial realmente autônoma, livre, capaz de existir a despeito da presença humana. Seria, como pensam Azambuja e Silva, algo, no momento, de cunho mais teórico.

Os algoritmos de inteligência artificial que operam nas redes sociais digitais fazem uso dos dados armazenados nas nuvens e, assim, procuram conhecer uma pessoa profundamente a ponto de escolher por ela o que ela ainda não pensou em escolher. "De repente, eu comecei a perceber que meu filho só queria jogar um tipo de jogo e que na tela do computador aparecia uma oferta impressionante desse tipo de jogo ou de jogos que estavam correlacionados. Meu filho passou a viver numa bolha. Eu me assustei com a mudança", me disse a professora Niedja, na ocasião em que conversamos sobre o processo de dependência de jogos de internet vivenciado pelo seu filho.

Os algoritmos de inteligência artificial são classificadores, desenhistas de perfis, agrupadores de interesses, propositores de solução. Por exemplo, quando nosso filho abre o TikTok, imediatamente o algoritmo apresenta a ele várias sugestões que fazem parte de um processo de classificação, regressividade, agrupamento e proposição realizado pelo algoritmo em relação a ele. O algoritmo foi construído para individualizar o perfil do nosso filho de maneira que ele veja aquilo que o algoritmo acredita que seja o que o nosso filho deve ver e ele começará a acreditar que o que o algoritmo lhe mostra é de verdade o que existe estritamente no mundo.

> Expliquei ao meu irmão que precisamos aprender várias culturas, porque não existe uma cultura melhor que a outra. No entanto, cada vez que ele abria a tela do tablet, vinha uma quantidade robusta de imagens, de vídeos, de imagens e vídeos juntos, e esse processo não permitia ao meu irmão sair daquela bolha. Foi uma época difícil na minha casa. Meus pais viajavam a trabalho, eu estudava, e ele, ainda na fase da adolescência, não conseguia sair daquela bolha sozinho. Mas a situação piorou quando ele começou a dar sinais de ansiedade,

de sentimentos depressivos. Eu não sabia muito como ajudar. Meu irmão, em menos de seis meses, mudou muito.

Esse depoimento é da Even, uma estudante de Engenharia Civil, de 22 anos, que quis falar comigo sobre o irmão dela. Even havia visto uma das minhas entrevistas para o programa *Fantástico*, da Rede Globo, e entendia que o irmão dela, caso não fosse cuidado, poderia desaguar numa dependência e a partir daí surgirem todas as consequências possíveis. "Passei a ler sobre como esses algoritmos operam na vida de crianças e adolescentes, depois de sua entrevista e por meio dessas leituras que cheguei à certeza de que meu irmão precisava mesmo de ajuda." Explicou Even quando me pediu colaboração no processo de seu pequeno e amado irmão.

Os algoritmos querem que nossos filhos fiquem o maior tempo possível conectados e, para que isso ocorra, eles lançarão mão de estratégias cada vez mais sofisticadas. O mais preocupante é que essas estratégias se relacionam com a mente de nossas crianças e de nossos adolescentes. Neurotransmissores e hormônios, como dopamina, ocitocina, adrenalina e noradrenalina, são atingidos, acionados pelos algoritmos. Quando os algoritmos atuam em nossos neurotransmissores e hormônios, eles conseguem agir em nossos sistemas metabólicos: nervoso central, nervoso autônomo, endócrino, nervoso-endócrino.

> Meu irmão passou a ser um estudante muito, mas muito ansioso mesmo. A ansiedade dele, me disse a psiquiatra, era patológica. Além de muita ansiedade, ele ficou agressivo. A agressividade aumentava todas as vezes em que pensávamos em retirar dele o celular, o tablet. Eu comecei a me assustar ainda mais quando o meu irmão já não mais dormia, porque me disse que, quando dormia, perdia tempo de aprender a ser mais "foda" no jogo. Nesse dia, eu liguei para os meus pais e desabei: "O filho de vocês está enlouquecendo e vocês estão viajando para dar um futuro melhor a ele. Mas ele pode nem ter futuro". Lembro que minha mãe chorou e meu pai calou e não falou uma palavra. Mas ele ficou mais do que preocupado.

Conversei com Even sobre o estado de saúde mental de seu irmão por quase dois meses. Nossos encontros aconteciam on-line e tinham um caráter de entrevista. Ao longo desse tempo, Even me pediu permissão para compartilhar com outras pessoas o que conversávamos nas entrevistas.

Eu permiti e, a partir dessa permissão, surgiram muitos pedidos para que eu fizesse um grupo de estudos sobre o tema da relação algoritmo e saúde mental de crianças e adolescentes.

Os ataques às escolas brasileiras: o que isso nos quer dizer

O cantor e compositor Gilberto Gil diz em sua música "Aquele abraço" (1969): "O Rio de Janeiro continua lindo / O Rio de Janeiro continua sendo / O Rio de Janeiro, fevereiro e março". Gil ainda canta: "Alô, alô, Realengo, aquele abraço". Gil, obviamente, nunca imaginou que o bairro homenageado carinhosamente por ele, em sua linda música, seria, em 7 de abril de 2011, palco de uma tragédia que deixou 12 crianças mortas e 10 feridas. Um jovem, de 23 anos, ex-aluno da Escola Municipal Tasso da Silveira, se passando por palestrante, invadiu a escola, portando forte munição com arma de fogo, entrou inicialmente numa sala com 40 crianças e atirou à queima-roupa em muitas. Nas meninas, sua mira era na cabeça, e nos meninos, na parte do ventre.

Estudos indicam que as meninas eram seu alvo principal. Visível sentimento misógino. Em 2018, minha ex-aluna de mestrado, Flávia Vasconcelos, que fez excelente dissertação sobre *bullying* com meninas, afirmava: "Wellington matou meninas porque sua motivação era de fundo misógino". Em vasto material encontrado pela polícia à época – vídeos, cartas –, Wellington afirmava que sofreu *bullying* quando estudava na Tasso da Silveira e demonstrava adoração por outro atirador brasileiro, Edmar Aparecido de Freitas, um adolescente de 18 anos, que, portando um revólver calibre 38, invadiu a Escola Estadual Coronel Benedito Ortiz, em Taiúva/SP, atirou em colegas, funcionários e professores, ferindo oito pessoas. Assim como Wellington, Edmar também se mata, após matar.

Tanto Wellington como Edmar faziam apologia ao nazismo. Eles eram também admiradores dos dois adolescentes que praticaram os crimes em Columbine High School, Eric Harris e Dylan Klebold. Edmar, segundo muitos, também aludiu ao *bullying* e trazia, na sua prática, elementos misóginos. Em 2002, no dia 28 de outubro, um adolescente de 17 anos, armado com um revólver calibre 38, em Salvador, Bahia, atira contra duas colegas adolescentes. Uma delas morre na hora e a outra, embora socorrida, não resiste e vem a óbito. E.R., segundo testemunhas, não gostava das suas vítimas e mantinha com elas uma relação tóxica. Ele, depois dos tiros nas suas colegas de escola, ameaçou se matar, mas terminou apreendido.

A seguir, lemos uma carta deixada por Wellington Menezes de Oliveira:

> Primeiramente deverão saber que os impuros não poderão me tocar sem luvas, somente os castos ou os que perderam suas castidades após o casamento e não se envolveram em adultério poderão me tocar sem usar luvas, ou seja, nenhum fornicador ou adúltero poderá ter um contato direto comigo, nem nada que seja impuro poderá tocar em meu sangue, nenhum impuro pode ter contato direto com um virgem sem sua permissão, os que cuidarem de meu sepultamento deverão retirar toda a minha vestimenta, me banhar, me secar e me envolver totalmente despido em um lençol branco que está neste prédio, em uma bolsa que deixei na primeira sala do primeiro andar, após me envolverem neste lençol poderão me colocar em meu caixão. Se possível, quero ser sepultado ao lado da sepultura onde minha mãe dorme. Minha mãe se chama Dicéa Menezes de Oliveira e está sepultada no cemitério Murundu. Preciso de visita de um fiel seguidor de Deus em minha sepultura pelo menos uma vez, preciso que ele ore diante de minha sepultura pedindo o perdão de Deus pelo que eu fiz rogando para que na sua vinda Jesus me desperte do sono da morte para a vida eterna (Oliveira *apud* Leta, 2011).

Numa ordem cronológica, tivemos ataques em 2002, 2003 e vamos ter outro em 2011. De maneira decrescente, temos um jovem com 23, um adolescente com 18 e outro com 17. As vítimas, nesses três casos, são maioria meninas. Os meninos, como eu já disse, atacam. Atacam meninas. Meninas são atacadas no submundo das redes sociais digitais. Quem ataca? Meninos. Não podemos negar: há algo que precisa ser urgentemente revisto na educação de meninos. Vou tratar sobre essa questão mais adiante. Por agora, quero retornar aos ataques.

Em 11 abril de 2012, na cidade de Santa Rita, no estado da Paraíba, dois adolescentes atiram em outros adolescentes. A escola atacada foi estadual, Enéas de Carvalho. Seis tiros disparados. Três vítimas. Duas meninas e um menino. Neste ataque, ao que disseram às autoridades policiais, o alvo era o menino, e as meninas foram atingidas porque estavam próximas. Os meninos que atacaram tinham, respectivamente, 13 e 16 anos e se diziam desafeto do adolescente alvo, este com 15 anos. O ataque foi com arma de fogo. Meninos armados. Ódio. Discussão. Masculinidade. Palavras presentes nas matérias jornalísticas sobre o caso.

> Vou tirar meu filho dessa escola. Segurança zero. Os adolescentes entraram armados. Arma de fogo. Pei. Pei. Pei. E quase matam o outro. Eles pensam que homem tem de agir assim: ofendeu, mata. Não temem ir para FUNDAC. Eles dizem que ficam 3 anos e saem. Não quero nem imaginar se isso que esses dois fizeram vira moda. Eu vou tirar meu filho de lá da Enéas. Aquela escola é insegura demais.

Este depoimento foi dito por uma mãe de um dos alunos da Escola Estadual Enéas de Carvalho. O medo dela não é à toa e nem infundado. É um medo real. Em 2017, um estudante leva uma arma do pai da namorada dele para a escola. A arma está munida com balas. Ele vai mostrar a arma a colegas. De repente, a arma dispara e um outro adolescente, de 16 anos, é atingido no pé. A situação se deu na Escola Estadual 31 de Março, no estado de Goiás. Meninos com arma de fogo. A arma teria sido um presente da namorada. O que faz um adolescente com uma arma de fogo dentro de uma escola? Meninos + masculinidade + força + virilidade + poder. Palavras que circularam à época sobre esse triste episódio.

"Ele disse que vinha sofrendo *bullying* ou, nas palavras dele, que um colega estava amolando ele. Inspirado em outros casos, segundo ele como os de Columbine e o de Realengo, ele decidiu cometer esse crime. Ele ficou dois meses planejando a 'ação'", disse o delegado Luiz Gonzaga Júnior, titular da Delegacia Estadual de Apuração de Atos Infracionais (DEPAI).

Essa fala se refere a um outro ataque, também em 2017, na cidade de Goiânia, no Colégio Goyases. Uma escola privada. Um adolescente. 14 anos. Filho de dois policiais. Uma arma do tipo 40. A arma pertencia à mãe do adolescente. Ele atirou e matou dois colegas e feriu mais quatro. Não avançou com o ataque porque uma coordenadora o convenceu a parar. "Ele sofria *bullying*, o pessoal chamava ele de fedorento, pois não usa desodorante. No intervalo da aula, ele sacou a arma da mochila e começou a atirar. Ele não escolheu alvo. Aí todo mundo saiu correndo", disse um estudante que testemunhou o ataque. Três meninas feridas. Dois meninos mortos. Um menino ferido. Um adolescente apreendido. Arma de fogo + *bullying* + pais policiais + arma dos pais. Palavras que circularam na imprensa à época.

Em 2018, na Escola Estadual João Emmanuel Mondrone, no município de Medianeira, no estado do Paraná, um adolescente, com arma de fogo, decidiu atirar contra colegas. A decisão, segundo alguns policiais, se fundamentava no fato de que ele sofria *bullying*. O atirador era filho de agricultores, disse que sofria *bullying* e que planejava, há meses, praticar o ataque. Aliado a ele, outro adolescente foi apreendido. Os dois portavam um revólver calibre 22, munição e uma faca. Armas + *bullying* + bom aluno + armas em casa + bombas caseiras + violência. As palavras que lemos, que ouvimos. As palavras que parecem ser frequentes.

No relatório do MEC sobre os ataques às escolas (Brasil, 2023), leremos sobre um conceito de violência nominado "violência dura". Leremos sobre conceitos como "violência na escola", "violência da escola", "violência contra a escola". Os ataques estariam no âmbito da violência dura – física, forte, causa ferimento, letal – e no âmbito da violência contra a escola. A escola atacada. A escola na qual a maioria dos atacantes estudam ou estudaram é o espaço escolhido para o ataque. Em muitos casos, o ataque funciona como um massacre. Em 2019, o Brasil viu os ataques aumentarem vertiginosamente. Foi neste ano que aconteceu o ataque à Escola Estadual Raul Brasil.

Era uma quarta-feira, 13 de março. "Eles ingressaram na escola, atiraram na coordenadora pedagógica, atiraram numa outra funcionária. Estava na hora do lanche, eles se dirigiram ao pátio, atiraram em mais quatro alunos do ensino médio", disse o coronel Marcelo Salles, comandante-geral da PM. Eram dois, um adolescente de 17 anos e um jovem de 25 anos. Ex-alunos da escola. Vestidos com roupas pretas, usando máscaras de caveira, portando armas diversas. Antes de cometerem os assassinatos na escola, mataram o tio do adolescente. Tudo planejado. Eles tinham alugado um carro fazia dias. O carro que usaram antes de atacarem à escola, matarem oito pessoas, sendo cinco adolescentes e três adultos. O adolescente de 17 anos postou fotos no Facebook fazendo gestos obscenos, rindo e aparecia armado.

Depois que mataram as pessoas, o adolescente matou o jovem e em seguida se matou. *Joker* é aquele que age como Coringa, que ri e mata, que mata para rir, que faz da violência a sua linguagem. A arma de fogo e sua potência para matar. O armamento como argumento de alguns políticos. As escolas atacadas. Suzano pareceu Columbine. Os atacantes queriam que parecesse. Tudo filmado pelas câmeras da escola. Os estudantes apavorados corriam de um lado para o outro. O ataque orquestrado, aprendido em algum vídeo, vídeo solto na internet sem lei, sem regulamentação, sem norma. A norma das *big techs* e de quem as defende, qual é senão "ganhar dinheiro"?

Na época, em 2019, fui, como eu já disse anteriormente, a Belo Horizonte falar sobre como a geração do quarto se relacionava com o *joker* que atacava escolas. Na ocasião, eu ainda não havia nominado o atacante de *joker*, não havia percebido a similaridade com o comportamento-coringa. Suzano assustou o Brasil. O que vimos acontecer lá era o início de uma escalada de violência. A violência de adolescentes, jovens, todos homens, contra crianças, adolescentes, jovens, adultos, majoritariamente mulheres. Os atacantes de Suzano se diziam adoradores do nazismo e dos atacantes de Columbine. Quiseram atirar e matar, mas quiseram que isso fosse registrado. Um espetáculo do horror.

Algumas perguntas que não silenciaram em mim: E a família desses meninos, desses adolescentes, desses jovens que estão atacando as escolas? Quem são esses pais, essas mães? O que eles dizem? Como esses homens foram educados? Eles usam muito as redes sociais digitais? Em 2019, em Caraí, Minas Gerais, um adolescente de 17 anos atira e fere dois outros adolescentes na Escola Estadual Orlando Tavares. Fazendo a pesquisa para este tópico do livro, vejo muitas imagens. Uma delas é a sala de aula da referida escola e me assusta: muito sangue entre as carteiras escolares. O adolescente que atira planejou o crime. Ele não planejou sozinho. Outros adolescentes não identificados estão envolvidos. Lembro que, nas panelas do Discord, *jokers* cooptam adolescentes adoecidos para que planejem ataques.

Os que atacam estão visivelmente adoecidos. A doença do ódio. A violência como manifestação da raiva. A morte como proposta de resolução. Ainda em 2019, um adolescente, de 17 anos, com uma machadinha, deixa sete feridos numa escola no Rio Grande do Sul: Instituto Estadual Assis Chateaubriand. O adolescente-*joker*, além da machadinha, também usa material inflamável. O pânico é geral. Tudo traumático. Há pouco, o país havia visto o massacre de Suzano. E, logo em seguida, outro ataque. Tudo parece orquestrado. O Brasil começa a se parecer com os Estados Unidos no que têm de pior. Nos Estados Unidos, os ataques às escolas são muito expressivos em termos numéricos. Em 2021, o Brasil presencia dois ataques: um em Americana, São Paulo, e outro em Saudades, Santa Catarina.

Em Americana, não há mortos, apenas uma pessoa ferida. Em Saudades, no entanto, o ataque é letal: cinco mortes, dois feridos. O assassino, 19 anos. Ele matou três crianças e duas professoras. Ele tentou matar 14 pessoas. A justiça o condenou, em 2023, a 329 anos de cadeia, regime fechado, e ele precisará pagar cerca de 900 mil reais às famílias das vítimas. Ele atacou a creche com uma adaga. Dessa vez, bebês foram mortos. A violência do atacante e a resposta punitiva do Estado.

De quando Wellington entrou na escola em Realengo até o ataque aos bebês em Saudades, a violência cresceu. O Brasil parece mergulhado num cenário de Gotham City. A violência dessa ordem e nossos filhos que a veem, a presenciam. O que nós, pais, sabemos sobre como prevenir, como evitar, como cuidar quando, infelizmente, ocorre?

Em 2022, a escalada de violência contra escolas assume proporções nunca vistas. Se, em 2002, tivemos um caso, em 2022, 20 anos depois, tivemos, num mesmo ano, sete escolas atacadas. Entre mortas e feridas, 29 pessoas. Das sete ocorrências, uma, em termos numéricos, se assemelha a Realengo e a Suzano, é um ataque em Aracruz, Espírito Santo. Quatro pessoas mortas, 12 pessoas feridas, duas escolas atacadas. Um menino de 16 anos. O pai militar, a mãe professora. Muita polêmica porque o pai teria dado ao filho um livro do nazista Adolph Hitler. O menino que ataca em Aracruz demonstra ser adorador do nazismo. Demonstra ser misógino. Usa a arma do pai. O menino parece isolado do mundo. O ataque de Aracruz, em 25 de novembro de 2022, deixa o país todo em lamento e sofrimento.

Duas escolas foram atacadas em Aracruz: a Escola Estadual de Ensino Fundamental e Médio Primo Bitti e o Centro Educacional Praia de Coqueiral. Três professoras e uma aluna. Todas mulheres. O adolescente assassino estudou em uma das escolas atacadas. As pessoas que ficaram feridas, muitas ficaram com graves sequelas. Estive em Aracruz em 2023, visitei a escola pública, conversei com os professores, muitos estavam trabalhando naquele dia terrível. O clima na escola parecia triste, mesmo muito tempo depois. Os profissionais tentavam caminhar, a despeito de toda falta de apoio, segundo relatos deles, tentavam voltar a ter uma vida normal – se é que isso era possível com todos ainda em luto.

> Muito difícil ficar bem, doutor Hugo. Eu estava naquele dia na escola, quando ele entrou, matou as minhas colegas e seguiu para a outra escola e matou a menina. Ele era adorador do nazismo. Depois dos

> últimos anos, vemos no Brasil que muitos adolescentes passam a gostar das ideias de um criminoso/assassino como Hitler. Um pai não pode deixar que um filho leia um livro sobre nazismo e ache isso normal, ache que isso vai ajudar na educação do filho. Esse menino estudou aqui. A mãe dele trabalhou aqui. A gente viu um ex-aluno querer destruir a escola. Eu não sei como e quando vamos ficar bem. Mas vamos.

Esse depoimento é de um dos profissionais da escola pública atacada. Aracruz deixou a sociedade brasileira com muitas perguntas: Por que tanto ódio nesses meninos? O que está acontecendo com os nossos adolescentes? Como as famílias estão lidando com o cuidado, o amor, o afeto? Por que esses meninos estão se armando para matar? E por que matando parecem não se importar com aquilo que fizeram? 2022 foi um ano difícil demais: estávamos saindo de uma pandemia dificílima, de uma gestão terrível da pandemia no Brasil; a saúde mental de crianças, adolescentes e jovens estava bastante vulnerabilizada. "Tenho a sensação de que nada funciona como tem de funcionar", me disse uma psicóloga em Aracruz.

Em 2023, o país registra 15 ataques. Os que trazem vítimas letais: Blumenau, Poços de Caldas e São Paulo. Somando vítimas letais e não leitais, em 2023, temos: 35 vítimas. Numa creche particular, chamada Cantinho Bom Pastor, um homem, de 25 anos, matou quatro crianças, que tinham entre 4 e 7 anos de idade. Esse assassino usou uma arma branca, uma machadinha. Com ela, golpeou as crianças na cabeça. Um verdadeiro horror. Esse *joker* se entrega à polícia, depois que comete os assassinatos. Ele mata e depois se entrega. A justiça o processa, o julga e o condena a 220 anos de cadeia em regime fechado. Os ataques traumatizam. O medo passa a ser uma constante na vida das escolas, das creches.

Ainda em 2023, em Cambé, no Paraná, um homem de 21 anos, ex-estudante da escola atacada – Colégio Estadual Helena Godoy –, mata uma adolescente de 17 anos, no local, e um adolescente de 16 anos, gravemente ferido, morre no hospital em que foi socorrido. Esse assassino é preso. "Ele falou assim: se não abrir essa porta, vai todo mundo morrer aqui dentro. E a gente tava trancado na sala dos professores. A gente tentou sair correndo, mas aí nisso ele apontou a arma pra mim e pra mais cinco amigas minhas e deu um tiro. Só que a gente conseguiu sair", disse uma estudante em entrevista à RPC, na ocasião. Tanta tragédia, tanta violência, será que nós estamos entendendo qual a mensagem que fica para nós, pais e mães?

Vivemos numa época em que o chão são nuvens, nuvens impermanentes e inseguras, nuvens que guardam nossos dados, que depois serão usados por algoritmos de inteligência artificial; época em que nossos filhos estão demonstrando vulnerabilidade mental, e tal vulnerabilidade muitas vezes é usada por grupos extremistas, grupos neonazistas, grupos que estupram meninas e que ordenam que meninos ataquem escolas. No mundo das nuvens, será que nós, famílias, estamos sabendo como lidar com esses desafios? Ou estamos achando que isso nada tem a ver conosco? Que isso é algo que acontece da nossa porta para fora? Mas, eu também já disse aqui, as portas fechadas das casas não são o reino da segurança que pensamos.

Ainda em 2023, uma menina de 17 anos foi morta por um menino de 16 anos. Três adolescentes ficaram feridos. O menino usava a arma de fogo que pertencia ao pai dele. Aconteceu na Escola Estadual Sapopemba. As notícias que correm desse ataque levam a vários autores. O adolescente, autor do ataque, foi guiado por outros adolescentes e jovens usuários do submundo das internets. Um desses mentores intelectuais do ataque foi preso em Portugal. Era português. De lá, junto com outros mentores brasileiros, orientou o atacante a entrar na escola e matar meninas. No caso, ele consegue matar uma menina. Os *jokers* usam um *joker* e juntos, sem limites, formam grupos de *jokers*. O ódio é ensinado como se fosse um *folie à deux* [loucura a dois]. É possível ensinar alguém do quarto a matar, e alguém do quarto pode matar.

O adolescente que atacou não fez sozinho, ele foi instruído por um grupo alocado em plataformas digitais. Ele estudava na Sapopemba e era vítima de transfobia. Mas ele não fez o que fez sem que um grupo de *jokers* articulados dentro do Discord agissem. Esse grupo planejou o ataque, se aproveitou da condição vulnerável do atacante, do atirador, e partiu para execução de um plano: matar e rir, ri porque mata, matar sobremaneira meninas, matar para se livrar das pessoas, para limpar o mundo de infiéis, como dizia Wellington Menezes. Sapopemba ilustra muito bem o que eu estou tentando dizer aqui: *os ataques às escolas estão conectados com grupos masculinistas que atuam nas internets, que publicam vídeos, que fazem* lives *e que dizem que mulheres e minorias, em geral, são a escória do mundo.*

PARTE III

Não existe família perfeita, mas pode existir família saudável

CAPÍTULO 7

As receitas são uma falácia

As famílias não são iguais: não há modelos perfeitos

Eu costumo dizer que nem todo mundo nasceu para ser pai e mãe, sobretudo, pai. Criar um filho exige, entre outras competências e habilidades, um misto de abnegação com compromisso pela vida. Filhos requerem cuidado e profunda atenção. Não se pode educar um filho sem que se tenha tempo para o processo, sem que se configure uma relação com qualidade. Não pode ser algo *express* ou *fast food*. É algo que necessita de lentidão. A lentidão na educação de filhos remete à paciência com eles.

A paciência que se diferencia da rapidez, do fazer por fazer, do atuar na base da obrigação, do não entrar em regime de câmera lenta. Filhos educados apressadamente tendem a nos responderem sem a qualidade necessária nessa relação profunda que deve ser viver a experiência parental. Falo de experiência parental para evitar dizer maternal e paternal, como se fossem duas, ainda que sejam diversas as obrigações para com o rebento que acaba de chegar ao mundo.

Na primeira parte deste livro, no Capítulo 1, tratei de quatro tipos de famílias: as rígidas, as prescritivas, as dominadoras e as disciplinarizadoras. Esses quatro tipos, como pretendi mostrar, são uma falácia, pois o que prometem não entregam, o que pretendem não alcançam. Nos depoimentos dos meus entrevistados, vimos que os objetivos parentais não se realizam, porém emergem problemas sérios no âmbito do desenvolvimento dos filhos.

A rigidez é uma falácia, porque, na vida humana, ela ofusca o cuidado. A prescrição é uma tentativa inútil, ninguém pode usar regras do ontem para o hoje como se o hoje fosse tal qual o ontem. A dominação, na medida em que almeja o controle, se dá conta de que, na dinâmica do viver, raras situações são controláveis de modo rígido e a disciplina, visto que tenta amainar desejos e vontades, só promove frustrações, sofrimentos e adoecimentos.

Por outro lado, como eu digo no Capítulo 2, as famílias precisam entender que vivemos numa época em que as incertezas são o chão no qual pisamos. Aprender a educar na incerteza é um desafio que requer dos pais letramento nesse sentido. Famílias iletradas quanto às incertezas vão tentar impor regras oblíquas e sem funcionalidade real. "Eu percebi que nada daquilo deu certo quando me vi adulta e sem saber como agir diante de um casamento terrível", me contou Carmem quando analisava a sua educação filial.

As tentativas parentais que se fundamentam em discursos descontextuais conduzem a orientações educativas que não ressoam na vida de crianças e adolescentes como realmente poderiam. Em outras palavras, certos movimentos parentais não somente prejudicam o desenvolvimento de crianças e adolescentes como são inúteis se o objetivo é colaborar para que seu filho se desenvolva de modo saudável. Esse desenvolvimento sadio de crianças e adolescentes requer viver e conviver em ambiências saudáveis.

> Meu enteado, uma vez, chegou na minha casa chorando muito. Ele havia brigado com a mãe dele. A mãe praticamente o expulsou de casa. Ela então mandou que ele fosse embora e fosse morar com o pai, pois não o aguentava mais. O menino era o protótipo do adolescente difícil e, na época, estava se envolvendo com maconha. Meu marido acolheu o filho, mas meu enteado não gostava de mim. Eu tentei entender a situação, mas, num determinado momento, não dava mais. Então pedi ao meu marido que desse um jeito naquela situação. O meu enteado foi morar com os pais do meu marido e, depois, voltou a viver com a mãe.

Esse depoimento é de Raquel, 43, mãe de duas meninas. O casamento dela é o primeiro, mas o marido, antes de se casar com ela, já havia tido outros casamentos e, num deles, houve o nascimento de Henrique – o enteado sobre o qual Raquel me fala, que é o irmão de suas filhas, mas que não se irmana. "Henrique não via nas irmãs senão uma concorrência, ele tinha muito ciúme do pai com as irmãs e não conseguiu se vincular. Quando eu me casei com o pai de Henrique, fazia mais de 9 anos que ele havia se separado da mãe de Henrique, mas Henrique me via como alguém que mexeu com sua casa."

Os modelos familiares dos descasados e recasados são muito desafiadores. É comum que haja conflito quando, por parte do adulto, sobretudo, não há amadurecimento. Digo o adulto que casa com quem já tem filhos e o adulto que vê seu filho com a nova família do seu ex-parceiro ou da sua ex-parceira. "Meu pai demorou para aceitar o novo companheiro do meu outro pai. Eles brigaram muito. Houve situação em que me vi dentro de uma guerra. Dois homens se digladiando. Uma chatice. Foi quando deu a merda que deu. Arrumei um namorado ruim. Acho que para fugir. Nem sei se eles perceberam", me disse Sandra, 17, estudante do ensino médio.

A ideia de que existem fórmulas prontas para educar filhos, como se fosse um tipo de *how to make and how to do* [como fazer], não cabe na realidade das famílias, visto que esse grupo social é constituído de elementos extremamente complexos. "No meu canto, dentro da minha casa, nada de manuais se aplicam. Explico: minha filha adolescente adora cozinhar e fazer tarefas domésticas e meu filho, já adulto, guarda dinheiro para conhecer o mundo. Ouço os pais reclamando de uso excessivo de celular, mas não tenho esse problema", me contou Augusta, 45, uma de minhas entrevistadas.

> Eu acho que deu certo aqui em casa, com essa coisa de uso excessivo de telas, porque eu e meu marido não usamos excessivamente e organizamos um calendário doméstico: por exemplo, dia de quarta-feira, reservamos um momento da noite para assistirmos a um filme e conversarmos sobre esse filme. Nossos filhos cresceram sabendo desse dia. Quando eles eram crianças, adaptamos os filmes. Sei quase todo catálogo de filme infantil. Dia de segunda, conseguimos jantar juntos. Cada um conta como foi o dia. Aí, vamos dando pitaco um na vida do outro. Uma regra que funcionou foi sempre conhecermos as famílias dos amigos de nossos filhos. Apesar desse movimento, não quer dizer que não tivemos problemas. Na verdade, temos. Mas vigora uma coisa superimportante: a gente procura não mentir um para o outro.

Augusta se casou a primeira vez, antes de conhecer Fred, mas o casamento foi rápido. Com Fred, ela está há mais 20 anos. Família é um sistema composto por inúmeras variáveis vivas. Tentar definir um modelo único para uma família é como se quiséssemos acabar com a diversidade da vida humana. O relevante, para uma criança e um adolescente, é que na sua família exista respeito, carinho e amor. Se faltam esses três elementos, então o modelo familiar é doente e adoecedor. Nesse sentido, é fundamental que as famílias sejam espaços carinhosos, respeitosos e amorosos.

Eu viajo o Brasil falando para famílias sobre educação de crianças e adolescentes. Numa certa vez, em uma palestra para um público relativamente grande, cerca de 3 mil pessoas, ao final, uma mãe veio até mim e me disse: "Eu eduquei a minha filha sozinha, minha mãe me educou sozinha e minha avó educou minha mãe sozinha. Logo no início da minha vida de mãe, ainda na minha vida de filha e neta, eu sempre achei que não havia constituído família, o modelo de família que eu vi ser cultuado pela sociedade, essa família que tem pai → mãe → filhos nunca foi a minha".

Mas Carla, essa mãe que me abordou, percebeu, com o tempo, que ela, como mãe solo, junto com a sua filha – excelente estudante, cuidadosa pessoa – formavam uma família, diferente da tradicional, entretanto, e mesmo assim, uma família. No Brasil, segundo dados do IBGE de 2022, temos quase 73 milhões de domicílios, mais precisamente 72.446.775 (setenta e dois milhões, quatrocentos e quarenta e seis mil, setecentos e setenta e cinco domicílios). Desse total, mais da metade (37 milhões) são chefiados por mulheres, isto é, é a mulher quem toma as decisões, quem sustenta a casa, quem é responsável pelo lar.

Nesse sentido, essa mãe que falou comigo após a palestra faz parte dessa estatística: ela quem lidera o seu domicílio, e sua família é considerada como monoparental, isto é, quando só há um membro (mãe ou pai) na condução da família. Quando analisamos a situação dos domicílios brasileiros chefiados por mulheres por região, os números informam a seguinte distribuição por percentual nas cinco regiões brasileiras: no Sudeste (44%), no Nordeste (26%), no Sul (15%), no Centro-Oeste (8%) e no Norte (8%). A demografia dos domicílios chefiados por mulheres importa para sabermos que as famílias não são iguais, logo qualquer ideia de modelo universal é, além de falaciosa, violenta simbolicamente.

Na diversidade das famílias brasileiras, podemos falar de quatro modelos de domicílios: (a) unipessoal; (b) nuclear; (c) estendido; e (d) composto. No quadro a seguir, vamos tentar ilustrá-los com breve explicação.

Unipessoal	Nuclear	Estendido	Composto
Quando somente uma pessoa é responsável pelo domicílio.	Quando tem casal, com ou sem filhos. O monoparental também se encaixa aqui.	Quando, além de uma mãe e um pai, uma mãe ou um pai, há um parente que mora no domicílio.	Quando há uma pessoa responsável e um outro habitante que não é parente, não tem consanguinidade.

Ao mesmo tempo, podemos tratar de três grandes modelos familiares:

Nuclear	Estendido	Composto
Neste modelo de família, temos a presença do casal e do(s) filho(s). Também podemos não ter o casal, mas pai e filho(s) ou mãe e filho(s).	Neste modelo de família, temos o casal ou mãe/pai solo, o(s) filho(s), além da presença de parente(s) que ajuda(m) no funcionamento da família. É um modelo que já foi predominante.	Neste modelo de família, temos um casal ou mãe/pai solo, o(s) filho(s) e a presença de uma ou mais pessoas que não é(são) da família, entretanto se agrega(m) a ela e passa(m) a fazer parte do funcionamento da casa.

Podemos ainda tratar sobre a natureza da família: se uma família heterossexual ou se uma família homoafetiva. Podemos tratar da configuração da família: se uma família de primeiro casamento, de segundo casamento etc.; se uma família de descasados, de recasados; de pessoas que moram na mesma casa, de pessoas que moram em casa separadas; de famílias monogâmicas, de famílias com relacionamentos abertos. Há uma variação grande e complexa quando tratamos sobre modelos familiares. Diante de tudo isso, é imprescindível que, seja qual for a configuração familiar, crianças e adolescentes não sejam criados em relações abusivas e violentas.

Ainda segundo o IBGE, os lares chefiados por mães solo entre os anos 2012 e 2022 cresceram significativamente, cerca de 18%. Em 2012, tínhamos, do total de domicílios, 9,6% de casas chefiadas por mães solo. Em 2022, esse número pulou para 11% de lares. "Eu sinto uma pressão enorme da sociedade para que eu traga um homem para dentro de casa, entretanto, em razão das minhas duas filhas, ambas adolescentes, não trago. Mas a pressão é grande. Ser uma família sem homem, num país como o Brasil, é luta, é difícil, mas eu sou isso mesmo: uma família que rompeu modelos", me disse Marta, uma de minhas entrevistadas.

O modelo do domicílio importa na educação de crianças e adolescentes. É dificílimo que uma pessoa sozinha consiga educar bem seu filho, porque essa tarefa, na nossa sociedade, requer uma série de competências e habilidades que, muitas vezes, causam exaustão em quem educa. Quando, no seu livro *Para educar crianças feministas* (2022), Chimamanda Ngozi Adichie diz que uma mulher não é somente uma mãe, mas uma pessoa com outras necessidades que extrapolam e atravessam a maternidade, ela tem razão. A mãe solo vai precisar de ajuda para educar sua criança e seu adolescente. No entanto, um casal, hétero ou homo, também precisará.

No Brasil, ¼ das famílias são de casais heterossexuais com filho. Os dados do IBGE também revelam: casais heterossexuais com filhos (27%), mãe solo (22%), pessoas que moram sozinhas (12%), casais sem filhos (6%), pessoas que moram com outras pessoas que não familiares (5%) e casais homossexuais com filho (2%). "Cresci numa casa em que meus pais já tinham sido casados. Tenho irmãos por parte do meu pai e irmãos por parte da minha mãe. É uma loucura. Sempre tive duas casas. A do meu pai e a da minha mãe. Era complicado, mas a sorte é que eles não eram inimigos e me dei bem com a mulher do meu pai e o marido da minha mãe. Amo meus irmãos", me contou Leila, 32, médica, numa sessão de entrevista para fins de pesquisa.

Os dados no Brasil mostram que 99% dos casamentos são heterossexuais, 0,4% de casamento entre homens e 0,6% de casamento entre mulheres. Importante lembrar que, na legislação brasileira, somente em 2011 o Superior Tribunal Federal (STF) equipara a união estável entre pessoas do mesmo sexo, concedendo direitos civis a esse modelo familiar, direitos esses já assegurados por famílias heteroafetivas. Sei que muita gente, sobremaneira em razão de concepções ideológicas e religiosas, insiste em discordar de casamento homoafetivo, todavia, os estudos científicos demonstram de modo evidente que essa discordância não é senão arroubo preconceituoso.

Não faz qualquer mal ao desenvolvimento de uma criança e de um adolescente, se quem o educa são um pai e uma mãe, ou um pai e um pai, uma mãe e uma mãe, o que faz mal a uma criança e a um adolescente é a falta de cuidado, o abandono, a negligência, a violência, o descuido. Elementos esses, inclusive, majoritariamente, presentes em famílias heterossexuais, como eu já apontei aqui em capítulos anteriores. Tentar impor um único modelo familiar à sociedade plural e diversa é tão somente mais uma tentativa de o patriarcado manter o poder dos homens. No entanto, advirto, a partir de pesquisas científicas, não é a configuração familiar que importa, mas o cuidado com o qual a criança e o adolescente são educados.

Como eu disse no título desse subtópico, "não há modelos perfeitos", todavia, há modelos que funcionam para que possamos evitar a construção de comportamentos *jokers*, de comportamentos violentos, de famílias disfuncionais, de lares destruídos pela violência, opressão e hierarquia excludente. Os grandes problemas no campo da saúde mental de crianças e adolescentes, quando não são de cunho genético, hereditário, são de cunho cultural, ambiental e interpessoal. Nesse sentido, no lugar de buscarmos modelos perfeitos, na contemporaneidade, precisamos, mais do que nunca, de modelos equânimes, empáticos, compassivos e amorosos. É isso que ajuda e colabora com a saúde de nossas famílias.

Uma educação feminista para meninos

Quero, antes de tudo, dizer que falo aqui como um aliado, um homem aliado das mulheres, porque entendo que, quando uma mulher é aviltada, tudo nela e ao seu redor também o é. Reconheço, assim, que meu lugar de fala é mesmo de um pesquisador aliado, de um escritor aliado, de um pai aliado, de um marido aliado, de um amigo aliado. Ao longo da minha vida, em todos os instantes, sempre percebi que mulheres são mais inteligentes do que homens. Tive uma mãe que me fez perceber isso.

À medida que fui pesquisando para a feitura deste livro, fui me dando conta de que há um grave problema no comportamento patriarcal e que os meninos, em muitos casos, são educados para que o patriarcado se mantenha. No meu ver, a manutenção do patriarcado é o problema mais expressivo que temos no campo da consolidação de uma família saudável.

Quando eu realizei a pesquisa para o livro *A geração do quarto: quando crianças e adolescentes nos ensinam a amar* (2022), à medida que fui analisando os dados, me dei conta de que as meninas tinham avançado em relação aos meninos. Elas eram muito mais conscientes de suas identidades, de seus desejos, de seus corpos, de seu lugar no mundo. Elas estavam mais lúcidas em relação ao que o patriarcado havia feito com elas e conscientes de que precisavam mudar.

> A minha filha tem mais força do que eu, doutor Hugo. Foi ela que enfrentou meu ex-marido, foi ela que me pegou pela mão e fomos à delegacia pedir medida protetiva. É dela a frase que não me esqueço todos os dias: "mãe, a mulher não é costela do homem, a mulher foi quem fez o homem, a gente leva o homem na barriga, mãe". E era isso mesmo: a gente é quem alimenta o homem que, depois, fora de nós, muitas vezes, quer nos matar. Minha filha tinha sido educada por mim, mas conseguiu ir além. As amigas dela a mesma coisa. Essas meninas são uma potência, doutor.

A fala de Mirtes sobre o modo como sua filha pensava, sentia e agia coadunava com o que eu via, lia, estudava. As meninas tinham mudado, mas os meninos, na maioria, não. "Eduquei meu filho para ser macho. Não quero saber de meu filho com sensibilidade. Homem é grosso mesmo. Se não for grosso, não suporta a pancada que leva todo dia na vida", me afirmava um motorista de aplicativo que decidiu me pedir ajuda quando soube que eu estudava saúde mental de crianças e adolescentes. "Ele é fraco das ideias. O senhor tem como ajudar, doutor?", me perguntava esse pai.

> Os meninos acreditam que eles podem mais do que as meninas. Vejo pelos colegas das minhas duas filhas. Eles se sentem fortes, viris, como se fossem capazes de protegê-las de todo o mal. Elas, todavia, não querem esse tipo de proteção. Minhas filhas, desde cedo, aprenderam artes marciais. Eu as matriculei. Queria que elas soubessem revidar ataques de homens. E, digo uma coisa, esses colegas das minhas filhas estão enganados. Elas não precisam ser defendidas por eles. Elas precisam ser respeitadas. O problema do homem é querer ser mais forte do que a mulher. Mas eu não sou mais fraca que meu marido e nem minhas filhas são mais fracas que os amigos da escola.

Essa fala é de Fabiana, uma advogada, especialista em defesa da mulher, entrevistada por mim para fins de pesquisa. Fabiana é mãe de duas meninas. "Meu pai, doutor Hugo, é um imbecil. Ele não respeita a minha mãe. Não sabe que eu sou gay. E nem quer saber. Ele pediu ajuda para mim, eu quero, preciso, mas meu pai é um machista", me falou o filho do motorista de aplicativo que decidi ajudar, considerando que o filho precisava de colaboração para chegar às mãos de profissionais da saúde mental.

Em 2021, lancei, pela editora Confraria do Vento, como eu já disse antes, o meu livro *A costureira da rua quinze.* Neste romance, tento ser feminista, se é que um homem pode ser feminista. Tento, então, ser um aliado do feminismo, na medida em que me alio às mulheres na luta por direitos iguais aos dos homens e no enfrentamento da violência de gênero. Essa primeira edição esgotou e espero que, em breve, tenhamos outra. Lembro que uma leitora desse livro me disse: "Estou grávida de menino e quero que um dia ele leia seu livro, porque ele é um livro feminista".

Acredito que uma educação feminista nos ajude a prevenir a criação de *jokers.* "Aqueles meninos que estão dentro das plataformas digitais e odeiam mulheres também estão fora e continuam odiando mulheres", me disse Fabiana. Odiar mulheres e acreditar que elas são as responsáveis pelas desgraças do mundo. Os grupos masculinistas, como os *incels* e os *red pills*, são produtos de uma educação machista, o machismo é produto e produtor do patriarcado, o patriarcado é fonte geradora da misoginia. A misoginia é a violência que há milhares de anos tenta destruir a mulher, e a destruição da mulher é a destruição da família.

Em um estudo de 2023, Lima-Santos e Santos (2022) dizem que os *incels*[67] traduzem, de modo bastante complexo, no mundo on-line, a misoginia do mundo off-line. Os *incels* são homens que fazem parte daquilo que ficou conhecido internacionalmente como *manosphere* (manosfera ou machosfera), espaço on-line, materializado através de fóruns (*chans*)[68] nos quais homens desiludidos com as mulheres se dizem desvalorizados, discriminados, perseguidos pelas mulheres (beta) que, em razão de serem inconfiáveis, perigosas, levianas, não os querem, mas querem outros ho-

[67] *Incels* quer dizer, em português, celibatários involuntários. *Incel* é a sigla para a expressão, em inglês, *involuntary celibate.*

[68] Os *chans* são normalmente divididos por canais temáticos e qualquer usuário pode inserir um novo tópico de discussão. Geralmente, cada canal apresenta suas regras próprias para garantir uma melhor organização, evitando que, por exemplo, um canal sobre culinária exiba questionamentos sobre aeromodelismo. Para que haja o mínimo de ordem, alguns usuários mais ativos e de confiança são eleitos os moderadores do tópico. Quem normalmente faz essa seleção é o dono do *imageboard,* que opta por colocar amigos nessas posições de maior responsabilidade (Antonio, 2013, p. 42 *apud* Lima-Santos; Santos, 2022, p. 42).

mens, os musculosos, os altos, os atléticos, os que são sexualmente interessantes (alfa).

Na compreensão de um *incel*, a vida amorosa dele é desastrosa, ruim, nefasta e a responsabilidade dessa sua condição é da mulher, pois ela, historicamente, tem espaço, direitos, privilégios, são adúlteras, lascivas, incapazes de realmente pensarem no amor. Para eles, o mundo é misândrico, essa história de machismo, de privilégio masculino não passa de uma grande ilusão, uma cegueira. Os *incels* só não são mais cegos porque tomaram a pílula libertadora, a pílula da verdade, aquela que os fez acordar e verem a realidade tal qual ela é: o mundo é ginocêntrico, os homens são prejudicados pelas mulheres, exceto os *chads*, os homens que atendem às necessidades sexuais das mulheres "safadas".

Nos fóruns dos *incels*, é possível encontrar mensagens de ódio às mulheres, falas explicitamente misóginas e interesse de prejudicá-las. A mulher, que ganhou espaço, na opinião deles, com os movimentos feministas. Para os *incels*, assim como para o movimento *red pill*,[69] as mulheres precisam entender que devem ser submissas aos homens e que estes precisam ocupar o lugar que os movimentos feministas lhes roubaram: o da liderança, do destaque, da força, da hipertrofia muscular, da decisão. "De repente, na pandemia, meu irmão, o mais novo, o que tem 16 anos, apareceu com uma conversa, a conversa de que era feio, magro, que as meninas não queriam nada com ele, que ele era um beta e que os alfas estavam com as gostosas da escola", me contou Raíssa, 27, uma das minhas entrevistadas.

Os movimentos feministas desde todo o sempre pregaram sobremaneira a igualdade de direitos, a equidade, o respeito às mulheres, a valorização das mulheres, a proteção e o cuidado com as mulheres e com todas as pessoas, inclusive os homens. Os movimentos feministas não pregaram ódio aos homens, não disseram que os homens

[69] *Red pill* é o termo utilizado para um movimento de homens que defendem uma "masculinidade dominante", conforme explica a doutora em ciências sociais e pesquisadora do fenômeno Bruna Camilo de Souza Lima e Silva (2019). Segundo Leonardo Valle (2023), o conceito de *red pill* remete ao filme *Matrix* (1999), quando o personagem principal, Neo, tem a opção de tomar a pílula azul ou vermelha. "Enquanto a primeira o manteria na ignorância da sociedade, a vermelha (*red pill*) lhe daria consciência sobre o que de fato acontece no mundo." É possível ler, na íntegra, a matéria de Valle neste link: https://tinyurl.com/bdhhb8s5. Acesso em: 18 ago. 2025.

preferiam 20% das mulheres (as lindas) e rejeitariam 80% das mulheres (as feias) e que, em razão disso, os homens deveriam ser perseguidos e enquadrados, colocados na inferioridade, como fazem os movimentos masculinistas.

No livro *Feminismo para não feministas: como o machismo machuca todo mundo*, as autoras Milly Lacombe e Paola Lins de Oliveira (2024) dizem quando tratam sobre os objetivos do feminismo: "[...] nosso entendimento é que precisamos criar pontes e não reforçar as distâncias. Para isso, pretendemos mostrar, com fatos e argumentos, por que a luta feminista é uma luta que vai emancipar todas as pessoas, não apenas as mulheres" (Lacombe; Oliveira, 2024, p. 5). Quando também diz sobre feminismo, Angela Davis[70] afirma que é um movimento de luta contra todo e qualquer tipo de opressão, de luta contra a escravização, ou seja, de luta em prol das pessoas.

Angela Davis, no seu livro *Mulheres, raça e classe* (2016), conta-nos que as mulheres foram fundamentais para os movimentos abolicionistas e que os movimentos abolicionistas são fundamentais para a garantia de direitos humanos, de bem-estar, de vida saudável às pessoas. Nesse sentido, quando eu trago aqui a importância da educação feminista, estou trazendo a importância de um modelo de educação fundamentado no respeito, na empatia, na compreensão do diferente, na ideia de que só seremos sociedades realmente civilizadas se as mulheres tiverem seus direitos respeitados, garantidos, e que é um erro qualquer preconceito contra a mulher.

Quando Raíssa me disse que, ao conversar com o seu irmão, "ele parecia muito triste, realmente crente que o mundo era injusto com os homens e dava muitos privilégios às mulheres, que ele era celibatário involuntário e que havia tomado a pílula vermelha, minha mãe pirou com o que ouvia dele", ratifiquei ainda mais a minha tese de que meninos precisam ser educados sob a ótica dos fundamentos feministas, pois tais fundamentos se baseiam na melhoria de vida para as pessoas no todo. "Eu perguntei se meu irmão achava que eu era contra ele. Ele me olhou e não disse uma palavra. Fiquei muito assustada." Lucas, irmão de Raíssa, aprendeu na machosfera que a mulher, ainda que seja a sua irmã, o quer mal.

[70] É possível encontrar uma excelente entrevista com Angela Davis neste link: https://tinyurl.com/2s4xatnb. Acesso em: 18 ago. 2025.

Lima-Santos e Santos citam trechos de um livro que é célebre entre os *incels* e é uma das filosofias *red pill*.[71] Vou citar os trechos tirados direto da fonte porque quero deixar evidente o quanto precisamos educar meninos a partir de princípios feministas, uma vez que tais princípios buscam sobremaneira que direitos humanos sejam respeitados. Leiam a seguir e tirem suas próprias conclusões:

> Homens heterossexuais: vocês foram enganados por toda sua vida. Nossa cultura ginocêntrica colocou as mulheres em um pedestal, idealizadas de um modo que sufocou a análise racional de sua natureza. [...] Pois bem, hora de uma dose cavalar de pílula vermelha. Eis algumas verdades chocantes: Mulheres não se importam nem um pouco com os sacrifícios que um homem faz por elas. Se o marido vai para uma guerra e é derrotado e morto, ela se casa com um dos soldados do exército vencedor (Tomassi, 2021, p. 1-2).

> Os homens são os verdadeiros românticos. Por sua natureza descartável, eles são mais propensos ao idealismo, a se entregar a um propósito. Mulheres, na realidade, são oportunistas. Por serem o lado preservado, elas sempre vão procurar otimizar suas possibilidades. Reprimir seus interesses sexuais não faz você parecer mais confiável para uma mulher. Na verdade, essa atitude diminui suas chances de conseguir alguma intimidade. Músculos contam mais do que "bom humor" e "personalidade" para conquistar uma mulher jovem e gostosa. Isso não é futilidade, é instinto evolutivo (Tomassi, 2021, p. 4-6).

---

[71] Convém mencionar um dos pilares da "filosofia" *red pill*, que tomou forma no blog intitulado The Rational Male. Este é um dos 80.000 sites mais acessados em todo o mundo. O título do blog deu origem ao livro homônimo (Tomassi, 2013), que, em julho de 2021, constava no catálogo da Amazon como o 2.430º livro mais vendido da plataforma, sendo o 12º na categoria "Dating", isto é, relacionamentos. O livro já chegou ao Brasil sob o título *O macho racional: como evitar as armadilhas do imperativo feminino, preservar sua masculinidade e assumir o controle de seus relacionamentos* (Tomassi, 2013). Na plataforma da Amazon no Brasil, em sua versão portuguesa, o livro ocupa o 51º lugar no ranking dos livros mais vendido na categoria "Estudos sobre a mulher, política e ciências sociais". Até maio de 2020, 112 pessoas tinham avaliado o livro e, dessas, 83% lhe atribuíram a nota máxima (cinco estrelas). A sinopse do livro, disponibilizada no próprio site (Tomassi, 2013), não tem autoria creditada e é uma vertiginosa escrita que naturaliza comportamentos socialmente esperados para homens e mulheres, e ainda apresenta uma enfática defesa redigida em tom panfletário (como de resto todo o livro) pelo próprio autor.

> Não existe "mística feminina". Mulheres são mais racionais do que gostaríamos de admitir. É preciso deixar claro que o autor da bíblia da pílula vermelha não é misógino. Ele até se declara pró-casamento no meio do livro. Rollo Tomassi é apenas impiedosamente sincero sobre a natureza feminina. Tal como alguém precisa ser para salvar os outros de um estado de autoengano. Leitura obrigatória (Tomassi, 2021, p. 7-9).

Perceba que, quando a Netflix lança a série *Adolescência*, a plataforma de *streamings* traz à tona um problema real que assola muitos meninos nos dias de hoje. "Meu irmão se sentia mal, ele se achava feio, sem graça, e dizia que as meninas da escola só queriam os meninos populares, ele não era popular, não era nada interessante", continuou me dizendo Raíssa. "Atualmente, ele tem acompanhamento psicoterapêutico e precisou tomar medicação. Foi uma barra." A mãe e o pai de Raíssa não esperavam pelo que aconteceu. Eles foram avisados, no entanto, pela escola, que Lucas estava mandando bilhete ofensivo às colegas. No bilhete, ele dizia:

> Vocês são bem desgraçadas. Já foderam a gente. E agora? Agora, vocês merecem pau. Isso mesmo pau. É com você, sua piranha, vagabunda. Eu quis ficar com você, mas você ficou com o alfa. O bonitinho da vez, safada. Não pense que sua hora não chega. Chega logo. Dois sapatos na sua boca. Boca de p@t%.

Lucas mandou vários bilhetes digitados para que ninguém soubesse que era ele, mas um menino, um celibatário também, achou que Lucas estava bem "sombrio" e resolveu falar para a mãe; então, a mãe do menino, desesperada, ligou para a mãe de Lucas e, dali por diante, foi um mundo de descobertas, de saberes, de informações. "Lucas, meus pais não sabiam, mas estava envolvido em panela da Discord e se passava na internet por Dum, um perfil falso. Nesse perfil, meu irmão, meu querido irmãozinho, só destilava ódio." A história de Lucas, irmão de Raíssa, infelizmente, nem é a única e nem é incomum.

O ódio às mulheres tem sido um discurso frequente entre grupos on-line. Às vezes, o ódio parece humor, parece brincadeira, mas não é, é ódio. bell hooks nos lembra, em seu livro *Tudo sobre amor: novas perspectivas* (2021), que o machismo costuma se aproveitar de crianças e adolescentes porque são pessoas em desenvolvimento. Aprendem, desde cedo, que os privilégios dos homens precisam ser mantidos. No entanto, ainda segundo a autora, tais privilégios não favorecem vidas pacíficas, prósperas, saudáveis. "Meu irmão foi adoecendo mesmo. Ele não parecia mais o mesmo", comenta Raíssa. Educar sob a lógica do feminismo não é colocar mulheres contra homens, mas ajudar os homens.

O machismo, pai da misoginia, costuma enredar crianças – meninos e meninas –, todavia, o enredamento não é o mesmo para ambos os gêneros. Os meninos são educados sob o privilégio do macho e as meninas sob a lógica da submissão. Sob a ótica machista, meninos podem mais que meninas, inclusive mandar nelas e controlá-las: o que dizem, o que sentem, como se vestem, como se sentam, se estudam, se trabalham, se sentem prazer, se saem de casa. O machismo se sustenta no desejo de que o macho seja o centro da vida e que a doutrina do macho impere na estrutura das relações sociais, tanto em nível individual quanto coletivo.

Chimamanda, num vídeo para a revista *Marie Claire Brasil* (2019), diz que os meninos precisam aprender a educar as suas emoções, aprender que são vulneráveis, que não precisam ser fortes, guerreiros, viris, que, para serem homens, não precisam ser grosseiros, estúpidos, ignorantes. Meninos precisam aprender que eles podem chorar, podem dizer que sentem dor, podem se mostrar frágeis. Ela também diz que as meninas devem ser educadas para terem consciência de que não precisam agradar meninos, não precisam ser submissas a eles, que não precisam se esconder por trás deles.

Quando eu comecei a investigar os crimes nas redes sociais, eu percebi que os criminosos, adolescentes e jovens, se aproveitam da vulnerabilidade de gênero ensinada às meninas para torturá-las. Agem do mesmo modo como agem os agressores de mulher. Esse tipo de homem se aproveita da vulnerabilidade culturalmente ensinada às mulheres – frágeis, dependentes, sentimentais, indecisas – e violentam as mulheres, acusando-as e pondo-as como responsáveis pela agressão, ou seja, a vítima tem culpa de ser violada, na lógica dos agressores.

No seu livro *Para educar crianças feministas* (2022), Chimamanda traz 15 sugestões a uma amiga de como educar uma criança feminista. No quadro a seguir, com alguns ajustes de linguagem e incluindo o menino no bojo nas orientações, trago tais sugestões.

Quadro 2 – Sugestões de como educar uma criança feminista.

A maternidade não define a mulher. A mulher-mãe não deve se restringir a esse papel, precisa se entender integralmente.	Façam juntos. Mãe e pai precisam educar juntos. O homem tem de fazer tudo o que a mulher faz, exceto amamentar.	Eduque meninos e meninas para terem os mesmos direitos, os mesmos espaços e as mesmas oportunidades.	Não devemos alimentar a ideia de que homens podem ser soberbos e mulheres precisam ser humildes. Ninguém dever ser soberbo.	Meninos e meninas precisam ler para além de textos prescritos, textos escolares, precisam ampliar repertório.
Não devemos usar uma linguagem que vulnerabilize as meninas e empodere os meninos. Por exemplo, chamar a menina de princesa, aquela que será salva pelo príncipe, que espera o príncipe. O menino de cavaleiro, aquele que tem força, lidera, vence. Devemos usar uma linguagem que faça bem a ambos.	Casamento não deve ser o objetivo na vida de meninas e meninos. Pode acontecer, mas o mais importante é a autonomia intelectual, financeira, a construção de uma carreira, ter sonhos, causas, buscar na vida um sentido. Casamento não deve ser a meta salvadora.	Não eduque sua filha para que ela seja uma pessoa que precise agradar. Eduque para que ela seja assertiva, verdadeira, genuína. A mesma coisa com o seu filho. Eduque-o para que ele aprenda a ser compassivo, empático, porém não precise agradar para ser feliz.	Eduquemos nossos filhos e nossas filhas para que tenham orgulho de suas histórias, trajetórias, identidades, famílias e de seus ancestrais. Orgulho de si é um elemento fundamental na educação feminista.	Ensine sua filha a ser ativa, a se exercitar, a fazer esportes. Na nossa cultura, em razão, muitas vezes, das mudanças corporais, meninas se retraem na puberdade e meninos são incentivados a viverem experiências corporais.
Eduque seus filhos para que não recebam privilégios sociais, para que meninos e meninas não sejam prejudicados em razão de questões biológicas. Meninas e meninos têm necessidades biológicas. As dos meninos não podem ser compreendidas e as das meninas ser reprimidas.	Eduque sua criança falando com ela, sempre que necessário, sobre educação sexual. Famílias saudáveis sabem que a educação sexual é uma matéria importante para a proteção integral infantojuvenil.	Quando seus filhos entrarem na puberdade, na adolescência, e começarem a ficar, namorar, apoie, evite condenar, não queira atrapalhar. Se não concorda, aguarde, fique ali de prontidão, para caso precisarem. Vão precisar.	Os oprimidos não são perfeitos. Mulheres não são superiores aos homens e homens não são superiores às mulheres. A história, todavia, nos mostra que o machismo tem sido um motor de injustiça contra as mulheres, e isso não é saudável à família.	Ensine a sua criança que o mundo é da diversidade, da pluralidade na diferença. A diferença é o que realmente há. Não eduque seu filho, sua filha para que creiam que a identidade certa é a dele, a dela.

Fonte: Chimamanda, 2022 (Adaptação do autor).

Educar uma criança feminista – menino, menina – é educar para evitar a formação de *jokers.* Como eu já expliquei, os *jokers* são antifeministas, são machistas, são masculinistas, são misóginos. Eles torturam meninas, estupram, atacam escolas e sentem alegria com a destruição. São, como eu também já disse antes, viciados em ódio. Uma criança feminista é, no sentido que uso aqui, uma criança sensível, e uma criança sensível é amorosa. As sugestões que Chimamanda dá a uma de suas amigas são relevantes na medida em que, se seguidas, ajudam muito na construção de famílias saudáveis.

Nana Queiroz, no seu livro *Os meninos são a cura do machismo: como educar crianças para que vivam uma masculinidade da qual nos orgulhemos* (2021), diz que o machismo é como um vírus que se hospeda no homem e o homem é seu difusor, podendo repassar esse vírus a outros homens – o que muito acontece –, mas também a outras mulheres. Uma criança educada numa sociedade machista internalizará o machismo, esse vírus que faz muito mal a toda e qualquer pessoa e que tem sido um dos grandes inimigos das mulheres, ainda que, em razão de serem educadas sob a tutela machista, muitas delas também sejam hospedeiras do vírus.

Na série *Adolescência*, no último episódio, a família do protagonista – mãe, pai e irmã – ilustra muito bem como o machismo se instaurou naquela família e como ele foi o fio condutor da educação do menino e da menina. O pai do menino queria que seu filho fosse um ás do futebol, mas ele não era. Então o pai, quando o filho errava no jogo, virava o rosto em sinal de decepção. Como se dissesse *ele não é bom no que deveria ser bom, no que o homem é bom.* O pai achava que o menino não percebia, mas ele percebia e se entristecia, sua autoestima ia aos pés. O pai era violento, a mãe continha, com estratégias aprendidas socialmente, a manejar a violência do pai.

Como diz Nana, um pai que hospeda o machismo, esse vírus pandêmico, ensina aos filhos como tudo precisa ser: meninos, sempre fortes, sempre invencíveis; meninas, sempre frágeis, submissas, prontas para encontrar quem as proteja. Em sua música "Masculinidade", o cantor e compositor Tiago Iorc diz: "Queria ser uma unanimidade / Eu queria provar minha virilidade / Eu duvidei da minha validade / Na insanidade virtual / Do tipo pra não ser muito sensível / Homem não chora, homem não isso e aquilo / Aprendi a ser indestrutível / Eu não sou real". A música de Tiago chama a atenção do quanto o machismo adoeceu o eu lírico, o adoeceu mentalmente.

Quando meninos aprendem que precisam ser indestrutíveis, infalíveis, viris, a não falharem, a serem hábeis, a esconderem seus sentimentos e a fingirem suas emoções, esses meninos aprendem a dissimular, a mentir, a camuflar. Eles não querem passar vergonha, não querem que digam que eles falharam. O protagonista da série *Adolescência* fazia assim: para evitar que o pai se sentisse frustrado, decepcionado com ele, foi buscar apoio entre os *incels*, entre os desvalidos que culpam as mulheres pelas suas más sortes. Tiago Iorc ainda fala, na letra de sua música: "Eu tive medo do meu feminino / Eu me tornei um homem reprimido / Meio sem alma / Meio adormecido / Um ato fálico, autodestrutivo". O homem que hospeda o machismo e não se cura dessa chaga social e histórica sofre e faz sofrer.

Quem educa filho machista educa filho para o sofrimento. "Vejo que meus alunos, os meninos, muitos deles, são educados para serem machistas, para serem violentos, para serem agressivos. E quem os educa assim? Eu acho que são as famílias. Muitas famílias aqui na escola são machistas, e os meninos aprendem essa cultura e propagam essa cultura. É difícil", me contou Amália, a diretora de um colégio privado na cidade do Recife. Nessa escola, houve um caso de um adolescente que bateu em sua namorada e os pais dele tentaram justificar a violência, responsabilizando as roupas que a menina vestia. O caso foi parar nos tribunais.

Famílias que são contra o feminismo não conhecem, de fato, o feminismo. Em seu livro *Educar meninos não é frescura: reflexões sobre gênero para famílias e educadores*, Marina Speranza explica que:

> Ser feminista não significa acreditar que a mulher é melhor, e sim ter a consciência de que fomos historicamente tratadas com desigualdade, e precisamos resolver esse desequilíbrio com urgência. Porque ele gera danos à sociedade como um todo. Mais às mulheres, mas também aos homens e mais ainda a quem não se identifica com nenhum desses gêneros.
>
> É importante deixar claro que o feminismo não é equivalente ao machismo. O feminismo é um movimento que defende a igualdade política, econômica e social de homens e mulheres e quer a libertação de todo mundo. Não é uma luta contra os homens, e sim contra o patriarcado. Já o machismo é uma atitude que sustenta e reforça a superioridade do homem (Speranza, 2024, p. 14).

Quem conhece o feminismo, e é uma pessoa que quer educar seu filho de modo amoroso, de alguma maneira, fará uso, ainda que não dê o nome feminismo, de princípios e postulados feministas. Era, por exemplo, o caso da minha mãe. Lembro, eu ainda criança, lá pelos idos de 1979, minha mãe, uma paraibana de Campina Grande, me dizer: "Aqui em casa homem e mulher fazem as mesmas tarefas e nada dessa história de dividir brincadeira de menino e brincadeira de menina, criança brinca com brinquedos e brinquedos são para alegrarem as crianças. Quem inventou essa divisão foi alguém que não gostava de criança". Eu ouvia aquilo atento. Minha mãe tinha 1,55 de altura, se chamava Nicinha e explicou, desde sempre, às minhas irmãs que "o mais importante para uma mulher é estudar; casar, ter filho, isso é escolha".

A educação que eu recebi me fez respeitar as mulheres profundamente e me fez entender o quanto esse respeito é fundamental às famílias. Sonora Jha, a autora do livro *Como educar um filho feminista: maternidade, masculinidade e a criação de uma família*, já referendado aqui, nos diz que, como feminista, quando soube que estava grávida de um menino, se sentiu muito insegura e muito inquieta. A insegurança e a inquietação de Sonora Jha advinham do fato de querer que seu filho aprendesse as bases do feminismo para que ele não fosse nem um exemplar do machismo e nem um propagador desse mal social que afeta tantas pessoas.

Para evitar que seu filho se tornasse machista, Sonora Jha, desde cedo, abriu com o filho, Gibran, um espaço de encontro entre os dois. No caso, esse espaço era diante da tela de um cinema, de uma televisão, assistindo a filmes. Ela quis mostrar para o filho que as artes, no caso a arte do cinema, poderiam ensinar a ele muitas coisas que somente as artes ensinam. Sonora nos diz:

> Acredito que ele sabia que os filmes eram o batimento cardíaco da mãe. Também era onde eu me sentia segura, de pés firmes no chão. Em Seattle, os pais dos amigos dele levavam as crianças para suas casas no lago, ou pelo menos para pescar no lago. Levavam as crianças para resorts de ski no inverno e para passeios de canoa no verão. Para acampamentos. Estar ao ar livre é vital para o crescimento das crianças, diziam. E sim, é possível criar um feminista na natureza. Eu também tentei acampar, ficar ao ar livre. Andei de trenó. Mas tive poliomielite na infância e esmaguei o tornozelo em uma batida de carro na vida adulta, então minhas pernas estragadas atrasavam todo mundo.
>
> No cinema, eu era forte. No caminho para casa, Gibran ficava falante. Quando os anos introspectivos da adolescência chegaram, ele ainda se inclinava para a frente no cinema, com os olhos bem abertos.

Então a gente se encontrava ali, o melhor dele e o melhor de mim. À tua raça, à tua lã, ao teu clã serás fiel. Meu menino me via feliz no cinema. Talvez feliz não seja a palavra certa. Ele me via entregue. Quando o mundo lá fora me confundia e eu o levava junto na minha confusão, o mundo ali dentro, no escuro, era onde depositávamos nossa confiança (Jha, 2021, p. 20).

Sonora Jha nos diz que, em todo o lugar do planeta em que esteve ou está presente, o feminismo deixou esse lugar melhor. Ela acredita que Gibran se tornou um homem feminista, que defende a equidade de gêneros, que combate as violências contra a mulher, que respeita as mulheres, que é sensível, que estudou, que trabalha, que cuida de animais, cuida do planeta, se preocupa com as pessoas e não se sente superior a outros gêneros. Em razão dessa experiência exitosa com o seu filho, Sonora propõe que façamos uma lista de motivos que nos levem a entender por que devemos educar um menino com base no feminismo e que completemos esta frase: eu almejo criar um menino feminista, porque...

A ONU Mulheres e a Rede Brasil do Pacto Global (2017) lançaram uma cartilha sobre o que chamaram de princípios do empoderamento feminino. Nessa cartilha, encontramos os seguintes princípios:

Imagem 1 – Princípios de empoderamento das mulheres.

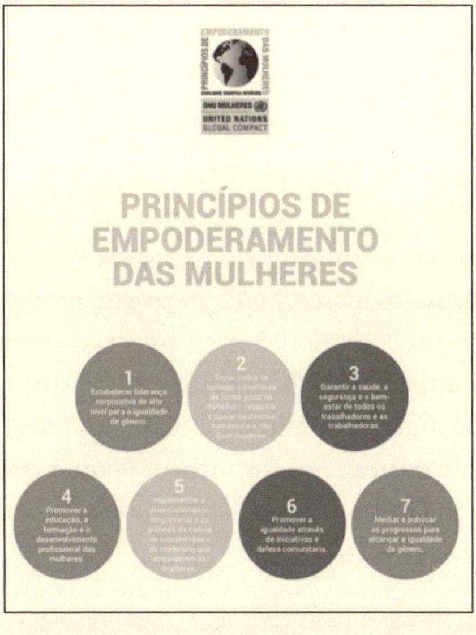

Fonte: ONU Mulheres Brasil; Rede Brasil do Pacto Global, 2017.

Importante observar que tais princípios em nada põem o homem como sendo um sujeito que deverá ser submisso à mulher ou inferior e obedecer à mulher. Pelo contrário, os princípios de uma mulher empoderada, sobremaneira o 2 e o 3, deixam evidentes que o objetivo de uma prática feminista é a luta pela equidade e não pela superioridade. O feminismo não quer que as mulheres sejam melhores que os homens, mas enfrenta desafios, num mundo machista e patriarcal, os quais devem ser ultrapassados, pondo homens e mulheres em igualdade de direitos.

Quando educamos meninos a partir de uma lógica de direitos humanos, os valores com os quais vamos trabalhar na educação desses meninos, no lugar de remeterem a competições, concorrências, trabalharão a cooperação, a colaboração. Meninos educados a partir dos princípios e postulados feministas aprendem que, na vida, é essencial que uma pessoa colabore com a outra, coopere com a outra, que a concorrência e a competição, de modo geral, tendem a pôr uma pessoa em oposição à outra. Os *incels* e os *red pills* são homens que vivem à cata de provar que a hierarquia da qual são herdeiros foi aviltada pelas mulheres privilegiadas.

Se nós não educarmos os nossos filhos para que eles sejam pessoas sensíveis, colaborativas, cooperativas, gentis, honestas, solidárias, altruístas, generosas, reflexivas, talvez estejamos educando para que eles sejam um macho – beta ou alfa – crente de que homem é forte, é guerreiro, é viril, é másculo, não chora, não sente nada, é de raça, sofre para se fortalecer, é melhor que mulheres, tem direitos e esses direitos estão sendo prejudicados pela nova mulher, essa mulher que nada se parece com aquela mulher submissa. Educar meninos na época das nuvens é tentar evitar que o patriarcado o tome à cabeça e o faça acreditar na falácia dos *incels* e dos *red pills*, dos *black pills*,[72] dos *jokers*.

> Lucas me falou que nos fóruns da machosfera a mensagem é mesmo que as mulheres só merecem desprezo e merecem ser estupradas. Lucas está melhor, mas ouvi-lo falar me assusta muito. Eu nunca imaginei, meus pais também, que dentro daquele quarto, aparentemente quieto e seguro, Lucas estivesse entrando nesse mundo cruel e perigoso. Lucas me disse que existem muitos meninos como ele e que ele se segurou

[72] Saiba mais sobre os *black pills* neste link: https://www.newamerica.org/political-reform/reports/misogynist-incels-and-male-supremacism/red-pill-to-black-pill/. Acesso em: 15 set. 2025.

> muito para não atirar em duas meninas da escola. Ele me disse que consegue a arma nesses fóruns. "Os caras mais velhos liberam grana e a gente faz o serviço de eliminar as vagabundas." Eu quase morri quando ouvi essas coisas de Lucas.

Raíssa faz parte de um coletivo feminista. Uma das informações que ela me deu foi que, embora não fosse ainda consenso, o coletivo entendeu que poderia fazer rodas de conversa para crianças e adolescentes. "Nessas rodas, conversarmos sobre igualdade de gênero, equidade, cuidado consigo e com o outro, amor pelas pessoas, respeito às diferenças, falar sobre as emoções." A educação feminista, defendida por mim aqui, não pretende que agora todas as pessoas façam parte de coletivos feministas, todavia, sugere que as famílias usem os princípios feministas para que seus filhos aprendam que, respeitar mulheres, respeitar direitos humanos, conviver de forma ética e amorosa, é o caminho.

Você sabe o que seu filho escuta e o que ele assiste?

Além de educar meninos de modo que eles entendam que não são melhores e nem superiores às meninas, eu compreendo que os pais precisam, obviamente, educar meninas para que cada vez mais elas tenham consciência de seus direitos e do quanto é importante viver o coletivo para que não se vulnerabilizem sozinhas. Algo que também é essencial que os pais façam na educação de seus filhos é saber, conhecer os gostos dos filhos. "Quando meu pai ouve o que eu escuto, ele faz uma cara de azedo. Percebo que ele não suporta. Mas ele nem sonha que eu também ouço o Chico Buarque", me contou André, 16, em entrevista para fins deste tópico.

"Você não gosta de mim, mas sua filha gosta / Você não gosta de mim, mas sua filha gosta", estes são versos da música "Jorge Maravilha", de Chico Buarque. Nós, adultos, temos uma enorme dificuldade de entrarmos e respeitarmos o universo cultural das crianças e dos adolescentes. Costumamos tratar esse universo como "menor". A expressão "isso é coisa de criança", esta outra "você está sendo infantil", ainda esta "não sou mais criança", todas, sem exceção, traduzem o desprezo que temos pela cultura das crianças, pela sua compreensão de mundo e pela sua maneira de explicar e resolver situações.

Do mesmo modo, mas em um nível diferente, nos portamos assim com os adolescentes. Não gostamos, comumente, do que eles gostam, do que eles fazem e de como eles fazem. É frequente pais que querem enquadrar os adolescentes, torná-los dóceis, amáveis, quietos, estudiosos, tranquilos. Em seu livro *Quando eu voltar a ser criança* (2020), o educador polonês Janusz Korczak nos ensina que crianças devem ser respeitadas a partir do que elas são, do que elas pensam, do que elas sentem e como agem. Da mesma maneira, podemos estender essa compreensão aos adolescentes e nos perguntarmos: o que sabemos sobre o que sabem nossos filhos?

> Quando eu me separei do Gustavo, por incrível que pareça, eu consegui ficar mais perto dos meus filhos. Gustavo era muito adulto, se é que o senhor me entende. Mas bastou que ele saísse e fui vendo que eu estava longe de Bia e Zeca. Bia, como era menina, ainda me parecia mais próxima. Zeca, esse, meu Deus, não trocava comigo palavra e nem eu sabia quase nada dele. É isso mesmo. Eu conhecia quase nada do meu filho. E teve uma vez que ele me disse: "Nem você e nem meu pai sabem mesmo quem eu sou. Sou um ser estranho a vocês". Naquele dia, meu coração apertou muito. E fui pensar nisso. E fui vendo que era verdade.

Marília me disse isso quando conversávamos sobre como Zeca foi entrando no mundo dos cigarros eletrônicos.[73] Essa invenção do século XXI, que assola o mundo todo, é proibida no Brasil, mas é frequentemente usada por meninos e meninas. O cigarro eletrônico é perigoso. Há estudos científicos que comprovam os perigos. No entanto, segundo o programa *Profissão Repórter* da Rede Globo – exibido em 20 de dezembro de 2023 –, na cidade de São Paulo, na Av. 25 de março, o comércio dos também chamados vapes corre solto, a céu aberto, para todo mundo. "Muita gente compra aqui, principalmente atacado. Cliente liga para a gente, manda mensagem para a gente poder enviar e tudo mais. Tem cliente que pega cinco, seis mil (vapes) de uma vez só. A 25 está tomada de cigarro eletrônico, tem em todo lugar", conta uma vendedora entrevistada pelo programa.

Os pais ignoram o que sejam vapes. Para esta parte deste livro, entrevistei nove famílias, de três cidades, Recife, São Paulo e Vitória do Espírito

[73] Para informações oficiais sobre a proibição do uso de cigarros eletrônicos no Brasil, ver a página da Anvisa: https://tinyurl.com/3rh28cep. Acesso em: 19 ago. 2025.

Santo. A constituição das famílias era diversa: monoparental, casal heterossexual, casal homossexual, todos com filhos adolescentes. Quando esses pais e essas mães foram perguntados sobre vapes, todos, sem exceção, demonstraram saber muito pouco a respeito do cigarro eletrônico e disseram desconhecer o uso por parte dos filhos, todavia, quando conversei com os filhos desses casais, no todo, 11 adolescentes, eles me disseram que já fizeram uso, alguns ainda fazem e seus pais não sabem, porque parecem viver fora do mundo deles.

> Meu pai não gosta de conversar comigo, tipo, saber como eu sou mesmo. Quando a gente fica junto, o papo é sobre escola, profissão, e muita coisa chata. Queria que ele me ouvisse um pouco. Ele saberia tanta coisa de mim. Por exemplo, eu já fumei vape, já fumei maconha, já cheirei cocaína, mas ele não percebeu. Não é culpa dele. É o trabalho. O mundo do trabalho. Um dia, eu coloquei uma música que eu curto muito para ouvir. Ela se chama "Modern love". Gosto muito. Quem canta é Zaho de Sagazan. Ela é francesa, 25 anos. Eu adoro! Quando meu pai ouviu a música, ele disse: "Que música é essa?", e eu falei, mas ele teimou comigo que não era. Ele disse que era do David Bowie. E eu quase morri. Meu pai conhecia David Bowie e nunca me disse isso. Pirei.[74]

Marina Carolina, estudante do primeiro período de Letras, recém-ingressante no mundo universitário, me deu esse depoimento, por ocasião de uma roda de discussão que promovemos na UFRPE, em 2023, sobre culturas infantojuvenis e mundo adulto. "Os adultos costumam acreditar que nós, adolescentes, não sabemos quase nada." É notório que os pais e as mães, na sua grande maioria, não querem saber ou mesmo conhecer de modo respeitoso o que os filhos ouvem como música. O exemplo mais expressivo é sobre as músicas funk, brega funk, eletrônica, new sertaneja, os new indies e por aí vai. Quando perguntei às famílias se elas conheciam Jão,[75] 75% me disseram que não: "Já ouvi falar, mas não sei quem é; não sei se é gordo ou magro, acho que é um desses que cantam essas músicas fáceis", foram as falas.

---

[74] Assista à impressionante interpretação de Zaho de Sagazan para "Modern love" neste link: https://tinyurl.com/3s5vu9bb. Acesso em: 19 de ago. 2025.

[75] Acesse o Instagram de Jão neste link: https://tinyurl.com/2asfw93x. Acesso em: 19 de ago. 2025.

Quando conversei com Rafael, 16, estudante do ensino médio, filho de uma das famílias entrevistadas, ele me explicou sobre Jão, sobre a parceria de Jão com Anitta, sobre a SuperTurnê de Jão e de como a música desse cantor e compositor fez parte da sua entrada na adolescência. "Ele me fez curtir uma fossa da p@rr%!" Quando perguntei a Rafael se seus pais sabiam de seus gostos musicais, ele me disse: "Acho que não, nem eu sei muito os deles. A gente é distante". A distância cria um hiato, muitas vezes, difícil de tornar ditongo. Isto é, a distância cultural pode ser um empecilho na aproximação afetiva. "Você conhece alguma música da Marília Mendonça, doutor Hugo?", me perguntou Zay, uma garota que acompanhava a mãe e o pai em uma das minhas palestras em Minas Gerais, no ano de 2023. "Conheço", respondi. No que ela me disse: "Eu sabia. O senhor falou nela na palestra". Eu havia feito referência à Marília e a sua música "De quem é a culpa?".

Lembro que os pais de Zay ouviam a nossa conversa, mas não pareciam entender direito. "Zay gosta, mas não ouço. Prefiro música gospel", me disse o pai do alto de seus gostos. A mãe completou: "Gosto é de cada um, mas tem gosto para tudo". Zay parecia já saber que não havia entre eles e ela uma conexão. Aí, a garota arrematou e encerrou a conversa: "Então, como não sabemos sobre o que falar, ficamos calados". Era exatamente isso: a distância entre ela e os pais provoca o silêncio. Quando Zay se afastou um pouco de nós, os pais me disseram: "Estamos levando Zay a um psiquiatra, porque ela tem tido comportamentos autodestrutivos". Eu então disse: "Conversem com ela. Tentar conhecer o gosto dela é um caminho possível de conexão".

As plataformas de *streamings* são rápidas e dinâmicas, diversas, lançam e fazem chegar aos nossos filhos um mundo de filmes de ficção, séries, documentários, musicais. É uma gama jamais vista em termos de concentração de opção. As séries fazem muito sucesso entre os adolescentes. Emergiu no cenário cultural atual o verbo *maratonar*, que significa ver sem cessar, ver sem parar, ver até o fim e aguardar a próxima temporada prometida. Há estudos que informam que o processo de maratonar pode ser, em algum nível, prejudicial, caso maratonar tenha se transformado numa espécie de dependência. Mas a pergunta que fiz a nove famílias é se elas conseguiam me dizer se os filhos maratonavam e, caso maratonassem, o que eles assistiam e se podiam me dizer cinco títulos vistos pelos filhos.

As respostas dadas foram silêncio + silêncio + silêncio. Ou seja, os pais e as mães não sabiam. De modo geral, me disseram que não sabiam dizer títulos, mas sabiam dizer que os filhos passavam horas a fio diante de uma tela, vendo filmes e comendo. Quando perguntei a razão pela qual elas não sabiam me dizer uma lista com cinco títulos, as famílias me disseram que não costumavam procurar saber, porque os meninos tinham gostos adversos aos seus. Em outras palavras, como os interesses eram diferentes, a ignorância sobre o que os filhos viam em plataformas se evidenciava com naturalidade. "Meus pais jamais viram *This Is Us*,[76] também jamais viram *Black Mirror*[77] e tenho certeza de que não sabem do que fala o filme *Vermelho, branco e sangue azul*,[78] me falou Yasmin, 15 anos.

Nossos filhos ouvem músicas e assistem a séries e filmes que não conhecemos. Mas qual o real problema disso? Há vários. Entretanto, o que mais me chama atenção é que esse fato implica desconhecimento sobre qual informação os forma. Quando não sabemos quais informações, para além da escola, formam nossos meninos e nossas meninas, estamos negligenciando. Isso mesmo: negligência. Sem querer culpar ninguém, mas atestando a negligência, estamos falhando. As razões pelas quais falhamos são tantas e tão diversas, mas o fato é que ficamos cada vez mais distantes. "Eu nunca disse aos meus pais, mas já transei sem camisinha com um menino que ficava. Nunca vou dizer isso a eles, porque eles são difíceis", me falou Nara, 18, primeiro período de Veterinária.

Quando não conhecemos o universo no qual nossos filhos estão inseridos, há uma probabilidade enorme de que eles sejam cooptados por situações que ignoramos e, por isso mesmo, não sabemos como lidar com elas. "Faz tempo que penso em me matar, penso nisso todos os dias da minha vida. Mas afundo mesmo ouvindo minhas músicas. É ali que me afundo. Não tenho com quem conversar. Entende, doutor Hugo?", me disse Cecília, na ocasião em que ela foi ouvida por mim

---

[76] Conheça um pouco sobre a série neste link: https://tinyurl.com/49pj57sj. Acesso em: 19 ago. 2025.

[77] Conheça um pouco sobre a série neste link: https://tinyurl.com/y4hsr8xr. Acesso em: 19 ago. 2025.

[78] Conheça um pouco sobre o filme neste link: https://tinyurl.com/fhh2s79t. Acesso em: 19 ago. 2025.

durante o período em que estive como pesquisador na cidade de Braga, Portugal. Lá, na Europa, ouvi adolescentes que estudavam numa escola pública e participaram de encontros temáticos mediados por mim para fins de pesquisa. "Faz tempo que não quero outra coisa a não ser comer e dormir", Cecília completou.

As famílias contemporâneas precisam romper com essa distância, necessitam aprender a partilhar com as crianças e com os adolescentes os gostos. Não se trata só de gosto musical ou audiovisual, mas do gosto como um todo. É por sabermos do que o outro gosta que temos a chance de não errar na escolha dos presentes que lhe dermos, por exemplo. Quando ignoramos nossas crianças e nossos adolescentes, acreditando que suas culturas não são valiosas, nada mais fazemos do que perpetuarmos a cultura adultocêntrica, que é resultado de uma sociedade que oprime as culturas infantojuvenis. A opressão do infantojuvenil é historicamente reconhecida em estudos interdisciplinares: na história das infâncias, sociologia das infâncias, geografia das infâncias, antropologia das infâncias e psicologia das infâncias.

É importante que as famílias priorizem conhecer seus filhos, e isso só ocorrerá se for aberto o diálogo dentro das casas, espaços no quais haja compartilhamento de gostos, de escolhas, de interesses. Em 2023, para uma plateia só de crianças na terceira infância e adolescentes até 18 anos, fiz duas oficinas sobre escolhas e gostos infantojuvenis. Dessas duas oficinas, saíram duas proposições para as famílias: a) escolherem dois horários, durante a semana, para partilharem escolhas e gostos sobre filmes e músicas e b) num horário durante a semana, em conjunto, elas ouviriam duas músicas, uma apresentada pela criança e outra apresentada pelo adolescente e, num outro horário, assistiriam a um filme. Depois, conversariam sobre música e filme.

Essas proposições foram postas em prática por algumas famílias e os resultados foram muito bons.

O afetual como estratégia de educação dos filhos

É urgente que entendamos a importância da educação socioemocional para nossos filhos e para nós mesmos. Quando as emoções e os sentimentos humanos são bem cuidados, temos enorme probabilidade de evitarmos o aparecimento de *jokers*. As emoções, como tenho dito em várias ocasiões –

palestras, entrevistas, artigos de opinião, artigos científicos, livros –, foram, por milênios, tratadas como se fossem elementos de pouca importância no desenvolvimento de crianças, adolescentes, jovens e adultos.

No entanto, essa crença de subvalorização das emoções, além de equivocada, é perigosa para o próprio desenvolvimento humano. Quando não conhecemos as emoções e os sentimentos, tanto em nível de consciência emocional quanto de identificação, nominação e expressão lúcida das emoções, incorremos no erro de não sabermos qual o papel delas em nossas vidas, em nossas relações, em nossa vivência e convivência. As emoções humanas precisam ser um tema estudado profundamente, e necessitamos ensinar nossas crianças e adolescentes a como experimentá-las de modo saudável.

Em maio de 2018, assessorei a Empresa Brasileira de Comunicação (EBC) na realização de uma reportagem-documentário cujo título é *Cicatrizes da tristeza*. Durante a coleta de entrevistas, ouvimos meninas e meninos que se autolesionavam ou conheciam alguém que tinha esse comportamento autodestrutivo. Ao longo dos dias em que acompanhei a coleta de imagens e depoimentos, pude perceber que aquelas crianças e aqueles adolescentes se automaltratavam e nenhum adulto, ao redor, tomava qualquer iniciativa.

> Minha mãe sabe, mas ela não faz nada. Ela só diz que eu preciso ir para a igreja. E que vai me internar. Meu pai foi embora e deixou a minha mãe. E eu vi meu irmão maior também se cortando. Quando eu me corto, eu apanho. Mas eu sei que minha mãe me bate, porque ela não aguenta. Chega do trabalho cansada. Ela também apanhava da minha avó, a mãe dela, e apanhava do meu pai. Mas, olhe, doutor, é tanta dor que sinto aqui no peito. Vou explodir de tanta dor. Aí, quando o sangue vem, vem quente, fica frio, eu fico mais calma. É o jeito.

Quem me disse este depoimento foi uma garota de 13 anos, estudante de uma escola municipal em Recife. A autolesão, também conhecida como automutilação, é um comportamento autodestrutivo e, infelizmente, bastante prevalente hoje na vida infantojuvenil. Uma criança e/ou um adolescente que se autolesiona não pratica esse ato sem que suas emoções estejam abaladas. “Eu vou até onde eu consigo, mas, depois de algum tempo, me corto. É o que consigo naquele momento", me disse Mário, 15, também estudante de uma escola pública, entretanto, não em Recife, mas em Braga, Portugal.

> Os meus alunos não sabem dizer quando estão tristes. É mais fácil que digam quando estão alegres. Mas quando ficam tristes, eles ficam sentados, calados, sem brincar. A tristeza deles não é falada. Acho que quase ninguém quer falar da sua tristeza. A tristeza dos meus alunos é sentida. Eu sinto. O corpo deles fica diferente. A tristeza deixa a gente lento. Pelo menos é assim que eu vejo. Chego perto. Falo. Mas muitas vezes nem chorar choram. Menino mesmo fica na dele, tem vergonha de chorar.

Suzana, uma professora que me acompanhou no meu trabalho de doutorado, me deu esse depoimento há mais de 18 anos, mas parece muito atual. A tristeza, como uma emoção humana, não tem espaço nos movimentos de fala nem nas escolas e nem nas casas. As famílias, na sua maioria, costumam querer que o triste vá embora com rapidez e urgência. "Na minha casa, doutor Hugo, depressão é frescura + preguiça + falta do que fazer. É assim que me dizem quando não tenho forças para sair da cama."

No livro *Educar na era planetária: o pensamento complexo como método de aprendizagem pelo erro e incerteza humana* (2007), Edgar Morin e demais autores dizem que, num processo de educação, quando faltam os afetos, o que sobra é a técnica. A técnica ou a sobra, quando não temos afeto nem amor, é algo que importa muito menos, importa muito pouco. Onde não há amor, é pouco provável que haja boa saúde mental. "Mas como usar então os afetos nas nossas estratégias educativas?", me perguntam pais, mães, professores e cuidadores. Não existe muito mistério, pois toda criança e todo adolescente sabem quando são amados e cuidados.

> Eu sei que minha mãe e meu pai me amam. Eles me ajudam. Já vi meu pai passar a noite acordado, tendo de ir trabalhar no outro dia, porque eu estava ardendo com febre. E minha mãe precisar me dar banho, pentear meu cabelo, mesmo eu com catapora. E quando eu fiquei triste porque o namoro não deu tão certo, meu pai quis me ouvir, me escutar, me cuidar. E ele nem me perguntou nada. Eu fui

falando. E ele balançava a cabeça, como se me aguardasse terminar. Aí, depois, ele me abraçou e falou que eu conseguiria superar essa história. Eu sei que meus pais gostam muito de mim e da minha irmã pequena.

Bianca me contou este relato, por ocasião de entrevistas realizadas em 2023 e 2024, para fins de pesquisa sobre a importância do amor nas famílias. O amor, esse sentimento, muitas vezes, confundido com paixão e tratado mais na sua dimensão romântica, é, talvez, o chão mais certo/incerto quando estamos em meio à educação das nuvens. "A sorte de minha família, depois do furacão que aconteceu na nossa vida, é que a gente se ama. Se não fosse isso, teríamos nos destruído. Foi muito impactante perder tudo. Perdemos até a casa na qual morávamos. Falimos."

Eugênia, mãe de Letícia e Heitor, esposa de Danilo, decidiu conversar comigo, participar das entrevistas, quando soube de minha pesquisa. Eugênia mora em São Paulo, sua família faliu completamente, perderam todo o patrimônio, ficaram na mais viva pobreza. Danilo, o marido, adoeceu. Os filhos precisaram mudar de escola. Amigos, aos poucos, sumiram. Nem carro. Nem casa. Nem férias. Nem festas. Até família de sangue quis manter distância. Ajudava no protocolar. "Mas a gente não largou mesmo a mão. E fomos reconstruindo. E fomos aprendendo. Letícia e Heitor sofreram horrores. Eu tive de ser forte. Meu marido deprimiu legal."

O amor na prática não é abstração. É atitude. É ação. Para que uma família consiga educar pelos afetos, priorizando as emoções, é preciso, antes de tudo, que sejam considerados dois elementos: a) quando as emoções são cuidadas, elas nos ajudam a cuidar do todo que somos e b) não devemos priorizar a cognição em detrimento das emoções, porque não existe funcionamento cognitivo sem que esse funcionamento esteja atravessado pelo emocional e vice-versa. Em seu livro *Não acredite em tudo que você sente: identifique seus esquemas emocionais e liberte-se da ansiedade e da depressão* (2021), o psicólogo Robert L. Leahy, autor de diversos livros sobre o tema, explica que emoção e pensamento são coisas diferentes.

"Meu filho está muito chato." Isso é um pensamento. "Isso me irrita." Isso é um pensamento. Pensamentos podem gerar emoções e pensamentos e emoções vão mexer com os seus comportamentos. Por isso, numa família, é relevante sabermos quais pensamentos são frequentes, quais são sazonais, quais são incomuns, quais jamais se pensa. A partir de uma espécie de lista de pensamentos que fazem parte da sua família, você poderá conseguir, mais ou menos, perceber quais emoções/sentimentos frequentam a cabeça dos seus filhos com maior frequência e como, tanto esses pensamentos quanto essas emoções e esses sentimentos, vão se desdobrar em comportamentos. E depois, como esses comportamentos desdobrados vão retroalimentar os pensamentos, as emoções e os sentimentos de modo recursivo.

Quando, na sua casa, os pensamentos frequentes são fundamentados em ideias negativas, por exemplo: "Aqui em casa ninguém tem sorte"; "Esses meninos são preguiçosos, não querem nada com a vida, são ingratos, comem demais, estudam pouco, atrapalham a minha vida", muito provavelmente as emoções e os sentimentos que advêm desses pensamentos circulam por insegurança, medo, raiva, tristeza, ódio, nojo, asco. Os comportamentos que surgem desse cenário não são os melhores, os mais saudáveis, os mais empáticos e compassivos.

As emoções, diz Stefan G. Hofmann, no seu livro *Emoção em terapia: da ciência à prática* (2024), são uma experiência multidimensional, que se caracteriza por diferentes níveis de ativação e por graus de prazer-desprazer, associada a experiências subjetivas, sensações somáticas e tendências motivacionais; também marcada por fatores contextuais e que pode ser regulada, até certo ponto, por meio de processos interpessoais e intrapessoais. As emoções, como diz Hofmann, não podem ser justificadas exclusivamente em razão de sua dimensão biogenética, mas precisa ser compreendida a partir dos contextos sociais, ambientais e culturais.

"Minha filha chega em casa e não dá bom-dia. Entra no quarto e sei que ela vai direto para os jogos. Quando intervenho com calma, ela não para. Eu preciso levantar a voz e grito mesmo, para que ela saia do quarto e venha almoçar. É um estresse todo dia. Já tomei o celular. Proibi o tablet. Fechei o computador. Mas foi aí que me desesperei: ela fugiu de casa. É difícil, doutor Hugo." Essa fala é de Virgínia, uma engenheira, mãe de Maitê e Diego. Maitê é o motivo pelo qual ela me procurou para fazer parte da coleta de informações quando ela soube do meu novo livro. Maitê faz acompanhamento psicológico. A questão de Virgínia é entender como lidar com o comportamento da filha.

Sugeri à Virgínia que, antes de tudo, procurasse ter paciência com a filha. A paciência é fundamental. Depois, que tentasse ser assertiva nas decisões. Não tomar decisões sem segurança. Também perguntei à Virgínia como o pai de Maitê se incluía nesse processo. É tarefa pesada demais para uma pessoa sozinha cuidar de uma adolescente. Virgínia me disse que o pai é meio lá, meio cá, ou seja, não *é*. Sem o pai *ser*, perguntei se tinha alguém da família que desse suporte: "Meu irmão, ele mora com a gente, me ajuda muito". Então era isso: (a) paciência; (b) assertividade nas decisões; (c) partilha, considerando que Maitê tem apoio psicoterapêutico.

É imperioso que haja monitoramento das telas (Maitê não pode ter tela livre, leve e solta, precisa ter tempo limitado de tela). Também é essencial ouvir Maitê, saber o que a faz viver ou precisar viver conectada, por que tanto tempo no quarto; como anda a situação de Maitê na escola? Maitê gosta de alguém? O que Maitê vê nas redes? Com quem ela conversa? O que, além da rotina, é oferecido à Maitê dentro de casa? Maitê se sente envolvida dentro de casa? Ela tem tarefas domésticas a fazer? Maitê tem amigos físicos? Maitê faz exercícios físicos? Como é a relação de Maitê com o irmão? A família tem lazer, diversão cultural, viaja? Tem havido contato com a psicoterapia de Maitê?

Essas perguntas não são senão essenciais num processo de educação em que os afetos sejam a base. Quando temos filhos e gostamos deles – isso não é uma redundância, já vimos neste livro que nem todos os pais e nem todas as mães amam seus filhos. Isso é uma lenda. Nesse sentido, nem toda relação parental é ético-amorosa, amorosa-cuidadosa. Mas nesse caso de Virgínia, é uma mãe preocupada com a filha adolescente que não sai do quarto, exceto para ir à escola e comer. Virgínia quer ajuda, quer orientação, ela quer uma sugestão de saída. Não existem, como eu disse neste capítulo, receitas perfeitas e universais, entretanto é possível orientar e buscar possibilidades.

Uma das possibilidades, a meu ver, algo fundamental, é envolver Maitê no processo de sua educação. Para isso, Virgínia necessita responder para si mesma o que ela sabe sobre Maitê a partir das perguntas apresentadas anteriormente. Em seguida, organizar um plano de ação parental. Esse plano, no lugar de ser feito por Virgínia e aplicado em Maitê, ele deve ser construído com Maitê. É ela, a adolescente, que necessita colaborar com a mãe nessa empreitada. Colaboração só ocorre quando existe espaço colaborativo. A relação é colaborativa?

A relação entre Virgínia e Maitê é colaborativa? Maitê entendeu que precisa colaborar com a sua mãe? A mãe, em algum momento, lhe disse isso sem ser aos gritos e nem de maneira impaciente? Maitê já percebeu que, sem ela, a casa não funciona? Em outras palavras, Maitê já se deu conta da importância dela na mecânica saudável da casa? Qual o lugar de Maitê dentro de sua casa? Mais que isso, qual o lugar de Maitê na existência da casa? A casa é também de Maitê? Virgínia precisa construir esse plano a partir dessa lógica inclusiva. Sem essa inclusão, Maitê não se envolverá com o plano. E, sem Maitê, nenhum plano parental terá sucesso.

No entanto, eu creio que Virgínia e Maitê conseguirão construir em conjunto um plano parental que tenha o envolvimento da mãe, da filha, do tio, do irmão, do pai, dos avós, dos padrinhos, da escola, dos amigos, da psicoterapia, por uma única e fundamental razão: Maitê ama a mãe. Ela, certa vez, me disse: "Eu admiro demais a minha mãe, ela é massa, Hugo. Minha mãe é inteligente e sabe liderar. Eu quero aprender com a minha mãe". Eu perguntei se Maitê já havia dito isso à Virgínia, ela me respondeu na hora: "Nunca. A gente só briga. A briga não deixa o amor aparecer". Quando conversei com Virgínia sobre a proposta de cuidar de Maitê envolvendo-a, ela me disse: "Na palestra, você disse: 'Nada sobre nós sem nós'. Entendi. É isso".

CAPÍTULO 8

Nada sobre nós, sem NÓS!

A pluralidade identitária

"Nada sobre nós, sem nós" é um lema que surge em meio a um debate: não se podem fazer leis, políticas públicas sobre alguém sem que esse alguém esteja minimamente envolvido. No caso, mais específico do lema, pessoas com deficiência. O referido debate remete aos anos 1970. Clarice Rios, no seu artigo "'Nada sobre nós, sem nós'? O corpo na construção do autista como sujeito social e político", afirma, quando trata de pessoas autistas e o engajamento delas com os movimentos de pessoas com deficiência de modo geral, que:

> O lema "nada sobre nós, sem nós", que vem sendo adotado por militantes do movimento das pessoas com deficiência internacionalmente desde os anos 1970, resume algumas das motivações básicas do ativismo político desse grupo de pessoas. Reivindicam-se não apenas direitos e benefícios no âmbito social, mas, acima de tudo, o reconhecimento das pessoas com deficiência como sujeitos livres e autônomos, capazes de se posicionar e participar na tomada de decisões em distintas esferas sociais sem a interferência de terceiros. Tais demandas seguem o modelo articulado por outros movimentos sociais que surgiram mais ou menos na mesma época. Compostos por populações historicamente excluídas, tais como mulheres, negros e gays e lésbicas, esses movimentos reivindicam que a "prática do liberalismo seja coerente com seus princípios de liberdade e igualdade universal" (Kittay, 2001: 559), ou seja, que todos os sujeitos tenham de fato a oportunidade de serem igualmente ouvidos e reconhecidos na esfera política e social. Mas mesmo que esses movimentos tenham questionado a inclusão e o reconhecimento de grupos minoritários dentro das práticas liberais, não chegaram a questionar a noção de pessoa subjacente ao modelo

liberal de participação política, qual seja, a de um sujeito independente, racional, autossuficiente e, acima de tudo, capaz de falar por si (Rios, 2017, p. 216).

Quando pensamos, por exemplo, em uma pessoa autista na infância e na adolescência, necessitamos questionar, como faz Clarice Rios no referido artigo, se a sociedade – que constrói as leis e os desdobramentos das leis, que constrói as arquiteturas das cidades, que organiza as instituições escolares, que escreve livros, que faz palestras, que emprega, que organiza trânsito –, na medida em que se institui, inclui todos. "Nada sobre nós, sem nós", mais que um lema, é um postulado, um princípio, uma premissa, algo que impõe uma regra urgente: *nada de falar sobre alguém sem efetivamente incluir esse alguém*.

Historicamente, como nos diz Ariès (2000) e Donzelot (2012), é algo bastante complexo tratar sobre infância e adolescência num mundo em que essas categorias sociais não eram sequer consideradas. Quando queremos falar sobre crianças e adolescentes, tendemos – ainda que essa tendência esteja sendo enfrentada atualmente – a diminuir, em vários sentidos, crianças e adolescentes. Além dessa diminuição, procuramos uma espécie de categorização-padrão. Por exemplo, dizemos que crianças são aquelas pessoas de 0 a 12 anos e que adolescentes são aquelas pessoas de 13 a 18 anos ou dizemos que crianças são aquelas pessoas de 0 a 10 e adolescentes de 11 a 20.

Essas nossas categorizações não são nem à toa e nem alheia aos estudos da medicina pediátrica e da psicologia do desenvolvimento. Nas várias teorias e nos vários estudos do desenvolvimento infantojuvenil, vamos encontrar o parâmetro cronológico como um elemento basal para dizermos quem é criança, quem não é criança, quem é adolescente, quem não é adolescente. Os estudos neurocientíficos, a partir dos estudos do cérebro, relacionarão as condições biológicas ao comportamento infantojuvenil. Considerando que a biologia não deva ser descartada para a construção, por exemplo, de políticas públicas à proteção de meninos e meninas, se analisarmos acuradamente, a dimensão biológica pretende ser universalista.

> Eu entendo que, aqui ou em qualquer lugar do mundo, criança e adolescente é alguém que está organizado pela idade que tem. Quando fico sabendo que meninas se casam aos 14 anos em alguns países asiáticos

> e assumem compromissos de mulheres e de homens, eu entro em choque. Não aceito. Criança é sempre ingênua, sabe pouco das coisas, e adolescente precisa de orientação, porque são como carro sem freio em ladeira. Tudo igual, só muda de endereço. O senhor pensa diferente, doutor Hugo?

Essa fala me foi dita por uma professora de ensino fundamental, séries iniciais, por ocasião de um grupo de estudo que organizei numa rede municipal de ensino no estado de Pernambuco. É evidente que a opinião da professora é diferente da minha, todavia, a opinião dela não era muito distante da opinião de um pai que foi entrevistado por mim na ocasião da pesquisa "Como você está?",[79] realizada durante a pandemia da covid-19. "Para mim, doutor, criança é criança, tudo a mesma coisa. Adolescente é adolescente, tudo igual. Só muda porque tem pais diferentes." A opinião desse pai não era isolada. Ouvi uma mãe me dizer:

> Hoje, ficam inventando essas modas. Mas na minha educação, criança era tudo igual. A gente sabia como educar. Adolescente a mesma situação. Agora, é ECA para cá, ECA para lá. No final, a gente não sabe mais como educar. Uma confusão. Eu mesma já desisti. Fico na minha. Escuto vocês falando. Vocês que estudam. Escreve livro. Mas, quando eu chego em casa, desculpa, eu vou é fazer como minha avó fazia, como o meu pai e como a minha mãe, e pode não dar certo, mas é o que consigo.

A enorme dificuldade por parte dos adultos de entenderem que crianças e adolescentes não devem ser colocados dentro de um grande grupo, sem que as especificidades de cada criança e adolescente sejam devidamente analisadas, leva a educação infantojuvenil para campos de ineficiência e ineficácia atualmente. Minha orientanda Michely Mendonça do Nascimento Almeida, em 2019, defendeu uma dissertação de mestrado em educação cujo objetivo era compreender como docentes da educação infantil lidavam com crianças reais em comparação com as imagens de crianças que esses docentes antecipadamente construíam.

[79] Esta pesquisa foi realizada no ano de 2020, com crianças e adolescentes, alcançando, de várias localidades do Brasil, 1.684 respostas. Será publicada em formato de livro no ano de 2026.

Michely percebeu, na sua pesquisa, que havia, na compreensão dos docentes, um modelo prévio de criança. A criança, nesse sentido, não era um menino e/ou uma menina, com trajeto identitário próprio, mas uma abstração, uma ideia, um modelo. "Não aceito como esses meninos são, nem parecem meninos, agem como adultos, falam como adultos, um horror. Quero as minhas crianças de volta", falava, em tom de brincadeira, mas revelando um desejo real, a mesma professora sobre a qual me referi anteriormente. "Eu aprendi que criança era meiga, bobinha, mas nada disso. Se brincar, sabem mais que eu as coisas da vida, doutor Hugo."

O trabalho de Michely, no âmbito do Programa de Pós-Graduação em Educação, Culturas e Identidades, situado à Linha 2, que investiga o desenvolvimento infantojuvenil e da qual faço parte, trouxe importantes reflexões sobre o generalismo por meio do qual tratamos crianças e adolescentes. Esse generalismo já havia sido criticado pelo professor Paulo Freire, em suas reflexões sobre a condição da professora no Brasil e o fato comum de enquadrarmos a infância e a adolescência em grupos fechados, conjuntos nos quais seus componentes têm as mesmas características.

No entanto, esse generalismo e universalismo, ao longo do tempo, se mostram distantes da realidade que vemos emergir em nossos olhos todos os dias. Nos filmes *Cidade de Deus* (2002) e *Como nascem os anjos* (1996), o primeiro dirigido por Fernando Meirelles e o segundo por Murilo Salles,[80] trazem protagonistas que não se identificam identitariamente com os modelos infantojuvenis prescritos. Quem vê Zé Pequeno e Branquinha não acredita que sejam exatamente criança e adolescente respectivamente.

Num artigo intitulado "A infância e a inteligência: o projeto ficcional de Lobato" (2014), explico que há, por parte da sociedade adulta, uma tentativa de desmerecer a inteligência das crianças, usando o argumento de desenvolvimento em formação ou mesmo de desenvolvimento incompleto. Claro que esse conceito de inteligência usado por quem argumenta a inferioridade da inteligência infantil é nocivo ao que eu nomino como compreender as crianças tal qual elas são, entendendo que ser criança não é uma categoria uníssona, mas uma condição humana atravessada por uma gama de elementos diversos.

---

[80] É possível ler sobre o filme neste link: https://tinyurl.com/2yp6c572. Acesso em: 20 ago. 2025.

> Quando as famílias e as escolas negam a diversidade de crianças e adolescentes e procuram definir previamente o que é ser criança e o que é ser adolescente, há certamente em movimento uma ação violenta contra meninos e meninas. Seria como se eu quisesse dizer que somos todos iguais a partir do momento em que todos moramos na mesma casa ou mesmo a partir do momento em que todos temos a mesma idade. Crianças e adolescentes são diversos, ainda que existam elementos que os igualem. Mas igualar não pode ser confundido, nesse caso, com ser exatamente igual. Igualar aqui é em termos de direitos, mas não em termos de identidade.

Essa lúcida fala foi proferida pela professora Cynthia Oliveira, também orientanda minha de mestrado, quando de uma palestra realizada para pais e mães na escola em que ela é coordenadora pedagógica. Cynthia, na sua pesquisa de mestrado, investigou o conceito de adultização e explicou que adultos adultizam crianças na primeira e na segunda infância, na medida em que eles não respeitam o processo identitário dessas crianças. Pai, mãe, não devemos enquadrar nossos filhos e nossas filhas em grupos prescritos, precisamos acompanhar a emergência do desenvolvimento deles e delas.

> Quando Pedro nasceu, eu idealizei demais. Tudo feito para uma criança. A criança que eu desejei. Sabe, doutor Hugo. Houve dias em que vi meu Pedro andando, pulando, correndo, brincando. Tudo o que desejei. Mas, para minha surpresa, sem uma explicação plausível da medicina, Pedro nasceu com TEA e demorei algum tempo para perceber que o meu filho era diferente de outras crianças. Resisti muito. Meu marido também resistiu. A gente demorou para descontruir aquela imagem. Mas hoje, graças a Deus, eu vejo meu filho como ele *é*. Um adolescente esperto, com as possibilidades e os limites dele. Pedro me fez entender que eu precisava lutar por ele. É o que faço.

Andréa, a mãe de Pedro, me contactou depois que leu meu livro *Benedito* (2022) e uma entrevista minha na qual eu tratava sobre a pluralidade identitária das crianças e dos adolescentes e a nossa insistência em querer enquadrá-los em categorias previamente definidas. Andréa me disse que, quando leu *Benedito*, se sentiu comovida com o pai dele, e essa comoção lhe ajudou a pensar em Pedro, seu filho. “Suas palavras me levaram a acreditar na diferença como uma premissa da condição humana. Nunca fomos e jamais seremos iguais", concluiu Andréa quando conversamos sobre os desafios de educar uma criança com TEA numa sociedade que exclui e, muitas vezes, é capacitista.[81]

Segundo dados do Disque 100 do Ministério dos Direitos Humanos e da Cidadania, somente em 2023 o Brasil registrou, por meio deste referido canal, mais de 304 mil violações de direitos humanos. É um número muito expressivo que aponta para um sério problema social: o preconceito, a discriminação contra pessoas com alguma natureza de deficiência. Nesse mesmo sentido, quando tentamos agrupar, ignorando traços identitários, crianças e adolescentes como se todos fossem iguais, também violamos direitos humanos. A violação de direitos humanos, inclusive, é um dos grandes motivos para o sofrimento e o adoecimento mental de crianças e adolescentes.

Quando pensamos, por exemplo, em adolescentes e jovens trans, necessitamos compreender que estamos diante de corpos diferentes dos corpos hegemonicamente eleitos como sendo os corpos inclusos. Entre os anos 2014 e 2018, acompanhei a saga de uma adolescente trans, uma menina, para conseguir estudar em escolas na cidade do Recife. Nitidamente, ela era rejeitada por escolas privadas em razão da sua condição de gênero. Eu precisei arregimentar forças, junto com a mãe dela, para que ela tivesse o direito de estudar em paz. No entanto, a trajetória dessa adolescente era marcada por uma série de preconceitos e discriminações: "As pessoas não me aceitam, Hugo. É terrível".

E era terrível perceber que aquela garota era rejeitada sutilmente não porque as vagas estavam preenchidas, mas porque incluir um corpo trans numa escola implicava que a escola assumisse uma postura corajosa. Isso porque muitas famílias, no auge de seu preconceito – hoje, no auge de seu crime –, exigia da escola que os corpos ali não fossem senão os tradicionalmente eleitos. Mas não desistimos. Conseguimos. Precisei acionar

[81] Considerado uma das mais recorrentes formas de preconceito contra pessoas com deficiência, o capacitismo é a discriminação identificada por meio de determinados tratamentos, formas de comunicação, práticas, barreiras físicas e arquitetônicas que impedem o pleno exercício da cidadania dessas pessoas. Ele é caracterizado, principalmente, quando se pressupõe que alguém é incapaz apenas pelo fato de ter alguma deficiência. É possível aprofundar sobre o assunto neste link: https://tinyurl.com/28rf2j8z. Acesso em: 20 ago. 2025.

instâncias oficiais. O direito humano daquela adolescente seria respeitado, ainda que a custa de sofrimento e luta.

Em 2015, uma adolescente trans[82] dos EUA ceifou sua vida. Ela era vítima de transfobia. Sofreu muito. Ela só queria ser aceita. É o que mostra a reportagem publicada aqui no Brasil sobre o episódio de violação de direitos humanos: "Taylor Alesana era constantemente atacada por seus colegas e morreu na semana passada, disse o Centro de Pesquisa LGBTQ de North County. 'Com poucos adultos a quem recorrer e sem nenhum apoio da escola, sua vida ficou muito difícil', disse o grupo. 'Taylor era uma garota bonita e corajosa, e tudo o que ela queria era ser aceita' [...]". Taylor não era igual às demais meninas e isso não costuma ser aceito por quem categoriza crianças e adolescentes em bolhas invioláveis. Infelizmente, muitas escolas, mudo afora, agem assim.

> Eu sofri muito até entender que precisava me fortalecer para proteger o meu filho. A vizinhança, a família, até o pai dele, quase todo mundo, quis dizer que Luan era estranho, esquisito. Eu precisei de muita força. Nem sei como aguentei. Você vê seu filho amado ser tratado mal, porque ele não era igual aos outros, foi pauleira. Sozinha, porque foi sozinha mesmo que me fiz de escudo. Hoje, eu sei que meu filho tem esquizofrenia. Na época, ele era o estranho, o doido. Hoje, Luan estuda, toma medicação, tem acompanhamento médico, psicológico, faz esportes. Eu amo tanto meu menino. Mas sei o que passamos nesse lugar de gente ruim.

Os primeiros sinais e sintomas de Luan apareceram ainda na primeira fase da adolescência, mas sua família, à época mãe e pai, com poucos recursos, inclusive escolares, não entendiam. Chegaram a pensar que era falta de igreja, de Deus, até que a escola, por meio do conselho tutelar, conseguiu colaborar com a mãe para que ela fosse investigar a situação do filho, pois o pai saiu de casa e não voltou mais. Quando o diagnóstico chegou, o preconceito não diminuiu, ao contrário, o estigma se fez mais forte. "Queriam que eu internasse meu filho e deixasse ele lá e fosse trabalhar. Mas eu pedi até esmola. Só que com ele ao meu lado. Dezesseis anos. Grandão. Lindo. Mas bem diferente dos primos."

---

[82] É possível ler a matéria na íntegra neste link: https://tinyurl.com/y8yx8s49. Acesso em: 20 ago. 2025.

Minha orientanda de mestrado Valdiane Soares investiga como a pandemia da covid-19 afetou a saúde mental de adolescentes da Zona Rural do estado de Pernambuco. Valdiane sabe, e eu também, que os traços identitários de adolescentes do campo são diferentes dos traços identitários dos adolescentes da cidade. A vivência no interior, mesmo com a existência das redes sociais digitais, não é a mesma que a vivência nos grandes centros urbanos. Nesse sentido, uma orientação parental precisa considerar o elemento geográfico, porque isso repercutirá na formação do modelo cognitivo desses adolescentes.

A ideia de que temos pensamentos influenciando emoções e pensamentos e emoções influenciando comportamentos deve considerar que os pensamentos de um adolescente rural, em razão da sua vivência, são diferentes dos pensamentos de um adolescente citadino. O local, a geografia, interfere na construção dos pensamentos, na presença dos pensamentos, na socialização dos pensamentos. Nesse aspecto, há também variações emocionais e comportamentais. A pesquisa de Valdiane aponta que os adolescentes da zona rural de Glória do Goitá sofreram o impacto da covid-19 de forma particular aos seus processos identitários:

> Aqui, a gente vive problema também com o comportamento autodestrutivo de nossos adolescentes. Mas eu tenho a mim que tem a ver com o fato de que esses adolescentes ficam isolados com os celulares. E também não conseguem entender a manutenção de nossa cultura quando eles têm uma oferta grande da cultura dos brancos. Eu percebo que os adolescentes que vivem a cultura indígena conseguem passar por esses dilemas com tranquilidade. Os que não conseguem, na minha opinião, é porque entram num dilema de como vão fazer: viver a cultura dos brancos e ao mesmo tempo manter a tradição do seu povo (Valdiane, pesquisadora, 2024).

Uma família lúcida, como gosto de dizer, é aquela que entende a identidade do seu filho, sem querer impor a ele regras rígidas e dominadoras. É urgente que tenhamos esta consciência: as crianças e os adolescentes são pessoas com características próprias, influenciadas pelo meio no qual estão inseridas, atravessada por valores ensinados, por tradições repetidas, por desejos subjetivos, todavia, e ainda assim, não são réplicas em série, modelos idênticos, exemplares similares de uma mesma natureza.

Crianças e adolescentes são idiossincráticos e, como tal, necessitam ser respeitados e ouvidos.

"Meu filho tem 17 anos, estuda, ajuda o pai e me ajuda. É um excelente menino. Eu já expliquei a ele: nesse país, como negro, você precisa se cuidar, senão pode receber bala de polícia", me disse Renata, mãe de Álvaro, moradora da Zona Sul do Recife. No Brasil, segundo dados do UNICEF e do Fórum Brasileiro de Segurança Pública, cerca de 15 mil crianças e jovens foram assassinados, sendo que, desse número, crianças e jovens negros são o alvo dileto: um adolescente negro tem 4,4 mais chances de ser assassinado do que um adolescente branco (Honório; Acayaba, 2024). "Matam preto como se matasse muriçoca, doutor Hugo. O senhor é preto, sabe disso", Renata concluiu sua fala.

O racismo é um tema identitário na medida em que atravessa a formação identitária de pessoas. Famílias etnicamente minoritárias, como as famílias negras, indígenas, ciganas, precisam entender que a educação de seus filhos necessita trazer à tona essa discussão. O racismo no Brasil é estrutural, isso quer dizer que ele está na estrutura, na base, no modo como as famílias foram construídas e como se constroem o tempo todo. Nesse sentido, é um erro educar meninos e meninas atravessados pelo racismo como se não acontecesse. Infelizmente, essa doença social está em tudo e todo o tempo, ainda que se queira negar.

A negação, como nos adverte Cida Bento (2022), não impede que o pacto silencioso aconteça. O acordo que defende etnias historicamente com o poder nas mãos e que ataca etnias historicamente prejudicadas pela violência étnico-racial. "É um erro acreditar que criança e adolescente é respeitado do mesmo jeito por ser criança e adolescente. Tudo depende do bairro onde mora, do sobrenome que tem, da escola onde estuda, do emprego dos pais, das línguas que falam", me explicou Rose, uma historiadora, mãe de uma menina vítima de *bullying*. "Ela só sofre *bullying* nessa escola porque é bolsista. Aqui, as outras crianças e os adolescentes não aceitam bolsistas." A situação socioeconômica é um outro traço identitário.

> Ela escutava palavrões. Uma das palavras que era ouvida era que ela era igual um cigarro queimado, que ela tinha que voltar para a África e que ela era uma lésbica preta. Essa questão da homofobia que foi veiculada é pela ausência de um namorado. Então ela sofreu misoginia

> na própria infância, porque ela sendo uma menina de 15 anos, para ser aceita teria que ter um companheiro do lado (Dutra, 2025).

Essa fala é da advogada da família de uma adolescente, vítima de *bullying*, racismo, homofobia e preconceito socioeconômico. A aluna violentada foi encontrada desacordada dentro do banheiro da escola na qual estuda. A mãe informa às autoridades e à imprensa que há meses avisava à escola que a sua filha sofria violência em razão da sua condição identitária. A escola, nesse caso, pelo que diz a mãe, nada fez. O fato de a aluna ser bolsista é um elemento que a coloca entre seus pares com traços identitários distintos, reforçando o que estamos tentando dizer aqui desde o início: há uma pluralidade identitária que atravessa as diversas identidades que constituem a vida de meninos e de meninas.

No meu entendimento, este é um grande desafio das famílias contemporâneas: saber entender que seus filhos e suas filhas são diferentes. A palavra da vez, e da vez sempre, num mundo plural, é *alteridade*. Qualquer padronização, portanto, tende a ser opressiva, caso não tenha sido de comum acordo e livre e esclarecido consentimento pelas crianças e pelos adolescentes.

As vozes ouvidas, as vozes que ressoam

"Difícil seria se eu não me apaixonasse por você", diz a canção "All star",[83] de Nando Reis,[84] imortalizada na voz de Cássia Eller.[85] Quando pensamos nas vozes que vêm com as músicas, materializadas em palavras, melodias, ritmos, timbres e sonoridades, talvez possamos pensar como é importante aprender a ouvir bem. Eu já disse em muitos momentos que ouvir bem é uma arte na medida em que não fazemos isso de modo corriqueiro, de modo comum, de modo ordinário, ainda que devêssemos. Ouvir assim como eu digo aqui, ouvir vozes de criança e adolescentes, ouvir quem sempre foi silenciado, eis um desafio.

---

[83] É possível ouvir essa linda música neste link: https://tinyurl.com/4s8e97aj. Acesso em: 20 ago. 2025.

[84] Acesso ao site oficial do cantor e compositor Nando Reis neste link: https://nandoreis.com.br/. Acesso em: 20 ago. 2025.

[85] No link a seguir, você encontra uma linda declaração de amor da viúva de Cássia Eller para ela. Disponível em: https://tinyurl.com/4657zvtt. Acesso em: 20 ago. 2025.

Quando, em 2012, a jovem paquistanesa Malala Yousafzai, da etnia Pachto, desafiou o grupo fundamentalista Talebã,[86] *gritou*, para os quatro cantos do mundo que ali, no Vale do Swat, ainda que quisessem, meninas eram proibidas de ir à escola e mulheres deveriam permanecer em casa, submissas às ordens masculinas. Os homens, como no caso do pai de Malala, eram violados humanamente pelo Talebã, caso não seguissem as ordens, não se submetessem aos ditames do referido grupo fundamentalista. No entanto, as mulheres, sem dúvida, eram o alvo desse grupo masculinista, logo misógino e extremamente perverso.

O atentado contra Malala visou a sua morte. Ela era uma menina que, em razão dos costumes de sua família, entendia que estudar fazia todo sentido para uma mulher e que a escola era um lugar e um espaço de produção e socialização dos conhecimentos. Até os 10 anos de idade, antes da chegada do Talebã ao Vale do Swat, Malala frequentava a escola, realizava seus estudos, aprendia e gostava de aprender. Mas o Talebã entendia que mulher na escola era uma subversão, uma atitude que não condizia com o respeito às crenças religiosas fundamentalistas difundidas e defendidas por esse grupo, sobretudo através de seu líder, Maulana Fazlullah.

O pai de Malala, Ziauddin Yousafzai, era um homem que criticava publicamente as ideologias impostas pelo Talebã e ensinou a sua filha a se posicionar em favor do direito de as mulheres estudarem. O Talebã, como forma de retaliação, destruiu cerca de 400 escolas em que meninas estudavam, promovendo medo e terror. Malala, todavia, passou a ser um símbolo de resistência ao discurso e às práticas misóginas e assassinas do Talebã. Quanto mais se posicionava, mais o Talebã a perseguia.

Nesse cenário, por meio de um pseudônimo, Malala começou a escrever para uma revista inglesa. O Talebã, então, no dia 9 de outubro de 2012, mandou dois terroristas interceptarem o ônibus em que ela estava, com o objetivo de matá-la. Na ocasião, Malala tinha 15 anos e sua causa já era internacionalmente conhecida. Os terroristas atiraram nela e em suas amigas, mas Malala era mesmo o alvo. Uma bala atingiu sua cabeça. Ela correu sérios riscos de morte.

---

[86] O Talebã é um grupo fundamentalista islâmico que controlou o Afeganistão entre 1996 e 2001 com um rígido regime baseado em uma versão radical da Sharia, a lei islâmica. Eles foram retirados do poder por uma coalizão militar liderada pelos Estados Unidos em 2001, mas voltaram a dominar o país rapidamente depois da retirada das tropas norte-americanas em julho de 2021.

O Talebã queria silenciar a voz da adolescente que se voltava contra a misoginia, a violência, o cerceamento dos direitos das mulheres. No entanto, apesar da violência implacável da qual foi vítima, Malala não morreu. Foi cuidada em um hospital inglês. Toda a sua família nuclear mudou para Inglaterra. Já na Europa, fora do risco de morte, a causa em defesa dos direitos da mulher passou a ser ainda mais forte. Malala criou um fundo e, com esse recurso, continuou a sua luta em prol dos direitos das meninas paquistanesas, e do mundo todo, de estudarem.

Malala ganhou vários prêmios, mas, em 2014, foi agraciada com a medalha do Nobel da Paz. No seu livro *Eu sou Malala*, quando se apresenta ao leitor, a ganhadora do prêmio Nobel diz:

> No dia em que nasci, as pessoas da nossa aldeia tiveram pena de minha mãe, e ninguém deu os parabéns a meu pai. Vim ao mundo durante a madrugada, quando a última estrela se apaga. Nós, pachtuns, consideramos esse um sinal auspicioso. Meu pai não tinha dinheiro para o hospital ou para uma parteira; então uma vizinha ajudou minha mãe. O primeiro bebê de meus pais foi natimorto, mas eu vim ao mundo chorando e dando pontapés. Nasci menina num lugar onde rifles são disparados em comemoração a um filho, ao passo que as filhas são escondidas atrás de cortinas, sendo seu papel na vida apenas fazer comida e procriar (Yousafzai, 2009, p. 19).

Nascer mulher num lugar masculinista é um desafio para toda e qualquer família. A voz de Malala que ecoa no mundo todo, para além de denunciar os crimes contra a mulher que acontecem naquele pedaço do mundo, também denuncia o mundo masculinista e misógino como um todo. Malala nos diz:

> Perto de casa, em nossa rua, morava uma família com uma menina de minha idade, chamada Safina, e dois meninos, Babar e Basit, com idades próximas às de meus irmãos. Jogávamos críquete na rua, mas eu sabia que, à medida que nós, meninas, crescêssemos, seríamos obrigadas a nos recolher à casa. Das mulheres, espera-se que cozinhem e que sirvam seus pais e irmãos. Enquanto os homens e os meninos podem andar livremente pela cidade, minha mãe não tinha autorização para sair de casa sem que um parente do sexo masculino a acompanhasse, mesmo que esse parente fosse um garotinho de 5 anos de idade. É a tradição.

> Decidi muito cedo que comigo as coisas não seriam assim. Meu pai sempre disse: "Malala será livre como um pássaro". Eu sonhava em subir até o topo do monte Ilam, como Alexandre, o Grande, para tocar Júpiter. Sonhava também em ir mais além do vale. Mas, ao observar meus irmãos correndo para subir no terraço, empinando suas pipas com destreza, movimentando a linha para a frente e para trás a fim de ver quem seria o primeiro a cortar o fio que mantinha no ar a pipa do outro, eu me perguntava quão livre uma filha poderia ser (Yousafzai, 2009, p. 32, grifo meu).

Malala, a menina impedida de estudar, fez curso superior, atualmente mantém uma extensa agenda através da qual usa a sua voz, marcada pela violência masculinista do Talebã, para que outras meninas, no mundo todo, não tenham seus direitos cerceados. A voz de Malala é ouvida, mas, infelizmente, sua causa ainda não se pode encerrar, porque, segundo dados da ONU (2024), desde 2021, 1,4 milhão de meninas do Afeganistão foram proibidas de ir à escola. Quatro pontos são apontados pela ONU como problemas que o mundo todo deve se importar: (a) toda uma geração de meninas está condenada a não estudar, pois o direito à educação é cerceado pelo Talebã e seus apoiadores; (b) há seguramente um risco de trabalho infantil e de casamento precoce por parte das meninas; (c) retirada dos direitos fundamentais das mulheres, violação profunda de direitos humanos; e (d) apagamento das mulheres, que ficam relegadas ao trabalho doméstico, numa profunda dependência dos homens.

A voz de Malala se opõe a esse absurdo. Quando ela foi atingida pelas balas que quase a mataram, ela tinha 15 anos. Uma adolescente ciente de seu papel perante o mundo. Uma ativista pelos direitos das mulheres. Uma menina que foi ouvida, que é ouvida, mas que enfrenta uma gama de interesses econômicos e políticos os quais fazem manter a violência contra as mulheres. De algum modo, quando lemos as notícias atuais sobre a presença dos *jokers* dentro dos mundos virtuais, sabemos que os membros do Talebã são *jokers* localizados no universo físico, mais ao lado oriental do planeta, com tanto ódio às mulheres quanto os *incels*, os *red pills*, os atacantes das escolas. "Quando eu conheci Malala, eu percebi que era possível lutar, mas não era fácil. Era difícil e, muitas vezes, significava pôr a vida em risco."

Quem me disse isso foi uma adolescente chamada Mara, filha de um casal de mulheres. Em razão de as mães serem lésbicas, ela passou a ser perseguida por grupos fundamentalistas disfarçados de defensores da moral e dos bons costumes. Tais grupos, todos funcionando no anonimato, começaram a praticar *cyberbullying* com ela. "Eles colocavam fotos de minhas mães na internet, xingavam, diziam que iam estuprar as minhas mães e que eu era filha de aberrações. Foi por isso que decidi fazer o que fiz. Não tive medo. Minhas amigas me ajudaram."

Conheci Mara porque, em 2016, representando a Comissão de Direitos Humanos da UFRPE, fui interlocutor entre os adolescentes ocupantes de escolas em Recife e a Secretaria de Educação Estadual de Pernambuco. "Queremos o professor Hugo como nosso interlocutor, confiamos nele", disseram estudantes de uma escola municipal que enfrentou, entre outras coisas, carros policiais, tanques do exército, pressões de todos os lados para que eles desocupassem a escola. "Não vamos desocupar, queremos respeito pela escola pública", diziam os adolescentes. "Nós não vamos fazer bagunça, não vamos vandalizar, mas vamos reivindicar os nossos direitos", diziam de forma bastante lúcida.

Segundo a União Brasileira dos Estudantes Secundaristas (UBES), em 2016, cerca de 1.197 escolas, em muitos estados da Federação, foram ocupadas por adolescentes críticos às mudanças impostas pelo governo do então presidente Michel Temer; pelo Ministério da Educação; por políticos que defendiam redução de verba para a educação básica, reforma no ensino médio, entre outras questões que, na opinião dos adolescentes, eram contra a democracia brasileira.

O documentário *São Paulo: Educação ocupada*, de 2015, mostra estudantes secundaristas que se posicionaram contra uma medida do então governo paulista e, para impedir que fosse feita uma reorganização das escolas, atuaram como ocupantes. "Querem mudar, querem alterar, querem mexer, mas ninguém pediu a nossa opinião. Aqui, ninguém foi ouvido", diziam os estudantes.

> Eles não nos ouviram. Decidiram por eles mesmos. Mas nós não vamos aceitar. Não somos bonecos. Somos gente. Vamos ocupar todas as escolas. Adolescente é crítico. A gente aprendeu na própria escola que temos direitos. Cadê o respeito aos nossos direitos? Não vão fazer como querem. Terão que mudar os planos. Ocupar. Ocupar. Ocupar. A gente não quer mudar de lugar. Não quer escola reagrupada. A gente quer que eles nos ouçam. A gente tem voz. Terão de ouvir a gente. Ocupar. Bora ocupar.

Exigiam à época os adolescentes. Eles não aceitavam que a medida de reagrupamento escolar, em nome de melhorias técnicas ou mesmo pedagógicas, fosse posta em ação sem que eles tivessem sido consultados, sem que eles tivessem sido ouvidos. Era, na opinião deles, um desmando, um ato antidemocrático. "Nossos pais também nos apoiam. Somos menores, mas eles nos apoiam", diziam os adolescentes com os quais conversei na época das ocupações. A voz deles ressoava em jornais, em redes sociais, em debates públicos, nos Poderes Executivo, Judiciário e Legislativo. "Eles pensaram que ficaríamos calados. Não ficamos. Falamos."

Em 2018, foi produzido, em Recife, um documentário chamado *Bora ocupar: um documentário sobre as ocupações das escolas em Recife*. No relato dos estudantes, é perceptível que o movimento de ocupação, apesar de todos os enfrentamentos que existiram, deixaram marcas indeléveis na consciência dessas crianças e desses adolescentes que buscavam serem ouvidos. Nessa época, eu conversei muito com as crianças e os adolescentes de uma escola municipal, e eles me diziam que seria tudo organizado. "Fizemos assembleia, Hugo. Decidimos ocupar. Vamos dividir as tarefas. Não queremos parar os estudos. Queremos organizar uma programação."

Ao contrário do que insistiam em dizer os adultos, as ocupações feitas pelos estudantes secundaristas eram muito organizadas, muito bem conduzidas, exemplo de como se posicionar contra medidas as quais eles julgavam erradas. Era principal objeto de discordância das crianças e dos adolescentes a chamada PEC 241, ou a PEC do Teto de Gastos, que impunha um teto para o gasto do governo por 20 anos. Com esse teto, os estudantes entendiam, e estavam assoberbados de razão, que haveria redução no investimento na educação e na saúde e haveria também cortes nos orçamentos. Essa PEC 241, chegando ao Senado, virou PEC 55, porém o objetivo era o mesmo: mudar a Constituição Federal no âmbito dos gastos do governo. "Não aceitamos", diziam os estudantes.

Eles também se opuseram fortemente à chamada Reforma do Ensino Médio, que mudava consubstancialmente a matriz curricular das escolas, por exemplo, tirando da obrigatoriedade disciplinas como sociologia, filosofia, artes e língua espanhola. "As escolas públicas serão prejudicadas mais uma vez. Vamos ficar defasados na hora em que tivermos de realizar a prova do Enem. Querem nos excluir da universidade", diziam à época os estudantes. Ainda que a dita reforma tenha sido aprovada, sua materialidade nunca ocorreu de modo satisfatório e, até os dias atuais, há, por parte da sociedade de modo geral, críticas contundentes à referida reforma.

A luta das crianças e dos adolescentes em relação à Lei n.º 13.415/2017, da Reforma do Ensino Médio, não foi em vão. Eles estavam completamente certos. A reforma proposta pelo governo de Michel Temer não deu certo. Além de ter excluído do Ensino Médio disciplinas fundamentais, mexeu com a carga horária de língua inglesa, história e geografia. A Lei n.º 13.415/2017 não conseguiu ser realizada na sua integralidade. "A gente sabia que isso nos prejudicaria. Foi injusto o que esse governo fez com os estudantes do Brasil e mais ainda com os estudantes de escolas públicas."

No entanto, em 2024, depois de muita luta, muita discussão, a Lei n.º 13.415/2017 foi parcialmente revogada e foi sancionada a Lei n.º 14.945/2024, que cria uma política nacional para o Ensino Médio e altera a Lei n.º 9.394/1996. No site do MEC, quando buscamos informações a respeito, encontramos: "A Política Nacional de Ensino Médio foi instituída na quarta-feira, 31 de julho, por meio da Lei n.º 14.945/2024. A norma reestrutura essa etapa de ensino, altera a Lei n.º 9.394/1996, de Diretrizes e Bases da Educação Nacional, e revoga parcialmente a Lei n.º 13.415/17, que dispôs sobre a reforma do ensino médio" (Brasil, 2024).

As crianças e os adolescentes que ocuparam as escolas sabiam o que diziam. Suas vozes foram ouvidas. É impressionante como adultos ainda insistem em ignorar a voz de crianças e adolescentes, todavia, a história nos mostra que, quando essas vozes gritam, de modo geral, elas têm razão. A voz de Malala e a voz dos ocupantes das escolas ressoam até os dias atuais. É essencial que as famílias aprendam com esses exemplos que seus filhos têm opiniões, fazem análises, criticam, discordam, se posicionam, ainda que todos esses movimentos não sejam os que os adultos das famílias fariam. Evidentemente estou tratando aqui de movimentos coletivos em prol de melhorias para as pessoas.

No mundo contemporâneo, um assunto urge: as mudanças climáticas fruto do aquecimento global, que ameaça a vida na Terra. Segundo muitos estudos, o aquecimento global é produto da ação predatória humana contra ecossistemas e biodiversidades. No documentário *Clima de risco*, produzido pela TV Cultura, podemos ver como a situação é perigosa e como a sobrevivência dos seres vivos na Terra está ameaçada. Há grupos de pessoas que, atuando como negacionistas, tentam dizer que o clima está mudando não por intervenção humana, mas como consequência natural dos ecossistemas. No entanto, essa crença é desmentida por estudos sobre clima.

Em 3 de janeiro de 2003, na Suécia, nasceu uma menina chamada Greta Thunberg,[87] filha de uma cantora de ópera e de um ator. Ela tem uma irmã menor, a Beata. Greta se tornou uma ativista contra o aquecimento global internacionalmente conhecida. Sua atuação começou na adolescência. Ela entendeu, ainda aos 8 anos de idade, que as ações humanas na queima de combustíveis fósseis, como petróleo, carvão e gás, eram determinantes para a chamada crise climática e, se a queima não parasse, a Terra não suportaria.

Greta, de tanto se preocupar com essa situação, desenvolveu depressão. Em razão do tratamento contra depressão, descobriu que tinha síndrome de Asperger.[88] No início de sua atuação contra o aquecimento global, passou a faltar às aulas às sextas-feiras, para fazer protesto em frente ao parlamento sueco. Essa ação solitária, uma vez que seus colegas de escola não quiseram acompanhá-la, passou a ser frequente e teve enorme repercussão nas redes sociais digitais.

Muitos políticos e empresários conhecidos internacionalmente passaram a enxergar a atitude da adolescente como um problema, pois Greta começou a ser apoiada por um número muito expressivo de pessoas, e muitos adolescentes e jovens em todo o planeta passaram a segui-la, tendo atitudes parecidas. Já vimos aqui que os movimentos das ocupações e o ativismo de Malala não foram e nem são em vão, assim como as ações de Greta. A menina que faltou à aula para protestar contra uma ação humana que põe em risco a vida de todos nós ganhou enorme repercussão no mundo todo. Sobre as repercussões das ações de Greta, lemos:

---

[87] Greta Thunberg é uma jovem estudante sueca conhecida internacionalmente por ser uma ativista que exige ações da comunidade internacional para reverter os efeitos das mudanças climáticas em curso por conta do aquecimento global. Ela tomou conhecimento da causa em 2011 e, desde então, ainda adolescente, se engajou em protestos.

[88] A Síndrome de Asperger, atualmente considerada uma forma mais leve do Transtorno do Espectro Autista (TEA), caracteriza-se por dificuldades na interação social, padrões de comportamento repetitivos e interesses restritos, mas com preservação da linguagem e inteligência geral. Em outras palavras, pessoas com Asperger podem ter dificuldades em entender sinais sociais, iniciar e manter conversas, e podem ter interesses obsessivos em determinados temas, mas geralmente conseguem se comunicar e desempenhar bem as tarefas escolares.

> Os protestos na frente do Parlamento sueco deram projeção a Greta Thunberg, principalmente pela repercussão de suas ações nas redes sociais. Os protestos de Greta continuaram a ser realizados todas as sextas na frente do Parlamento sueco, e milhares de estudantes copiaram suas ações em diferentes partes do planeta. Greta se transformou em uma personalidade internacional e passou a ser convidada a participar de diversos eventos ambientalistas em vários países. Um dos eventos mais importantes dos quais ela participou foi a Conferência das Nações Unidas pelas Mudanças Climáticas, a COP24, realizada em dezembro de 2018. Nesse evento, ela discursou no plenário da assembleia. Ela ainda participou de outros eventos e esteve em lugares importantes, como: Fórum Econômico Mundial; Comitê Econômico e Social Europeu; Parlamento Europeu; Parlamento Britânico; Cúpula do Clima da ONU; COP25. Thunberg discursou ainda em muitos outros eventos, participou de protestos de movimentos ambientalistas, já foi indicada ao Prêmio Nobel da Paz em duas ocasiões e foi eleita uma das 100 personalidades mais influentes do mundo no ano de 2019 pela revista *Time*. Os protestos conduzidos por Greta incomodaram diversos políticos pelo planeta, que teceram críticas a ela, como Donald Trump e Jair Bolsonaro. Greta segue promovendo seus protestos na frente do Parlamento sueco às sextas-feiras, os quais são chamados atualmente de Fridays for Future, expressão que pode ser traduzida como "Sextas-feiras pelo Futuro". Esses protestos fazem parte de um movimento internacional que mobiliza jovens pela causa ambientalista e pelo combate às mudanças climáticas (Brasil Escola, [s.d.]).

A voz de Greta Thunberg, uma adolescente que decidiu falar, ressoa no mundo todo e faz notar que o planeta Terra está ameaçado e que, caso não haja mudanças, nos destruiremos. A jovem sueca não está brincando, não está fazendo charme ou desejando ser famosa, ela traz um tema urgente. As famílias precisam promover essa necessária discussão na educação dos filhos. Me pergunto se, em sua casa, no seio de seu lar, você, como pai e mãe, tem educado seus filhos para que eles, assim como Greta, lutem contra o aquecimento global? Ou essa discussão não faz parte de seus objetivos? Caso não faça, é lamentável, pois certamente a crise climática é um tema que põe seu chão em situação movediça.

Pense que, se a Terra não estiver bem, e ela não está, a vida no planeta ficará insustentável, haverá muito sofrimento, muita dor, muito adoecimento, mais, inclusive, do que já existe. Não podemos deixar Greta sozinha nessa luta que ela enfrenta diariamente contra titãs. Os titãs aos quais me refiro são grandes empresários, políticos poderosos, grupos empresariais, pessoas que não se importam realmente se a Terra vai ruir, até porque, essas pessoas, já ouvimos algumas dizerem isso, pretendem colonizar novos planetas para que os terráqueos ricos possam ir morar por lá quando aqui já não mais servir. É importante lembrar que, dos 7 bilhões de habitantes da Terra, somente 3.028 pessoas são bilionárias. Greta não quer se salvar, ela quer que nos salvemos. Que tal ajudarmos?

As relações genuínas

Uma família genuína, me lembra Jetsunma Tenzin Palmo,[89] é aquela em que as palavras são ditas sem medo, porque as relações estão fundamentadas em procedimentos genuínos. Para os budistas tibetanos da linha Drukpa,[90] linhagem a qual estudei por anos, ser genuíno é ser verdadeiro, ser verdadeiro é entender que a vida alheia me importa, mas eu não tenho poder sobre ela, exceto para ajudá-la a prosseguir na sua caminhada, no seu caminho, na sua jornada como um bodisatva. "Quando eu disse a minha mãe que iria para a caverna, ela me desejou sorte, com muita amorosidade", nos conta Jetsunma sobre a sua decisão de se isolar dentro de uma caverna nos Himalaias.

A decisão da monja budista se deu na juventude, e sua mãe, mesmo sabendo de todas as implicações que tal decisão traria, apoiou a decisão da filha. "Numa relação verdadeira, ainda que os pais e os filhos discordem uns dos outros, prevalece o afeto, e o afeto é algo que nos coloca em posição de compaixão", me disse certa vez uma querida amiga que comigo fez os estudos sobre Reiki.[91] "Hugo, eu eduquei meus meninos com

---

[89] É possível encontrar muitas informações sobre Jetsunma neste link: https://tenzinpalmo.com/. Acesso em: 20 ago. 2025.

[90] Para maiores informações sobre a linhagem Drukpa, ver: https://drukpabrasil.org/. Acesso em: 20 ago. 2025.

[91] Reiki é uma terapia complementar japonesa que envolve a canalização de energia vital universal através das mãos, com o objetivo de promover o equilíbrio físico, emocional e mental. Desenvolvida no século XX por Mikao Usui, a prática visa restaurar a harmonia do corpo e da mente, podendo ser utilizada tanto para tratar condições específicas quanto para promover o bem-estar geral.

muita verdade, sendo legítima com eles, então, quando veio a separação, eles me viram sofrer, mas eles sabiam que aquilo tudo era verdade", me explicou a minha amiga sobre o poder da verdade na relação que ela estabeleceu com os filhos.

Em *O livro que você gostaria que seus pais tivessem lido (e seus filhos ficarão gratos por você ler)*, a terapeuta Philippa Perry (2020) diz que a relação entre pais e filhos, quando não é sincera, é ruim para o desenvolvimento da criança e do adolescente. Para a referida terapeuta, importa que o ambiente no qual a criança e o adolescente estejam inseridos haja cuidado, atenção, respeito, compaixão e empatia. "Eu vi que tudo havia funcionado na minha casa quando meu filho chegou com aquele gato. O animal estava muito machucado. Muito ferido. E meu filho pediu: posso cuidar dele? Não quero vê-lo morrer sem amor", me contou Raquel, 57, dentista, quando a entrevistei. "Ele, na época, tinha 15 anos. Hoje, é pai. Tenho dois netos."

Quando nas casas, no lugar do julgamento feroz, há espaço para a argumentação saudável, então as relações tendem a ser genuínas. Relações genuínas implicam que as crianças e os adolescentes saibam que podem errar e que nem por isso serão lançados ao fogo do inferno. "Quando eu era criança, tinha uns 8 anos, tive uma experiência sexual com outro menino. Ele era da mesma idade. Meu irmão soube do que ocorreu, começou a me chantagear até que a casa toda descobriu. Foi um escândalo. O menino levou uma surra que o deixou sangrando. E eu fui açoitado a vida toda", me falou Felipe, 47, médico. Eu o entrevistei para fins de pesquisa. Felipe me procurou para receber Reiki. Era um médico que acreditava em práticas integrativas.

> Foi terrível para o meu psicológico. Durante muito tempo, achei que eu havia errado por ter contado ao meu irmão a experiência que eu havia tido com o outro menino. Lembro que, na minha primeira comunhão, o padre me perguntou, no confessionário, se eu tinha algum pecado. Como era um pecado grande, decidi esconder do padre, pois tive medo que ele me proibisse de fazer a primeira comunhão. Na verdade, doutor Hugo, eu sempre menti um pouco. Nunca fui genuíno nas minhas relações. Nem mesmo com os meus filhos. Eles não sabem que, antes de me casar com a mãe deles, eu já me relacionei com homens. Não consigo ser realmente quem eu sou.

As sessões de Reiki com Felipe duraram três meses. Era o meu período de prática depois que fiz os três níveis. "Eu sei que lá em casa não somos genuínos, mas eu gostaria de que fôssemos. Mas não sei se conseguiremos", me dizia Felipe. A sua relação marital passava por crises e a educação de seus filhos se mostrava desafiadora. Um dos seus dois filhos estava envolvido com uso de drogas ilícitas e isso era como uma hecatombe em sua casa. "Nunca conversei abertamente com o meu filho sobre o fato de eu já ter usado maconha na minha adolescência", Felipe me disse.

Eu já disse, em capítulo anterior, que é uma ilusão/delusão acreditar que os filhos nos contam tudo sobre as suas vidas. Eu também já disse que precisamos aprender a andar em nuvens. Também já afirmei que as nuvens são voláteis e nos exigem sabedoria. Uma dessas sabedorias é conseguir manter a sinceridade nas relações. Quanto menos sinceridade tivermos nas relações familiares, maior dificuldade teremos quando os conflitos começarem a emergir. Não nos faltarão conflitos. Eles são inerentes ao viver humano. A questão é como acertadamente mediá-los. "Outro dia, meu filho me gritou: 'Você é um hipócrita, pai'."

Quem me falou essa frase foi Manuel, 47, jornalista. Perguntei a ele em que contexto o filho lhe havia dito isso, Manuel me explicou que foi num contexto de cobrança de sinceridade. "Você sai com outras mulheres e engana a minha mãe. Meus amigos da escola já viram. Você é hipócrita." O filho jogou na cara do pai a atitude desleal para com a mãe, e o pai partiu para violência com o filho. Infelizmente, eles trocaram violência física. Quando eu conheci Manuel, ele havia vindo me procurar porque tinha sido informado que eu estudava sobre saúde mental de crianças, adolescentes e jovens e me pediu ajuda na resolução do conflito instaurado em sua família. "Nunca imaginei, doutor, que isso fosse acontecer comigo, dentro de meu lar."

Manuel me disse que de fato não era fiel, mas que sempre foi um bom pai. "Dei tudo a esses meninos." A verdade é que ser um bom pai nada tem a ver com dar bens materiais exclusivamente. No próximo tópico, trato sobre esse ponto. Por agora, entendo que, quando uma relação parental se desgasta a tal ponto que filhos e pais, filhos e mães entrem em rota de violência verbal, física, psicológica, a situação ficou muito difícil, mas ela não se tornou difícil de uma hora para outra. A violência foi sendo aos poucos construída. "Ele não está em nossa casa, está morando na casa da irmã da minha mulher. Não estamos nos falando. Eu estou destruído, doutor." Manuel, quando me procurou, já estava com acompanhamento psicoterapêutico e psiquiátrico.

Quando as relações dentro de uma casa, entre filhos e pais, saem do âmbito do conflito e entram no âmbito da violência, é imprescindível que haja a intervenção de uma terceira pessoa, pois os envolvidos, sozinhos, terão muita dificuldade de resolver os problemas. A terceira pessoa precisa ser alguém que busque ajudar na pacificação do ambiente. Em situações como a de Manuel, os traumas deixados pelo episódio de violência são geralmente bastante significativos. Filhos não podem agredir pais e pais não podem agredir filhos. As relações parentais precisam ser dialógicas. Agressão é uma porta aberta para sofrimentos e adoecimentos.

Em seu livro *Psicoterapia de Deus* (2020), o psiquiatra Boris Cyrulnik, nos diz que crianças escutam o que dizemos, quando o que dizemos é tomado pelo amor. O amor, nesse caso, não são palavras vãs, mas gestos genuínos. "Eu, quando me tornei mãe, decidi que, entre mim e minha cria, zero de mentira. Isso deu supercerto. Tem perrengue, tem, mas a gente se resolve porque a gente, com amor, diz a verdade." Elza, acupunturista, 52 anos, entrevistada por mim, na ocasião em que eu estava coletando dados para este livro. "Só tive mesmo os dois. Mas cada um de um pai. Os pais são vivos e presentes. Mas eles mesmo dizem: nossos pais mentem muito, mãe."

A mentira, como eu já apontei em capítulos anteriores, é resultante das famílias rígidas, prescritivas, dominadoras, disciplinarizadoras. "Como ele mente para mim, não me sinto devedora de lhe dizer a verdade", me disse uma das filhas de Elza, 22, estudante de enfermagem. "Ele me esconde tanta coisa. Mas eu sei. Eu conheço quando meu pai diz a verdade", ela me completava as informações. A mentira é uma condição péssima para o bom andamento das relações, nos lembra bell hooks. "Minha relação com o meu pai é difícil, apesar de gostar muito dele, porque é uma relação longe da verdade." A filha de Elza tinha consciência de que a falta de verdade prejudicava a relação dela com o pai. "Mas vou tocando, doutor. Minha mãe é diferente." Elza sabia que, com ela, era diferente.

As famílias necessitam entender que as relações genuínas são aquelas que irão conseguir sobreviver à avalanche de desafios que os tempos atuais apresentam. Não poderemos fugir aos desafios, mas podemos lidar com eles de maneira verdadeira. A verdade a que me refiro aqui evoca de pronto a ética – essa invenção fundamental para que não acessemos a barbárie. Quando eu digo que um dos desafios das famílias contemporâneas é educar meninos que sejam compassivos, empáticos, solidários, altruístas cuidadosos, para que eles não se tornem *jokers*, eu estou dizendo que é preciso que essas famílias estejam fundamentadas na ética. A ética é um elemento fundamental na saúde mental de uma família.

A relevância da parentalidade ou o abandono como forma de educação

A palavra parentalidade aqui significa que as palavras maternidade e paternidade estão nela contidas, bem como os processos de maternagem e de paternagem. A parentalidade lúcida – alguns irão chamar de consciente, outros de positiva –, é essencial ao saudável desenvolvimento de meninos e meninas. "Mas, Hugo, o que é a parentalidade lúcida?", me perguntou uma das minhas alunas de mestrado. Eu expliquei: "É uma parentalidade sem violência. Nesse sentido, é uma parentalidade cuidadosa". A minha aluna continuou: "Então é possível aprendermos essa parentalidade?". E eu respondi: "Ela só se torna real no processo de aprendizado. Não é genética".

A parentalidade lúcida é uma forma de educar filhos sem que esse filho seja para pais e mães um peso, um estorvo, um problema. "Quando eu me tornei pai, um mês depois, eu me arrependi. Mas não tinha mais o que fazer. Então não fiz nada. Eu, aos poucos, fui deixando e não quis ser mais pai", me contou Rômulo, 30, empresário, solteiro, pai de um menino, Benjamin, 4 anos. "Eu adoeci mentalmente por causa da paternidade. Reconheci. Dou dinheiro. Mas não quero ser pai. O senhor entende?", me perguntava. Nossa conversa se deu no âmbito das entrevistas que fiz para este livro. A situação de Rômulo infelizmente não era exclusiva dele.

No Brasil, 11 milhões de mulheres criam seus filhos sozinhas. Os pais desses filhos os abandonaram. Fugiram. Não quiseram assumir a paternidade. Em reportagem apresentada pela Agência Brasil, em 2023, diz que o "Levantamento da Associação Nacional dos Registradores de Pessoas Naturais (ARPEN) mostra que, em 2022, mais de 164 mil crianças foram abandonadas pelo genitor ainda no útero materno. Em 2023, esse número passou dos 106 mil até julho" (Praser, 2023). O chamado abandono afetivo é péssimo para o desenvolvimento de qualquer ser vivo, o impacto nos seres humanos é sempre traumático. "Até hoje, me pergunto: por que meu pai não me quis?"

Essa pergunta retórica me foi feita por um adolescente, 15, atendido pelo canal Pode Falar.[92] Na ocasião, esse adolescente me dizia que estava sofrendo bastante, que não conseguia estudar, não conseguia ter uma boa relação com a mãe e que sentia muita falta do pai. "Eu nunca vi meu pai pessoalmente, mas sei que ele mora nos Estados Unidos. Foi para lá e nunca quis saber de mim. Eu sinto falta dele, mas tenho ódio a ele", me dizia o adolescente. A figura paterna é muito importante na estrutura mental de um ser humano. O pai, no contexto de nossa sociedade, representa, para uma criança, um pilar de seguridade. Quando esse pilar falta, sem que ninguém o substitua, é difícil para a criança.

No filme *As horas*,[93] a personagem Laura Brown, interpretada pela atriz Julianne Moore, abandona o seu filho, Richard. A mãe o deixa. Ele vê a mãe indo embora. Laura o deixa só com o pai. Nesse caso, se inverte o abandono afetivo. Não é o pai quem abandona, mas a mãe. A personagem Richard é vivida pelo ator Ed Harris. A trama é cheia de atravessamentos temporais e se dá a partir da literatura da escritora Virginia Woolf, autora de um romance central no filme, *Mrs Dalloway*. "Eu fui criada pela minha avó, a minha mãe nunca me quis. Ela disse à minha avó que não tinha nascido para ser mãe e foi embora. Não tenho notícias delas. Minha avó é a minha mãe."

Quem me deu esse depoimento foi Fernanda, 27, psicóloga. "Atravessei anos de depressão. Cheguei a atentar contra a minha vida. Muito difícil não ter mãe, e meu pai se casou e nunca me incluiu na vida dele. Eu hoje vivo sem mãe e sem pai. Tenho meus avós." Quando conversei com Fernanda, ela havia recebido uma excelente notícia, tinha sido aprovada em um concurso público para o cargo de psicóloga num órgão federal. "Comemorei com os meus avós. Também com os meus amigos. Eu tenho uma tia por parte de mãe que sempre gostou muito de mim. E de pai, tem o irmão dele, meu tio." Fernanda estava decidida a não casar e nem ter filhos. "Por enquanto quero ser sozinha no mundo. Quero dizer sem pais."

As marcas traumáticas que um abandono parental deixa numa criança, num adolescente são difíceis de tratar. "Olha, doutor, eu sei que o

[92] Para mais informações sobre o canal, ver: https://www.podefalar.org.br/. Acesso em: 20 ago. 2025.

[93] Para mais informações sobre o filme, ver: https://tinyurl.com/2mympnfn. Acesso em: 21 ago. 2025.

senhor está fazendo esse livro, e eu queria muito lhe dizer: toda a minha insanidade, porque eu sei que sou insana, é resultado do abandono. Eu não consegui ser abandonada pelos meus pais e seguir. Preferia fazer o que fiz." Esse foi um depoimento que a mim foi dado por Daniele, 25, garota de programa. "Não tive muita escolha. O *job* foi quem me deu comida. Mas, se eu tivesse escolhido, não teria entrado nisso." Daniele, quando me deu a entrevista, era uma estudante de fisioterapia e pagava a sua faculdade por meio da prostituição.

"Não faço programa porque acho bom, mas o dinheiro que ganho segura a minha onda. Assim que eu me formar, saio fora. Aqueles desgraçados, os que me botaram no mundo, nem sei direito quem são." Daniele tinha sido criada em um orfanato e, depois, quando chegou aos 18 anos, começou a fazer programa. "Faz cinco anos que estou nessa." Ao que investiguei no orfanato do qual Daniele fez parte, os pais eram jovens usuários de crack e que tinham atirado a filha no lixo. Daniele foi resgatada por cachorros, que começaram a latir e chamaram a atenção de pessoas que passavam pelo local naquela ocasião. "Sou filha de cachorros, doutor", me disse ela.

Há vários estudos que mostram o quanto é nocivo para o desenvolvimento sadio de crianças e adolescente o abandono. Ocorre que, em muitos casos, o abandono não se dá somente com a ausência física. "Meus pais estiveram fisicamente comigo, mas afetivamente não estiveram. Eu me senti abandonada a vida toda. Eles eram muito bem-sucedidos nas suas profissões, mas quem me criou foi a minha babá. Eu não lembro de me sentir acolhida por eles. Sempre me senti abandonada." O depoimento de Camila, 29, comerciante, traz à tona uma questão relevante no tópico do abandono afetivo: a condição socioeconômica. A frequência de abandono físico é mais comum em classes economicamente mais vulneráveis, entretanto, o abandono afetivo, nos termos de Camila, ocorre entre ricos.

"Tem crianças que são abandonadas pelos pais, doutor Hugo. São pessoas ricas, mas sem perfil parental. Canso de ter vontade de levar algumas crianças comigo, para casa, mas não posso. Sei que essas crianças não são devidamente cuidadas pelos pais", me dizia Eleonora, 45, professora das séries iniciais do ensino fundamental. O que diz Eleonora não é, infelizmente, incomum. "Veja, eu listo umas 10 crianças aqui que são negligenciadas. Os pais são ricos, mas não querem ser pais. Quem cuida são as babás e os motoristas. Os pais gostam de posar para fotos", me contava Bernadete, uma coordenadora pedagógica de uma escola privada. "Eles não queriam filhos, queriam cumprir tabela", arremata Eleonora.

Quando eu finalizo este capítulo tratando sobre responsabilidade parental, trazendo mais enfoque para o abandono, o meu interesse é propor uma reflexão para as famílias que me leem: *você acha que exerce uma parentalidade lúcida? Se exerce, me responda uma outra questão: alguma vez, você perguntou ao seu filho se você era um bom pai, se você era uma boa mãe?* No meu entendimento, se isso ainda não foi feito, precisa. Mas por que, Hugo? Explico: porque na educação de nossos filhos, apesar de tudo o que fazemos em prol deles, raramente perguntamos a eles se o que fazemos é efetivamente bom para eles. Nós costumamos tratar nossos filhos como pessoas que têm de nos obedecer, mas não perguntamos a eles se nos obedecer faz sentido.

Faz sentido você estudar? Faz sentido você comer? Faz sentido você dormir? Faz sentido você tomar banho? Faz sentido você organizar as suas coisas? Faz sentido você me respeitar? Faz sentido você não violentar ninguém? Faz sentido você ser unido com o seu irmão? Faz sentido você compreender que eu e sua mãe vamos nos separar? Faz sentido você respeitar seus colegas? Faz sentido você não ser consumidor excessivo? Meu filho, você gosta de ser meu filho? O que faço que é bom para você? O que faço que não é legal? O que você acha quando brigamos? Você gostaria de mudar de pai, de mãe, caso pudesse? Por quê? Filho, nossa vida, nossa parentalidade são boas para você?

Essas perguntas podem ser feitas de outro modo, mas o que quero chamar atenção é se, na educação dos seus filhos, você inclui os seus filhos. Se eles são sujeitos ativos nesse processo educativo. Se eles não são, se são só pacientes, eu entendo que há um grave problema: sua educação não é lúcida, você não educa seus filhos com eles participando do processo, mas educa para eles, sem eles, eles são um detalhe da sua parentalidade, mas não são essenciais.

Numa parentalidade lúcida, pais e mãe não educam os filhos como se eles fossem receber passivamente a educação, como se a educação fosse ser transferida. Numa educação lúcida, pais e mães incluem os filhos no processo, compartilham e partilham, são responsáveis como adultos, mas respeitam os filhos em todas as suas fases.

CAPÍTULO 9

Uma proposição de educação

A ludicidade como regra: o humor dos dias bons

Sempre que começo as minhas palestras, antes de entrar propriamente dito no conteúdo o qual vou abordar, faço, com a plateia, uma prática integrativa. Por vezes, ao longo do desenvolvimento do tema, também faço outra técnica. O objetivo mais importante para mim, no uso dessas técnicas, é aproximar o público o máximo possível de um nível de sensibilização o qual me ajude a aprofundar temas, por vezes, espinhosos. Dentre as técnicas que uso, há a do espelho com careta. Tal técnica consiste no seguinte: em dupla, cada pessoa, de frente para outra, fecha os olhos e *faz uma careta muito feia, a mais feia que for possível.* Em seguida, após meu comando, abrem-se os olhos.

Invariavelmente, ao abrirem os olhos, as duplas riem. O sorriso se amplia na medida em que se veem com a careta. A careta, esse gesto humano, traz à tona o riso. O riso tem relação direta com o humor. O humor, como os estudos psicopatológicos dizem, é basal, ou seja, é base para a homeostase do organismo humano. Humor equilibrado, nem depressivo, nem eufórico, é sinal de que estamos caminhando de modo mais harmônico. O humor está ligado a uma das principais funções mentais, a afetividade. Quando essa função mental é alterada, ou para baixo (possíveis sentimentos depressivos) ou para cima (possíveis sentimentos eufóricos, maníacos), precisamos estar atentos aos sinais e aos sintomas.

Em seu livro *O nome da rosa* (1983), o escritor italiano Umberto Eco[94] nos conta a história de monges que são assassinados porque leem

[94] Umberto Eco foi um escritor, filósofo, semiólogo, linguista e bibliófilo italiano de fama internacional. Foi titular da cadeira de Semiótica e diretor da Escola Superior de Ciências Humanas na Universidade de Bolonha.

um livro do filósofo Aristóteles cujo teor é a comédia. A comédia, nesse caso, é motivo para que os monges sejam mortos por um psicopata. O humor, que é basal, tanto pode estar triste quanto pode estar alegre. Na música "Samba da bênção",[95] os poetas dizem "é melhor ser alegre que ser triste". E eles tinham razão, é melhor que o humor esteja alegre do que quando o humor está triste. Quando aquelas mães e aqueles pais, em minhas palestras, ficam alegres, do palco, de onde os observo, eles parecem que acessaram a infância feliz dentro deles.

> Eu tive um dia de trabalho infernal, estresse é pouco, pensei duas vezes antes de vir assistir a essa palestra, mas confesso que estou muito satisfeita. Rir me fez um bem danado. Consegui, inclusive, relaxar mais. Tenho rido muito pouco, doutor Hugo. Minha vida é mais de seriedade, de rigidez. Eu acho que, sem querer, toda a tensão do trabalho recai dentro da minha casa. Para ser sincera, não lembro a última vez em que rimos em nossa casa. Não temos feito isso. Obrigado.

Esse depoimento me foi dado por uma mãe que assistiu a uma palestra minha e subiu ao palco para falar como havia sido a experiência de ver uma careta alheia. Acessar o riso, brincar, não tornar a vida um peso insuportável talvez seja uma possibilidade que as famílias contemporâneas necessitem considerar no processo de educação de crianças e adolescentes. O riso em casa, o humor alegre, a maneira como esses elementos atravessam a educação parental, no meu entendimento, é essencial para que as coisas passem a correr bem dentro das casas.

Em lares nos quais o humor seja pilar, provavelmente, a violência não faz morada. Ninguém vive alegre quando a violência rege o canto da casa. Em seu livro *A bolsa amarela*, já citado anteriormente, Lygia Bojunga nos narra a história da família do conserto.[96] Um dos elementos dessa família saudável é a possibilidade do sorriso espontâneo. O humor espontâneo é a ludicidade colocada para jogo na educação de meninos e meninas. Em seu livro *Homo Ludens: o jogo como elemento de cultura* (2021), o historiador e linguista Johan Huizinga nos diz que somos sujeitos simbólicos

---

[95] É possível acessar essa bela canção de Vinícius de Moraes e Toquinho neste link: https://tinyurl.com/4uf6p7rz. Acesso em: 21 ago. 2025.

[96] "Família do conserto" se refere a um modelo familiar cuja base de sustentação é o diálogo, o cuidado, a amorosidade e a liberdade.

e lúdicos. O que significa que a razão exacerbada não é a melhor saída para a educação.

Em outras palavras, educar uma criança e um adolescente é uma tarefa na qual exige humor por parte dos pais, e o humor é o chão do lúdico. A ludicidade sobre a qual trata Huizinga tem a ver com a importante fantasia, com a importante imaginação. A alegria que o humor traduz, ou o humor traduzido num sorriso alegre, não é o mesmo sorriso dos *jokers*. Esse humor sobre o qual trato agora nada tem de destrutivo, nada tem de preconceituoso, nada tem de arrogante e desleal. O humor que eu quero que seja um pilar na educação de crianças e adolescentes tem a ver com a abertura das portas dos quartos.

Em casas bem-humoradas, as portas dos quartos não vivem fechadas porque as pessoas não se isolam. O isolamento da casa é produto da tristeza em excesso. "Eu fui ficando triste, triste de não ter jeito, então, como diz o poeta, tive vontade de me matar. Só que, na minha casa, não existia a Mãe D'água do poeta Manuel Bandeira. Na minha casa, eu ouvia as pancadas das porradas do namorado da minha mãe na cara dela", me disse Amanda aos prantos. A mãe havia decidido se separar do namorado, mas, antes, ele a havia espancado. Amanda tinha ódio dele. "Logo que vi aquele escroto, falei para minha mãe, ele não tem cara de quem sabe rir. Ela não entendeu. Minha mãe não curte entender o que digo."

Quando duas crianças brincam, o mundo pode presenciar um dos atos mais sérios da vida humana. Brincar é uma ação fundamental para o desenvolvimento saudável de meninos e meninas. Em seu livro *O brincar e a realidade* (2019), o pediatra Donald Winnicott nos diz que, para o sadio desenvolvimento infantil, a brincadeira exerce papel de extrema relevância, pois, brincando, o bebê, que vive uma experiência de cuidado saudável, interage com o meio cultural, elaborando o sentimento de confiança diante do mundo. A brincadeira, nesse sentido, ajuda a configuração da boa autoestima. "Lá em casa, rimos muito. Mesmo quando a coisa aperta, rimos", me disse Juarez.

Juarez, 52, marido de Elvira, 50, pais de Cézar, 30, de Cristina, 28, e de Cátia, 25, taxista, com escolarização fundamental, me disse que o riso sempre correu frouxo com os seus três filhos. "Mas quando eu e a mãe falamos sério, eles entendem logo." O riso que é pilar na educação dos filhos de Juarez, não é pilar na educação dos filhos de Flávio, 60, também taxista. "Lá em casa, é tudo de pouco riso, a gente nem se fala tanto. As meninas, Mércia e Valéria, as gêmeas, não gostam tanto de mim, e o menino, Leopoldo, casou e vai mais ver a mãe. Não fui muito de rir. Acho que errei." Flávio, quando me concedeu esse depoimento, estava saindo de uma forte crise depressiva.

Casas mal-humoradas são lares entristecidos. "Não gosto de ficar dentro de casa, porque é muito morgado", me disse Helena, 27, balconista numa padaria, filha de Hemília e Ramos. "A minha mãe, coitada, viveu com medo de gargalhar, meu pai sempre quis uma casa mais silenciosa. Ele nunca me fez dar um sorriso. Eu fui saindo por isso. Não gosto mesmo. Venho para rua gargalhar bem alto. Macho que não me quiser rindo, não quero também." Helena, quando me deu a entrevista para este livro, estava se organizando para ir morar com uma amiga. As duas dividiriam as despesas. "Já falei para minha colega, alegria é meu modo de ver a vida. Também fico triste, faz parte. Mas prefiro o sorriso."

As famílias precisam cultivar, na educação de seus filhos, o exercício do sorriso. Não é que evitamos reconhecer a importância da tristeza, porque a tristeza faz parte das emoções humanas e necessita ser reconhecida e legitimada. Quando emerge, todavia, se uma família for sistematicamente triste, algo de estranho ocorre no seio dessa família e precisa ser devidamente pensado. "Percebi que algo acontecia na casa da criança, porque invariavelmente ela não sorria, tinha os olhos tristes e não queria brincar com as outras crianças", me contou Deise, professora do ensino fundamental, que ajudou o conselho tutelar a descobrir um caso de violação sexual contra essa referida criança.

"Ela chegava sempre triste e parecia tão amedrontada", me dizia Deise, quando me contava como conseguiu perceber, pelos olhos tristes de sua aluna, que algo não ia bem na vida daquela criança. "As agressões eram muitas, mas não deixavam marcas físicas expostas. As marcas eram emocionais." O abuso psicológico na vida de uma criança, de um adolescente, deixa sequelas graves. "Eu até hoje tenho pesadelo, problemas do sono, dificuldade de me relacionar, descobri que tenho ansiedade patológica e isso foi resultado dos abusos que sofri", me narrou Deise, também abusada na infância.

Rir é uma forma de existir. As famílias que usam estratégias de humor para educar os filhos trazem depoimentos muito significativos e podem nos servir de inspiração. "Eu adoro ficar com meu pai e com a minha mãe, nós brincamos de jogos, meu pai pula corda comigo e tomamos banho de mar. Quando eu brinco com o meu pai, rimos muito. É ótimo", me disse Nicolau, 11, filho de Hélio e de Emily. O pai e a mãe de Nicolau são frentistas num posto de gasolina. "Quando eu quis ter Nicolau, eu escolhi um homem bem-humorado", me falou Emily. "Eu tinha vindo de uma casa em que a tristeza mandava. Meu pai bebia. Fazia grea com todo mundo."[97]

Em seu livro *Seis propostas para o próximo milênio* (2023), o escritor italiano Italo Calvino nos fala da "leveza". Segundo esse autor, a leveza é a busca pelo enxuto, pelo não excessivo, pela precisão. Nesse caso, a ludicidade se alcança pelo menos, pelo econômico, pela exatidão. A exatidão nada tem a ver com a ausência de sentimento, mas com o sentimento de cuidado, com as emoções assertivas. As emoções, em um lar leve, são tratadas com a necessária assertividade. Em famílias leves, digamos assim, não há chantagens emocionais, porque as pessoas são genuínas em suas práticas de convivência.

Estou, por assim dizer, desejando que você torne sua família brincante, na qual o riso seja um elemento de sustentação. A brincadeira não tornará sua família frágil, pelo contrário, fará de seu lar uma fortaleza, uma experiência da qual todo mundo gostará de fazer parte. "Quando vou à casa de minha amiga, como lá as coisas são leves, eu adoro. Na minha casa, é tudo esquisito. Lamento dizer", me disse Mayra, uma adolescente, 15, estudante do ensino médio, numa escola pública, e que vende docinhos, nos horários de intervalo, para ajudar com as despesas em casa.

O diálogo como chão

Numa terra em que há diálogo, só há morte pelo tempo e pelo desgaste natural. O diálogo, como é fácil perceber, evita a guerra e abre espaço para os entendimentos. Sem diálogo, o que nos vem como proposta é a eliminação do outro, daquele que não é espelho. Há muitos anos, eu era estudante de graduação, nos idos de 1990, li um livro chamado *Dibs em busca de si mesmo* (1985), da ludoterapeuta Virginia Axline. Dibs era um garotinho com TEA, rejeitado pelos pais, submetido a situações de comparação com a irmã. Os pais eram implacáveis com ele.

Como todo rejeitado, Dibs respondia com violência, fosse contra si ou contra o outro. Quando o diálogo falta, emerge a rejeição, essa forma humana de eliminar aquilo que não lhe agrada, que lhe causa desconforto.

[97] "Grea" é uma expressão que indica desrespeito.

Infelizmente, os pais de Dibs, por meio da rejeição, tentavam eliminá-lo. A rejeição é um elemento que impede o diálogo e o diálogo é um elemento que permite a paz. A paz na casa de Dibs inexistia. Quando li o livro de Axline lembrei muito da peça de Shakespeare chamada *Hamlet*, o príncipe da Dinamarca.

Sem diálogo com a mãe, o príncipe atormentado pelo espectro do fantasma do pai clama por vingança. A vingança surge quando o diálogo não se faz presente. "Eles me amarraram naquela árvore, me deixaram nu, saíram correndo e rindo. Eu, assim que pude, joguei soda cáustica neles. Fui apreendido, mas me vinguei", me disse Leonardo, 17, um adolescente cumprindo medida de internação por ter tentado matar dois colegas com uma solução inflamável, ácida e corrosiva. "Não teve conversa, quando saí dali, fiquei com sangue no olho", completou o jovem.

A ausência de diálogo é resultado da rejeição e pode provocar a vingança. Famílias não dialógicas são famílias que rejeitam. "Meus pais, doutor Hugo, não gostam de mim. Motivo: eu gosto de meninas. Para minha mãe, sou uma louca. Ela nem me olha nos olhos. Minha vontade é sumir no mundo." Bianca, 18, me disse isso depois de ter participado comigo de uma roda de discussão sobre o tema em questão. "A coisa que mais me dói é ela não me olhar na cara. Sinto como se tivesse nojo de mim. Então, penso em sumir. Aí, eu acho que ela sentiria." As famílias que não dialogam são as mesmas que não conversam.

Conversar é uma atitude saudável dentro de casa, pois, assim, é possível que se encontre saída para conflitos. Os conflitos, muitas vezes, são resolvidos numa conversa. É essencial que pais conversem com filhos e vice-versa. Esse movimento faz a relação se tornar menos arriscada. Toda relação humana é arriscada na medida em que é surpreendente, todavia, a conversa permite que a surpresa seja sempre focalizada no bom. É fundamental atualmente que filhos e pais promovam entre eles surpresas boas, e essas surpresas boas surgem nos processos de conversa.

> De verdade, nunca me abri em casa, com os meus pais. Que eu lembre, nunca fui sincero com eles. Talvez tenha sido uma vez, duas vezes. Mas escondo deles e eles escondem de mim. É INCRÍVEL, mas é assim mesmo: zero conversa. Silêncio sempre. Tudo silenciado. Exceto quando brigamos. Mas na briga só tem ofensa. Eu me sinto rejeitado pelos meus pais. Mas eu também rejeito os meus pais. No fundo,

queria que tivesse sido de outro jeito. Mas não foi. Bom, Hugo, é por aí que o barco vai na minha humilde casa.

Kilder, 20, me contou suas agruras familiares. Como não conversa com os pais, não dialoga, não sabe mesmo que *chão é esse*. A única pessoa em sua casa que sabe que ele é HIV positivo é sua irmã, Áurea. Kilder vive com o vírus há 2 anos, mas os pais não têm conhecimento. "Decidi não dizer. Não tenho qualquer infecção. Tomo minha medicação. Estou com carga viral indetectável. Áurea, minha querida irmã, sabe. Meus pais não merecem saber." Kilder prefere que essa verdade de sua vida fique longe dos pais, porque, segundo ele, eles nunca foram sinceros. "Então não me sinto obrigado a ser sincero com eles", finalizou o jovem.

Quando Mirinda, a dona de uma escola privada em Recife, me procurou, achei que era porque ela queria me convidar para realizar uma palestra na sua escola, mas, para a minha surpresa, não era isso. "Gostaria que o senhor, se fosse possível, me ouvisse." Perguntei sobre o que ela queria ser ouvida. "Quero lhe falar sobre o meu neto, Thiago, ele tem 16 anos. É o único neto que tenho. Preciso ouvir a sua opinião." Marcamos um encontro. Eu a ouvi. "Semana passada, descobri que Thiago está envolvido com coisas erradas. E a polícia intimou o meu genro. A vida da minha filha está um caos. Thiago, doutor Hugo, se envolveu com um grupo que planejou o ataque à minha escola."

Mirinda me dizia isso e tremia as mãos e as pálpebras. Aquela avó, desesperada, me pedia ajuda. Tivemos outros encontros depois desse primeiro. Num deles, ela me disse: "Thiago cresceu dentro de uma casa em que a mãe vive de festas e o pai vive de negócios. Minha filha é uma dondoca e meu genro um ganancioso. O menino não encontrou neles uma família, apesar do dinheiro". Mirinda queria ajudar o neto, mas não sabia por onde começar, eu lhe disse que, quando queremos ajudar, aparecem meios. Um dos meios foi exatamente o jogo on-line.

"Eu, graças ao que o senhor disse, consigo hoje conversar com Thiago, aprendi a jogar. Jogamos juntos. Até já ganhei dele. Por meio do jogo, conheci alguns amigos dele. Nenhum mais daquele grupo. Thiago me disse que eles queriam atacar a minha escola porque detestam que eu seja de esquerda. Achei aquilo apavorante." Mirinda, por meio do jogo, por aprender a jogar, por não somente criticar e condenar, se aproximou do universo de Thiago. "Os pais dizem que eu sou maluca por jogar essas 'bostas'. Mas foram as 'bostas' que me fizeram perceber meu neto." Thiago e Mirinda, certa vez, estiveram comigo. "Eu gosto muito da minha avó, doutor Hugo", me disse Thiago.

O diálogo como chão é o chão sobre o qual nunca andamos isolados. Um dos maiores problemas das crianças e dos adolescentes atualmente é o isolamento virtual – quando o mundo digital passa a ser a única alternativa de pertencimento que encontram. Mirinda precisou chegar bem perto do neto para poder ajudá-lo. É preciso criar sempre espaço de diálogo na educação de nossos filhos. Importante dizer que dialogar não é concordar sempre, mas é respeitar a opinião do outro. Filhos e pais não precisam pensar e sentir do mesmo modo sobre qualquer tema, entretanto, necessitam respeitar as opiniões.

Se seu filho atravessar aquele deserto emocional sobre o qual falei capítulos antes, no lugar de criticar, acolha-o. O acolhimento salvou a minha vida e certamente salvará a do seu filho. Acolher, por óbvio, não é ser permissivo e a tudo dizer sim, porém é não ter na mente e na língua a palavra forte que toca às emoções, que invade os sentimentos, que diminui, que aniquila, que estigmatiza. Não é fácil lidar com crianças e adolescentes emocionalmente abalados, eu sempre soube disso, mas os estudos e as experiências me dizem que é possível.

Converse com seu menino e com sua menina, não faça do silêncio uma punição, uma forma de educação, fale e pergunte, pergunte e fale, explique e expresse, diga e não deixe que ele/ela se isole sem também dizer. São os meninos que dizem o que pensam e sentem aqueles que, talvez, não surpreendam os pais de modo negativo. É fundamental que haja diálogo para que a guerra intrafamiliar seja evitada e enfrentada. Torne sua casa um *lar.* O *lar* é aquele lugar no mundo para o qual sempre voltamos quando almejamos amor, e o amor, todos sabemos, quando é genuíno, salva vidas.

A leveza como escola

Em 1997, eu fui contratado como professor de português por uma escola de pedagogia francesa. Nessa escola, vivi experiências enriquecedoras. Como sempre, nem tudo foram flores, mas os espinhos me ajudaram a saber caminhar nas florestas. Essa escola fechou. No seu pátio, tinham caiçaras, e as crianças eram integradas umas com as outras. Os adolescentes da mesma maneira. Lembro que, nos intervalos do recreio, ouvíamos músicas que evocavam a paz e tínhamos, os professores, chances de formação, de pesquisa e de muita reflexão.

A escola sobre a qual me refiro me lembrou muito o movimento de escola moderna tão forte e presente em alguns países europeus, me lembrou muito o pediatra polonês Janusz Korczak. Num documentário chamado *Quando eu sinto que já sei*,[98] encontramos vários depoimentos que concordam com as ideologias que eram defendidas na escola em que trabalhei: *Crianças são inteligentes, podem e devem opinar; precisamos ouvir as crianças; precisamos reunir as crianças em assembleias; nas assembleias, as crianças discutem o mundo no qual elas estão e do qual fazem parte.* Nesse caso, a voz da criança é respeitada.

Quando, em 2016, fui estudar direitos humanos de crianças e adolescentes em Portugal, acompanhado gentilmente por um docente da Universidade Católica de Portugal, com a ajuda da professora Andréa Avelar Duarte e do professor Fernando Ilídio, pude entrevistar crianças, adolescentes, professoras e bibliotecárias sobre o tema objeto de meus estudos. Naquela época, em Braga, Portugal, conheci de maneira mais aprofundada o trabalho do Instituto de Comunidade Educativas (ICE)[99] que, fundamentado em aportes democráticos, buscava garantir uma educação respeitosa para com os miúdos e as miúdas, os rapazes e as raparigas, como dizem os queridos lusitanos.

Um dos trabalhos relevantes do ICE é aquele realizado pela professora Andréa Avelar Duarte. Andréa, a partir de leituras de livros infantis e juvenis, forma leitores. Ela lê em voz alta, depois promove diálogos, debates e reflexões. Ela faz tertúlias e, a partir delas, enfrenta todos os temas. Todos os temas os quais eu enfrento neste livro. Lembro-me de me encantar com os olhos brilhantes de Andréa à medida que ela percebia uma criança envolvida com o livro, com a leitura, com tudo aquilo que a leitura é capaz de fazer de bom na vida de uma criança e de um adolescente.

A escola necessita ser leve, lúdica, ser um lugar de boas experiências. As tertúlias lusitanas, mediadas por Andréa, foram experiências que coadunavam com os trabalhos que fiz naquela escola de pedagogia francesa e que depois, por meio de incontáveis oficinas de leitura, desenvolvi Brasil afora.

---

[98] É possível assistir ao documentário neste link: https://tinyurl.com/5938fbby. Acesso em: 21 ago. 2025.

[99] Para saber mais do instituto, ver: http://iceweb.org/. Acesso em: 21 ago. 2025.

A leitura, diz a professora Eliana Yunes – fundadora da Cátedra UNESCO de Leitura PUC-Rio,[100] criadora do PROLER,[101] uma sumidade no assunto em pauta –, *se realizada com cuidado na escola faz da escola um lugar de prazer*.

É do prazer que gostaria de falar para as mães e os pais que me leem aqui. Quero perguntar se vocês leem livros para seus filhos, se vocês contam histórias para seus filhos, se vocês visitam museus com os seus filhos, se vão ao cinema, se vão a exposições, se vão a livrarias, se conseguem realizar esses movimentos culturais. Pois bem, se vocês não conseguem, me respondam, a escola dos filhos de vocês vai nessa direção? É possível que na escola seus filhos vivenciem as experiências sobre as quais eu acabei de tratar? Vocês estão lado a lado com a escola à procura de vivências de leituras prazerosas? Ou vocês esperam que a escola forme seus filhos para concorrer ao Enem?

A escola leve não é a escola da série *Adolescência*, não é a escola da série *Os 13 Porquês*, não é a escola da série *Segunda Chamada,*[102] não é a escola em que um colega mata a colega e acredita que fez o que tinha de ser feito. A escola leve é uma escola cuidadosa para com a sua comunidade, para com os seus integrantes, é a "escola que lê", diria a escritora Lenice Gomes, uma importante autora pernambucana que publicou inúmeros livros literários infantis. Quando queremos que o colégio dos nossos filhos seja exclusivamente um lugar para que eles aprendam regras e usem essas regras na resolução de problemas das avaliações diversas, não queremos uma escola leve, queremos uma escola que ensine a concorrer.

> Eu tenho enorme vontade de parar de estudar. Odeio a escola. Odeio as provas. Odeio ter de ganhar ponto. Só faço isso porque não posso mudar agora. Eu quero estudar, mas não quero ter de ganhar. Eu não curto essa coisa de régua: o melhor, o médio, o pior. O pior? Como assim? Eu já fui o pior. Já fui o que nada seria. Já me deram zero. Olho de boi. Mas eu não aceitei aquilo. Mas aquilo não foi nada leve. A escola não foi leveza, professor.

---

[100] Para saber mais informações sobre a Cátedra, ver: https://tinyurl.com/5a4y3m8b. Acesso em: 21 ago. 2025.

[101] Saiba mais sobre o PROLER neste link: https://tinyurl.com/5xd78yk6. Acesso em: 21 ago. 2025.

[102] Série da *Globoplay*. Disponível em: https://tinyurl.com/bdhtytjw. Acesso em: 21 ago. 2025.

Henrique foi meu aluno de graduação. Ele, em minhas aulas de Fundamentos da Educação na UFRPE, sempre me trouxe como a escola quase o impediu de chegar à universidade, mas, graças também à escola, ele chegou. "Já no ensino médio, depois de muita repetição, encontrei o livro. Foi o livro, professor, que me mostrou outro horizonte. O primeiro que me fez ver a vida de um jeito diferente se chamava *Capitães de areia*, do escritor baiano Jorge Amado. Depois daquele livro, nunca mais fui o mesmo." Henrique era exemplo vivo de que a escola pode ser densa, tensa e, também, pode ser leve.

"Quando respiro, dói" diz um menino, 13 anos, antes de não resistir e ir a óbito. Para ele, a escola não havia sido em absoluto leve. Leia acuradamente o diálogo que se segue entre uma vítima de *bullying* e o pai dessa vítima.

> – Carlinhos, quem foi? – perguntou o pai.
> – O [nome do colega] – respondeu o menino.
> – Que série? – questionou o pai.

O menino respondeu.

> – Ele pulou em cima de tu? – indagou o pai.
> – É – disse o adolescente.
> – Te machucou e está com falta de ar? – retrucou o pai.
> – Eu estou. Quando eu respiro, dói as costas – choramingou o menino.
> – E tu nem estava brincando com ele? – perguntou o pai.
> – Não, finalizou o menino.

Em 2024, foi sancionada no Brasil a Lei n.º 14.811. Nela, o *bullying* e o *cyberbullying* são alçados à condição de crime. A tragédia que ocorreu na escola, porque foi na escola que a vítima foi atacada, poderia não ter ocorrido se os agressores não fossem violentos. A escola é leve quando as pessoas que vêm à escola, que estudam na escola, que fazem a escola, também são leves. Leve aqui é diferente de violenta. Uma escola leve não é tóxica. Em 2018, minha orientanda Wedja Maria de Jesus de Lima (2020) pesquisou sobre clima escolar. Sua pesquisa mostrava que escolas disciplinares, ou seja, fundamentadas em lógica puramente racionalista, era terreno fértil para o crescimento da violência, do *bullying* mais especialmente.

É muito importante que as famílias não aceitem sem refutar a violência que ocorre dentro da escola. Meus estudos apontam que, quando os sinais do *bullying* são notados, há tempos tal violência já existia, mas não era facilmente percebida. A escola necessita ser um lugar de esperança. Jamais um lugar de dor e sofrimento. No entanto, em razão do contexto social, é comum que tenhamos depoimentos e mais depoimentos de sofrimento na escola. "A escola nunca foi boa comigo. Eu apanhava. Eu era xingada. Eu detestava ter de ir àquele lugar de gente ruim", me contou Ana Maria, arquiteta e autora de um blog em que denuncia experiências de *bullying* e *cyberbullying*.

Em 2012, uma adolescente chamada Isadora Faber[103] criou uma página numa rede social em que ela começou a cobrar do poder público melhoria na e para a sua escola. À época, com 13 anos, foi bastante incompreendida pela comunidade escolar, todavia, recebeu apoio de muita gente no Brasil. Sua ação, inclusive, surtiu efeito: a escola na qual estudava, que há tempos passava por problemas sérios de infraestrutura, foi reformada. Isadora, como ela diz, não se abalou com a violência que enfrentou no âmbito interno da escola, porque, nas redes sociais, era apoiada. "Não foi fácil, até intimada pela polícia ela foi", conta a mãe de Isadora.

"Mas valeu a pena, apesar de tudo", reflete Isadora. "O objetivo que eu tinha de melhorar a escola foi alcançado." A escola leve é uma escola cuidada também no seu aspecto físico. É muito importante que crianças e adolescentes estudem em escolas nas quais tenham organização, limpeza, aparatos mobiliários, segurança. A escola leve é também uma escola bonita. A beleza, nesse caso, não é sinônimo de luxo, mas de respeito à comunidade escolar. As famílias devem cobrar do poder público investimento sem regateio em educação escolar, e isso se estende para as universidades públicas. "Sinto orgulho por estudar numa escola que tem jardim", me disse uma estudante de Olinda.

Uma escola com jardim faz realmente toda a diferença. As famílias precisam perguntar sobre os jardins, sobre a água nas torneiras, sobre as luzes, sobre os laboratórios, sobre as carteiras, sobre as bibliotecas, sobre os livros. "Ah, mas meus filhos estudam em escola privada", mas isso não é a questão. A escola pública é de toda a sociedade e precisa ser cuidada, e a escola privada também precisa ser cuidada. As pessoas precisam se

[103] É possível ver a Isadora Faber falando sobre a experiência dela com a escola neste vídeo: https://tinyurl.com/4sdyte3d. Acesso em: 21 ago. 2025.

coletivizar em campanhas pelo que é bom para os seus filhos. E uma escola boa é boa para os filhos de toda a gente.

Numa sociedade com escolas boas, há enorme probabilidade de que prisões se tornem cada vez mais raras. Estou aqui, neste penúltimo tópico, deste último capítulo, refletindo sobre como é relevante que tenhamos uma boa escola para nossos filhos. E uma boa escola, ao contrário do que muitos pais e muitas mães acreditam, não é somente aquela que prepara para o Enem, mas aquela que ajuda os nossos filhos a serem pessoas melhores: mais compassivas, mais empáticas, mais altruístas, mais generosas, mais conscientes do seu papel social e do seu papel no cuidado com o planeta Terra, sua casa.

A incerteza como virtude

Eu tinha uns 9 para 10 anos e brincava com meninas. Eu havia aprendido que meninos podiam brincar com meninas e meninas podiam brincar com meninos. Aprendi, desde cedo, a brincar de amarelinha, de rodar bambolê, de dar estrelinha, de contorcer o corpo, abrir escala, gostava também de bola de gude, de barra-bandeira, pega-esconde, de queimado, de jogar bola, empinar pipa, dançar e rir. Eu era bem feliz. No quintal da minha casa, tinha um quarto em construção, jamais terminado, e eu transformei aquilo numa aeronave que me levaria para outros lugares.

Minha mãe me perguntava: "Hugo, o que você quer ser quando crescer?", e eu, do meu canto, com alegria, respondia "Mágico". Minha mãe ria. Dizia que me levaria para São Paulo, que lá havia curso para aprender a ser mágico. Mas eu explicava: "Quero ser mágico sem curso, mamãe. Quero mexer a mão e quero mudar o mundo, dizer que algo se mova e esse algo se mover". Minha mãe ria ainda mais. Aprendi, desde cedo, que a certeza era uma ilusão de quem achava que sabia demais. "Um dia você vai ser mágico, meu filho", incentivava dona Nicinha, aquela mulher que me fez.

Nessa mesma época em que eu queria ser mágico, a minha mãe me levou para conhecer uma religião. Não era a religião da primeira comunhão. Era outra. A religião se chamava espiritismo. Era uma religião diferente. Minha professora de alfabetização e a família dela eram da religião espírita. Eu, ainda muito pequeno, estudei aqueles livros de Allan Kardec.

Aprendi, ali, naquele centro espírita, que havia vida após a morte, e acredito nisso até hoje. Hoje, não tenho religião. Respeito todas. Faz tempo que não professo nenhuma em especial. Mas, sem dúvida, posso dizer, aqui e agora, que devo muito ao espiritismo porque, com ele, só aprendi coisas boas e foi, sem dúvida, seus ensinamentos que me trouxeram para os estudos científicos.

Mas por que eu estou relatando essa experiência a vocês agora? Porque eu quero dizer que, para mim, a *espiritualidade* precisa ser uma virtude na educação de crianças e adolescentes. O que aqui estou nominando por *espiritualidade* também pode ser nominado como *sagrado.* Minhas pesquisas com a saúde mental de meninos e meninas me leva a crer que educação parental fundamentada na possibilidade da experiência com o sagrado tende a melhorar a vida da família. Claro que isso não tem a ver com ter ou não ter religião.

Não se trata disso. Como já disse, eu mesmo não tenho. Mas anos de estudos teórico e empírico me levaram à seguinte conclusão: *eduque seu filho para que ele creia na ciência, nos estudos científicos, mas o eduque para entender que há um sagrado em cada ser vivo que necessita ser respeitado e amado*. A educação parental que ignora a importância da espiritualidade me parece que, cedo ou tarde, demonstra fragilizações. "Mas eu não quero negócio de religião com os meus filhos, porque eu fui vítima de religião que dizia uma coisa e fazia outra", comentou comigo Maura, 49, mãe de Diogo e Vinícius, ambos jovens.

Maura, a professora universitária, tem razão: *não devemos aceitar qualquer natureza de violação*. No entanto, não trato sobre religiões, mas sobre o cuidado com o outro a partir de um amor profundo pelo ser vivo. *Para mim, Maura, espiritualidade é a luta dos povos originários. A maneira como os povos originários têm lidado há milênios com a sua relação com a terra. Nada de dominação. Tudo de convivência sob a ética amorosa.* No documentário *O sal da terra,*[104] Sebastião Salgado e sua esposa, Lélia Salgado, num ato de cuidado com a vida, fazem um replantio. Para mim, esse é o sagrado. O espiritual. Quando aprendemos desde cedo que a vida é mais do que a sua dimensão física, entendemos que não somos senão uma fagulha da grandiosidade do Universo.

---

[104] Caso você seja assinante da *Globoplay*, você poderá assistir a esse belo documentário neste link: https://tinyurl.com/yeyy92p4. Acesso em: 21 ago. 2025.

Quando, em minhas palestras, geralmente no final, eu ponho uma canção chamada "Oceans",[105] interpretada pela banda Hillsong United, percebo que as pessoas ali, tão diversas em suas experiências, sentem algo nelas. "Doutor, o senhor me fez chorar e, quando eu chorei, me esvaziei de uma angústia", me disse Isabela, uma defensora pública que ouviu uma palestra minha na cidade de Governador Valadares, Minas Gerais. "Há algo que muda na gente quando nos entregamos a esse momento de autocuidado. Não sei explicar", me dizia Nizan, um pai que se tornou um fiel seguidor e divulgador do meu trabalho. "Acho que é a experiência com o sagrado, professor", refletiu uma aluna minha de doutorado, em uma de nossas orientações.

Foi mesmo o sagrado, essa experiência que não consigo nominar, vinda através do cuidado que minha mãe sempre teve comigo, que me deu vida nova, mesmo quando o *bullying* quis me levar ao fim de mim mesmo. No filme *La belle verte* (A bela verde),[106] vemos uma história na qual se diz que as crianças são fornecedoras de uma energia que restabelece a vida na Terra. Sem as crianças, a Terra não teria vida. De alguma maneira, eu entendo que isso é real. Quando as crianças nos rodeiam, quando elas estão alegres, quando elas nos perguntam, nos questionam, temos uma chance saudável de vida. "As crianças me mantêm viva, querido Hugo", me diz a escritora Lenice Gomes.

Temos, talvez, em pleno século XXI, ano 2025, raríssimas certezas. Já vimos aqui que, nos dias de hoje, a nossa certeza são as nuvens, voláteis e imprecisas, mutantes e inquietas, vulneráveis e paradoxais, autônomas e interdependentes; já vimos aqui que precisamos rever a educação de nossos meninos, tomar as rédeas do uso abusivo de celular, não permitir que a violência faça morada em nossa casa, cuidar para que nosso lar esteja tomado pela esperança. Vimos que tudo é incerto, que aprendemos que tudo era certo e lógico, todavia, a vida vivida tem nos dito que não, e que a certeza é frágil quando falamos de educação de crianças e adolescentes.

Então, agora, que encerro este livro, eu digo: *eduquemos nossos filhos atravessados pelo sentimento saudável do sagrado, o sentimento que traduz*

---

[105] É possível ouvir a música neste link: https://tinyurl.com/cnfy9kc8. Acesso em: 21 ago. 2025.

[106] Caso você seja assinante do *Prime*, você pode assistir ao filme neste link: https://tinyurl.com/z2vbsfnc. Acesso em: 21 ago. 2025.

o carinho, o afeto, a compreensão, a empatia, a compaixão, a tolerância e a aceitação, o sentimento que nos nutre com a verve do autocuidado, do perdão, da gratidão, da amorosidade. O sagrado habita as águas, as plantas, os oceanos, os rios e todos os seres vivos. Por isso, se assim fundamentarmos nossas orientações aos nossos filhos, muitas situações as quais tratei aqui certamente não existirão em nosso cotidiano. É verdade, agora que sabemos que os nossos chãos são nuvens, não fiquemos sozinhos. Aquilombemo-nos!

Será que consegui falar com as pessoas?

Quando concluí este livro, senti um alívio, porque houve momentos em que acreditei não ter fôlego para fazer todos os alinhavos necessários, a fim de que ele não incorresse em qualquer equívoco de natureza coerente e coesiva. Como você deve ter observado, as três partes do livro, seus capítulos e subtópicos, todos, sem exceção, estão atravessados uns pelos outros, não sendo adequado, por exemplo, ler o livro de modo fragmentado. Ele é um construto, um *continuum*, precisa ser lido, como diria a minha mãe, *de cabo a rabo*, ou como dizemos no Nordeste, *de carreirinha*.

Uma pergunta me acompanhou ao término: *Será que consegui falar com as pessoas?* Só você, meu leitor, minha leitora, poderá me responder essa importante pergunta. Nunca pretendi falar para iniciados, a minha interlocutora dileta, nesse caso, é *a família*, esta instituição inescapável, aquela que nos atravessa ao longo de nossas vidas e, seja qual for a sua configuração, o seu arranjo, o seu modelo, a sua tipologia, a sua natureza, é sempre um organismo vivo que nos põe em sítio de afetos, sejam bons ou maus.

Não posso dizer que foi fácil escrever todas as três partes e os nove capítulos. Três teses são guias para minha escrita: (i) *a educação de crianças e adolescentes nos dias atuais não pode ser igual àquela que ocorreu no passado, posto que as regras usadas no antes não garantirão gerações fundamentadas na lógica do cuidado;* (ii) *é urgente que eduquemos meninos para que eles não sejam machistas, misóginos, masculinistas, pois, se eles forem, as famílias correm sérios riscos;* e (iii) *as famílias contemporâneas lidam com um desafio difícil de ultrapassar, mas possível: o mundo digital precisa ser regulado, nossas crianças e nossos adolescentes necessitam ser protegidos das façanhas das* big techs.

Dois princípios sustentaram o que discuti aqui: a) *pesquiso sobre esses assuntos há algumas décadas, não me aventuro em opinar sem que haja lastro empírico; e* b) *respeitei as falas dos/das entrevistados/das, das minhas interlocuções, associei a inúmeras referências e evitei me esconder por trás de uma linguagem mais objetiva, fundamentando meus argumentos com aportes teóricos científicos.* Importante dizer que não pretendi culpabilizar famílias, como se elas não fossem produto de um conjunto de elementos individuais e coletivos, todavia, pretendi, como você deve ter observado, *advertir por meio de uma conversa.*

Como eu queria conversar, fiz uma escolha discursiva, utilizei a primeira pessoa do singular, eu já havia feito isso em minha tese de doutorado. Por meio desse discurso, procurei me aproximar o máximo de você, dá as mãos para que os temas apresentados não parecessem distantes de nós, até porque, como vimos, eles não são. Estão, disse Maffesoli, na epígrafe, *em nós.* Vivemos num tempo de nuvens, incertezas movediças, *locus* nem sempre fácil de andar, de se mover, de saber como lidar. Tentei ajudar você a se movimentar nesse chão movediço, como digo em vários momentos.

Sei que você deve ter lido meu livro com um certo espanto na primeira parte, com o coração mais apreensivo na segunda parte, com um campo de esperança na terceira parte. As três partes, cada uma a seu modo, mas atravessadas umas pelas outras, pretendem dizer: *crianças e adolescentes precisam de famílias saudáveis, cuidadosas, empáticas, compassivas, altruístas, amorosas. A parentalidade não é um jogo inerte, para ser jogado sem preparo e sem desejo. A parentalidade exige de nós, seres parentais (ou não), uma escolha pelo outro. Filho é aquele outro que plasma a vida.*

Como vimos, e não podemos negar ou negligenciar, *as internets são campos esquisitos, pouco conhecidos, inseguros, por vezes perigosos. As internets, assim como a vida física, precisam de regulação, de ordenação, de controle, pois, do modo como funciona, põe em risco a vida de nossos filhos e de nossas filhas.* Eu mostrei isso a vocês. Quem confunde, nesse caso, liberdade de expressão com a liberdade que tudo permite, incorre num sério problema: a vida sem *ética.* A vida antiética é bárbara, logo é violenta, e sempre que há violência, há sofrimento, há adoecimento, há desassossego e desespero. *Não há paz.*

Referências

Aaron Beck – Quem é o criador da Terapia Cognitivo Comportamental. *IPTC*, 16 set. 2020. Disponível em: https://iptc.net.br/aaron-beck/. Acesso em: 26 ago. 2025.

Abdulali, Sohaila. *Do que estamos falando quando falamos de estupro*. São Paulo: Vestígio, 2019.

Adichie, Chimamanda Ngozi. *Para educar crianças feministas*. São Paulo: Companhia das Letras, 2022.

Adolescência. *Netflix*. Disponível em: https://www.netflix.com/title/81756069. Acesso em: 18 ago. 2025.

Adolescente transgênero comete suicídio após bullying nos EUA. *G1*, 13 abr. 2015. Disponível em: https://tinyurl.com/y8yx8s49. Acesso em: 20 ago. 2025.

Agência Nacional de Vigilância Sanitária. Cigarro eletrônico: Dispositivos Eletrônicos para Fumar (DEFs). *Gov.br*. Disponível em: https://tinyurl.com/3rh28cep. Acesso em: 19 ago. 2025.

A minha alma (A paz que eu não quero seguir). Intérprete: O Rappa. Compositor: Marcelo Yuka. *In*: *Lado B Lado A*. Rio de Janeiro: Warner Music Brasil Ltda, 1999.

Andersen, Hans Christian. *O patinho feio*. São Paulo: Martins Fontes, 2004.

Aquele abraço. Intérprete: Gilberto Gil. Compositor: Gilberto Gil. São Paulo: Philips Records, 1969.

Aragão Neto, Carlos Henrique de. *Autolesão sem intenção suicida e sua relação com ideação suicida*. 2019. 174 f. Tese (Doutorado em Psicologia Clínica e Cultura) – Universidade de Brasília, Brasília-DF, 2019. Disponível em: https://tinyurl.com/yc4w9f4s. Acesso em: 7 ago. 2025.

Arendt, Hannah. *A condição humana*. Rio de Janeiro: Forense Universitária, 2000.

Ariès, Philippe. *História social da família e da criança*. São Paulo: Guanabara, 2000.

Aronson, Elliot. *O animal social*. São Paulo: Goya, 2023.

Axline, Virgínia. *Dibs em busca de si mesmo*. Rio de Janeiro: Agir, 1985.

Azambuja, Celso Candido de; Silva, Gabriel Ferreira da. Novos desafios para a educação na Era da Inteligência Artificial. *Filosofia Unisinos*, São Leopoldo, v. 25, n. 1, p. 1-16, 2024. Disponível em: https://revistas.unisinos.br/index.php/filosofia/article/view/27063. Acesso em: 4 jul. 2025.

Bachelard, Gaston. *A poética do espaço*. São Paulo: Martins Fontes, 2002.

Basile, Thais. *Atravessando o deserto emocional: os impactos de fazer parte de uma família emocionalmente adoecida*. São Paulo: Paidós, 2024.

Becker, Howard S. *Outsiders: estudo de sociologia do desvio*. Rio de Janeiro: Zahar, 2021.

Bento, Cida. *O pacto da branquitude*. São Paulo: Companhia das Letras, 2022.

Bluecast. *Internet e os adolescentes*. YouTube, 2024. Disponível em: https://www.youtube.com/watch?v=z7r7DJwIolI. Acesso em: 13 ago. 2025.

Bojunga, Lygia. *A bolsa amarela*. Rio de Janeiro: Casa Lygia Bojunga, 2011.

Bojunga, Lygia. *Tchau*. Rio de Janeiro: Casa Lygia Bojunga, 2024.

Bourdieu, Pierre. *A dominação masculina: a condição feminina e a violência simbólica*. Rio de Janeiro: Difel, 2024.

Brasil. Lei n.º 13.010, de 26 de junho de 2014. Altera a Lei n.º 8.069, de 13 de julho de 1990 (Estatuto da Criança e do Adolescente). Disponível em: https://tinyurl.com/2dwkjm9k. Acesso em: 12 ago. 2025.

Brasil. Lei n.º 14.344, de 24 de maio de 2022. Disponível em: https://tinyurl.com/yz8zhk42. Acesso em: 12 ago. 2025.

Brasil. Ministério da Educação. *Ataque às escolas no Brasil: análise do fenômeno e recomendações para a ação governamental*. Brasília, DF: MEC, 2023. Disponível em: https://tinyurl.com/53fvcswt. Acesso em: 18 ago. 2025.

Brasil. Ministério da Educação. O que muda no ensino médio a partir de 2025. *Gov.br*, 2 ago. 2024. Disponível em: https://tinyurl.com/bdf3595t. Acesso em: 20 ago. 2025.

Brasil. Ministério do Esporte. *Lei Geral de Proteção de Dados Pessoais (LGPD)*. Disponível em: https://tinyurl.com/eknx75kf. Acesso em: 27 ago. 2025.

Brasil. Senado Federal. *Relatório da Comissão Parlamentar de Inquérito - CPI dos maus-tratos*. Disponível em: https://www2.senado.leg.br/bdsf/handle/id/609813. Acesso em: 14 ago. 2025.

Brennand: ouça todos os episódios do podcast de UOL Prime. *UOL*, 12 jan. 2024. Disponível em: https://tinyurl.com/yb5cm4em. Acesso em: 13 ago. 2025.

Calvino, Italo. *Seis propostas para o próximo milênio*. São Paulo: Companhia das Letras, 2023.

Caminhos da Reportagem | Cicatrizes da tristeza. TV Brasil. Disponível em: https://tinyurl.com/2x57mpaj. Acesso em: 7 ago. 2025.

Canguilhem, Georges. *O normal e o patológico*. Rio de Janeiro: Gen e Forense Universitária, 2022.

Capra, Fritjof. *As conexões ocultas: ciência para uma vida sustentável*. São Paulo: Cultrix, 2005.

Carvalho, Jeziel. Violência contra a mulher cresceu na pandemia, indica pesquisa do DataSenado. *Agência Senado*, 13 dez. 2021. Disponível em: https://tinyurl.com/ymbwn9m9. Acesso em: 7 ago. 2025.

Castoriadis, Cornelius. *A instituição imaginária da sociedade*. São Paulo: Paz e Terra, 1983.

Coelho, Thomaz; Laforé, Bruno. Censo 2022: Homicídios, suicídios e acidentes são as principais causas de morte de jovens. *CNN Brasil*, 25 out. 2024. Disponível em: https://tinyurl.com/296mf48d. Acesso em: 13 ago. 2025.

Coringa. *Adoro cinema*. Disponível em: https://tinyurl.com/ujkm74ck. Acesso em: 13 ago. 2025.

Cronologia: massacre em Suzano. *G1*, 13 mar. 2019. Disponível em: https://tinyurl.com/yxwpwx2f. Acesso em: 18 ago. 2025.

Cyrulnik, Boris. *O murmúrio dos fantasmas*. São Paulo: Martins Fontes, 2005.

Cyrulnik, Boris. *Falar de amor à beira do abismo*. São Paulo: Martins Fortes, 2006.

Cyrulnik, Boris. *Psicoterapia de Deus*. Rio de Janeiro: Vozes, 2020.

Davis, Angela. *Mulheres, raça e classe*. São Paulo: Boitempo, 2016.

Desmurget, Michel. *A fábrica de cretinos digitais: os perigos das telas para nossas crianças*. São Paulo: Vestígio, 2023.

Documentário e Crítica Social I. *Bora Ocupar – Um documentário sobre as ocupações de escolas em Recife (2018)*. Direção e produção: Soraia de Carvalho. YouTube, 2020. Disponível em: https://tinyurl.com/2t2tjdzm. Acesso em: 20 ago. 2025.

Donzelot, Jacques. *A polícia das famílias*. São Paulo: Graal, 2012.

Dutra, Klauson. Estudante do colégio Mackenzie é internada após ser encontrada desacordada dentro da escola. *CBN*, 6 maio 2025. Disponível em: https://tinyurl.com/mszr4hub. Acesso em: 20 ago. 2025.

Eco, Umberto. *O nome da rosa*. Tradução de Aurora Fornoni Bernardini e Homero Freitas de Andrade. Rio de Janeiro: Nova Fronteira, 1983.

Engels, Friedrich. *A origem da família, da propriedade e do Estado*. Rio de Janeiro: Vivo Livros, 2024. p. 70.

Ex-funcionário diz que Thiago Brennand batia e dava choques no filho: 'Cara desumano'. *G1*, 5 mar. 2023. Disponível em: https://tinyurl.com/bdfm884y. Acesso em: 13 ago. 2025.

Fahrenheit 11 de setembro. Direção: Michael Moore. EUA: 2004. DVD.

Fanon, Frantz. *Os condenados da Terra*. Rio de Janeiro: Zahar, 2022.

Ferreira, Hugo Monteiro. A infância e a inteligência: o projeto ficcional de Monteiro Lobato. *Intersemiose*, a. 3, n. 6, 2014. Disponível em: https://tinyurl.com/ym6sscm2. Acesso em: 20 ago. 2025.

Ferreira, Hugo Monteiro. *A costureira da rua quinze*. Rio de Janeiro: Confraria do vento, 2021.

Ferreira, Hugo Monteiro (Org.). *Infâncias, adolescências e juventudes*. Curitiba: CRV, 2021.

Ferreira, Hugo Monteiro. *A geração do quarto: quando crianças e adolescentes nos ensinam a amar*. Rio de Janeiro: Record, 2022.

Ferreira, Hugo Monteiro. *Benedito*. São Paulo: Paulinas, 2022.

Ferreira, Hugo Monteiro. *Antônio*. Belo Horizonte: Yellowfante, 2024.

Ferreira, Hugo Monteiro. *Emílio ou quando se nasce com um vulcão ao lado*. Rio de Janeiro: Escrita Fina, 2013.

Filgate, Michele (Org.). As conversas que nunca tive com a minha mãe. *In*: *As conversas que nunca tive com a minha mãe: histórias reais*. São Paulo: Vestígio, 2023.

Foucault, Michel. *Vigiar e punir*: nascimento da prisão. Petrópolis, RJ: Vozes, 2014.

Foucault, Michel. *Microfísica do poder*. Rio de Janeiro/São Paulo: Paz e Terra, 2023.

Fundação de Atendimento Socioeducativo Governo do Estado de Pernambuco. Disponível em: https://www.funase.pe.gov.br/. Acesso em: 11 ago. 2025.

Galeano, Eduardo. A função da arte 1. In: Galeano, Eduardo. *O livro dos abraços*. Porto Alegre: L&PM, 2015.

Gibson, Lindsay C. *Filhos adultos de pais emocionalmente imaturos: como se curar de pais que rejeitam ou que são distantes e egoístas*. São Paulo: Inverso, 2021.

Glasgow, Kathleen. *Garota em pedaços*. Rio de Janeiro: Verus, 2023.

Gottlieb, Lori. *Talvez você deva conversar com alguém: uma terapeuta, o terapeuta dela e a vida de todos nós*. São Paulo: Vestígio, 2022.

Greta Thunberg. *Brasil Escola*, [s.d.]. Disponível em: https://tinyurl.com/3r38zfxs. Acesso em: 20 ago. 2025.

Groppo, Luís Antonio. A condição juvenil e as revoltas dos subúrbios na França. *Política e Sociedade*, v. 5, n. 8, 2006. Disponível em: https://tinyurl.com/2s7ej9h3. Acesso em: 7 ago. 2025.

Hanauer, Cathi. O tutor da minha mãe. *In*: Filgate, Michele (Org.). *As conversas que nunca tive com a minha mãe: histórias reais*. São Paulo: Vestígio, 2023.

Harris, Nadine Burke. *Mal profundo: como nosso corpo é afetado pelos traumas da infância e o que fazer para romper com este ciclo*. Rio de Janeiro: Record, 2019.

Hofmann, Stefan G. *Emoção em terapia: da ciência à prática*. Porto Alegre: ArtMed, 2024.

Honório, Gustavo; Acayaba, Cíntia. 15 mil crianças e jovens foram assassinados no Brasil em 3 anos; adolescente negro tem 4,4 vezes mais chance de ser morto do que branco. *G1*, 13 ago. 2024. Disponível em: https://tinyurl.com/42nsm5zb. Acesso em: 20 ago. 2025.

hooks, bell. *Tudo sobre o amor: novas perspectivas*. Tradução de Stephanie Borges. São Paulo: Elefante, 2021.

Houzel-Herculano, Suzana. *O cérebro do adolescente: a neurociência da transformação da criança em adulto*. Rio de Janeiro: Edição da Autora, 2015.

Huizinga, Johan. *Homo Ludens: o jogo como elemento de cultura*. São Paulo: Perspectiva, 2021.

IBGE constata aumento recorde de divórcios no Brasil. *Jornal da USP*, 4 jun. 2024. Disponível em: https://tinyurl.com/57mxxnas. Acesso em: 5 ago. 2025.

Iorc, Tiago. Tiago Iorc – Masculinidade. YouTube, 11 nov. 2021. Disponível em: https://tinyurl.com/jpk63w63. Acesso em: 19 ago. 2025.

Jha, Sonora. *Como educar um filho feminista: maternidade, masculinidade e a criação de uma família*. Rio de Janeiro: Agir, 2021.

Buarque, Chico. Jorge Maravilha. In: Sinal Fechado. Disponível em: https://www.letras.mus.br/chico-buarque/45141/. Acesso em: 19 ago. 2025.

Kapinawa. *In*: *Povos indígenas no Brasil*. Disponível em: https://pib.socioambiental.org/pt/Povo:Kapinawa. Acesso em: 12 ago. 2025.

Korczak, Janusz. *Quando eu voltar a ser criança*. São Paulo: Summus, 2020.

Klebold, Sue. *O acerto de contas de uma mãe: a vida após a tragédia de Columbine*. Rio de Janeiro: Verus Editora, 2016.

Lacombe, Milly; Oliveira, Paola Lins de. *Feminismo para não feministas: como o machismo machuca todo mundo*. São Paulo: Planeta, 2024.

Leahy, Robert L. *Não acredite em tudo o que você sente: identifique seus esquemas emocionais e liberte-se da ansiedade e da depressão*. Porto Alegre: ArtMed, 2021.

Lembke, Anna. *Nação dopamina*. São Paulo: Vestígio, 2024.

Leta, Thamine. Leia a íntegra da carta do atirador que invadiu escola no RJ. *G1*, 7 abr. 2011. Disponível em: https://tinyurl.com/5n7h84h9. Acesso em: 18 ago. 2025.

Lima, Wedja Maria de Jesus de. *O clima escolar e a transdisciplinaridade: prática pedagógica docente no enfrentamento ao bullying na escola*. Dissertação (Mestrado em Educação, Culturas e Identidades) – Universidade Federal Rural de Pernambuco, Recife, 2020. Disponível em: https://tinyurl.com/yc5u4r48. Acesso em: 21 ago. 2025.

Lima-Santos, André Villela de Souza; Santos, Manoel Antônio dos. *Incels* e misoginia on-line em tempos de cultura digital. *Estudos e Pesquisas em Psicologia*, v. 3, 2022. Disponível em: https://tinyurl.com/bde5haup. Acesso em: 18 ago. 2025.

Louis, Édouard. *O fim de Eddy*. São Paulo, TusQuets, 2017.

Louis, Édouard. *História da violência*. São Paulo: TusQuets, 2020.

Machado, Alexsandro dos Santos; Monteiro, Hugo. A intuição como fundamento do ensino das artes em tempos de revisão paradigmática. *Revista Digital do LAV*, v. 8, n. 2, p. 118-142, 2015. Disponível em: https://tinyurl.com/yrkhv9x2. Acesso em: 26 ago. 2025.

Maffesoli, Michel. *Elogio da razão sensível*. Rio de Janeiro: Vozes, 1998.

Maffesoli, Michel. *A parte do diabo: resumo da subversão pós-moderna*. São Paulo: Record, 2004.

Marie Claire Brasil. *Chimamanda responde como educar crianças feministas*. YouTube, 2019. Disponível em: https://tinyurl.com/mva9rwux. Acesso em: 18 ago. 2025.

Martins, Georgina da Costa. *O menino que brincava de ser*. São Paulo: DCL, 2000.

Martins, Marcelo. Maioria dos casos de violência contra crianças no Brasil ocorrem no ambiente doméstico. *ChildFund Brasil*, 23 dez. 2024. Disponível em: https://tinyurl.com/5b6jmfxh. Acesso em: 19 ago. 2025.

Mendes, Letícia. Maior parte das crianças assassinadas no RS na última década foi morta dentro de casa e pelos próprios pais. *GZH*, 8 abr. 2025. Disponível em: https://tinyurl.com/3xw2r7v4. Acesso em: 12 ago. 2025.

Ministério dos Direitos Humanos e da Cidadania. 81% dos casos de violência contra crianças e adolescentes ocorrem dentro de casa. *Gov.br*, 1 nov. 2022. Disponível em: https://tinyurl.com/yc8chtvd. Acesso em: 11 ago. 2025.

Miséria. Intérprete: Titãs. Compositores: Arnaldo Antunes, Paulo Miklos e Sérgio Britto. *In*: *Ô Blésq Blom*. Rio de Janeiro: Warner Music Brasil, 1984.

Moraes, Kethlyn; Garcia, Ianara. Justiça solta adolescente que matou amiga com um tiro em condomínio de luxo em Cuiabá. *G1*, 8 jun. 2022. Disponível em: https://tinyurl.com/5n98pn5h. Acesso em: 11 ago. 2025.

Morin, Edgar. O método 3. *O conhecimento do conhecimento*. 2. ed. Tradução de Juremir Machado Silva. Porto Alegre: Sulina, 1999.

Morin, Edgar *et al. Educar na era planetária: o pensamento complexo como método de aprendizagem pelo erro e pela incerteza humana*. São Paulo: Cortez, 2007.

MPPI realiza mesa de diálogo sobre série "13 Reasons Why" e o desafio de "Baleia azul". *MPPI*, 11 maio 2017. Disponível em: https://tinyurl.com/24yvvf5n. Acesso em: 7 ago. 2025.

Nunes, Erica Gonçalves. *Trajetórias de meninas na Funase: suas emoções, a medida socioeducativa de internação, a educação socioemocional*. Dissertação (Mestrado em Educação, Culturas e Identidades) – Universidade Federal Rural de Pernambuco, Recife, 2025. Disponível em: https://tinyurl.com/5ct3rjk5. Acesso em: 11 ago. 2025.

ONU. Afeganistão: 1,4 milhão de meninas foram proibidas de ir à escola desde 2021. *ONU News*, 15 ago. 2024. Disponível em: https://tinyurl.com/3742mz7v. Acesso em: 20 ago. 2025.

ONU Mulheres; Rede Brasil do Pacto Normal. *Princípios de empoderamento das mulheres*. Brasília, DF: ONU Mulheres Brasil; Rede Brasil do Pacto Global, 2017. Disponível em: https://tinyurl.com/bdfrr7xr. Acesso em: 19 ago. 2025.

Palahniuk, Chuck. *Clube da luta*. São Paulo: Leya, 2012.

Perrenoud, Philippe. *Ensinar: agir na urgência, decidir na incerteza. Saberes e competências em uma profissão complexa*. Porto Alegre: Artmed, 2001.

Perry, Philippa. *O livro que você gostaria que seus pais tivessem lido (e seus filhos ficarão gratos por você ler)*. São Paulo: Fontanar, 2020.

PMs mataram oito moradores de rua, entre eles seis menores, na Candelária. *Acervo O Globo*, 2 set. 2013. Disponível em: https://tinyurl.com/4fe68zxr. Acesso em: 13 ago. 2025.

Por enquanto. Intérprete: Legião Urbana. Compositor: Renato Russo. *In*: Legião Urbana. Rio de Janeiro: Music Brasil Ltda, 1985.

Porvir lança guia especial para contribuir com escolas no combate ao extremismo. *Porvir*, 7 nov. 2023. Disponível em: https://tinyurl.com/2kkjstfy. Acesso em: 14 ago. 2025.

Praser, Anna Luisa. No Brasil, 11 milhões de mulheres criam sozinhas os filhos. *Agência Brasil*, 17 ago. 2023. Disponível em: https://tinyurl.com/mwajbxa2. Acesso em: 20 ago. 2025.

Profissão Repórter. "A 25 de março está tomada de cigarro eletrônico": vídeos mostram as vendas no comércio popular. *G1*, 20 dez. 2023. Disponível em: https://tinyurl.com/39rtvbpv. Acesso em: 19 ago. 2025.

Quase 400 milhões de crianças em todo o mundo sofrem violência em casa como parte da criação, aponta UNICEF. *Unicef Brasil*, 11 jun. 2024. Disponível em: https://tinyurl.com/yc7n39nv. Acesso em: 11 ago. 2025.

Queiroz, Nana. *Os meninos são a cura do machismo: como educar crianças para que vivam uma masculinidade da qual nos orgulhemos*. Rio de Janeiro: Record, 2021.

Rede sem lei: no Discord, criminosos violentam e humilham meninas menores de idade. *Globoplay*. Disponível em: https://tinyurl.com/yh33k6z8. Acesso em: 13 ago. 2025.

Red Pill to Black Pill. *New America*. Disponível em: https://tinyurl.com/3zekwmv9. Acesso em: 15 set. 2025.

Reinach, Sofia; Barros, Betina Warmling. O aumento da violência contra crianças e adolescentes no Brasil em 2022. *In*: FÓRUM BRASILEIRO DE SEGURANÇA PÚBLICA. *17º Anuário Brasileiro de Segurança Pública*. São Paulo: Fórum Brasileiro de Segurança Pública, p. 188-203, 2023. Disponível em: https://forumseguranca.org.br/wp-content/uploads/2023/07/anuario-2023.pdf. Acesso em: 11 ago. 2025.

Rich, Michael; Tsappis, Michael; Kavanaugh, Jill R. Uso problemático de mídias interativas entre crianças e adolescentes: dependência, compulsão ou síndrome? *In*: Young, Kimberly S.; Abreu, Cristiano Nabuco (Orgs.). *Dependência de internet em crianças e adolescentes*. Porto Alegre: ArtMed, 2019.

Rios, Clarice. "Nada sobre nós, sem nós?" O corpo na construção do sujeito social e politico. *Sexualidad Salud y Sociedad*, Rio de Janeiro, v. 25, n. 25, p. 212-230, 2017. Disponível em: https://tinyurl.com/yv7ncxy2. Acesso em: 20 ago. 2025.

Rogers, Carl. *Tornar-se pessoa*. São Paulo: Martins Fontes, 2009.

Sapphire. *Preciosa: romance*. Rio de Janeiro: Record, 2010.

Sempre um papo. Disponível em: https://sempreumpapo.com.br/. Acesso em: 13 ago. 2025.

Siegel, Daniel. *Cérebro adolescente: o grande potencial, a coragem, a criatividade da mente dos 12 aos 24 anos*. Curitiba: Inverso, 2015.

Solomon, Andrew. *Longe da árvore: pais, filhos e a busca da identidade*. São Paulo: Companhia das Letras, 2013.

Speranza, Marina. *Educar meninos não é frescura: reflexões sobre gênero para famílias e educadores*. São Paulo: UICLAP, 2024.

Suleyman, Mustafa; Bhaskar, Michael. *A próxima onda: inteligência artificial, poder e o maior dilema do século XXI*. Rio de Janeiro: Record, 2024.

Tiros em Suzano: 10 casos de massacres em escolas que chocaram o mundo. *BBC News Brasil*, 13 mar. 2019. Disponível em: https://tinyurl.com/35dhezs7. Acesso em: 13 ago. 2025.

Tomassi, Rolo. *Macho racional: masculinidade positiva*. São Paulo, 2021.

Tribunal de Justiça do Rio Grande do Sul. Caso Bernardo. *TJRS*, [s.d.]. Disponível em: https://www.tjrs.jus.br/novo/caso-bernardo/. Acesso em: 12 ago. 2025.

Tudo sobre [caso Isabella Nardoni]. *G1*. Disponível em: https://g1.globo.com/tudo-sobre/isabella-nardoni/. Acesso em: 12 ago. 2025.

TV Cultura. *Clima de risco*. YouTube, 2025. Disponível em: https://tinyurl.com/bd9xtvfa. Acesso em: 20 ago. 2025.

Van Der Kolk, Bessel. *O corpo guarda as marcas: cérebro, mente e corpo na cura do trauma*. Rio de Janeiro: Sextante, 2020.

Vice Brasil. *São Paulo: Educação ocupada*. São Paulo: YouTube, 2015. Disponível em: https://tinyurl.com/ykbhdzw7. Acesso em: 20 ago. 2025.

Yousafzai, Malala. *Eu sou Malala*. São Paulo: Companhia das Letras, 2009.

Wanderlei, Maria Luiza de Oliveira. *Bullying e crianças: da escola para casa e de casa para a escola*. Dissertação (Mestrado em Educação, Culturas e Identidades) – Universidade Federal Rural de Pernambuco, Recife, 2019. Disponível em: https://tinyurl.com/5avfs3su. Acesso em: 11 ago. 2025.

Winnicott, Donald. *O brincar e a realidade*. São Paulo: Ubu, 2019.

Who remains firmly committed to the principles set out in the preamble to the Constitution. *World health organization*. Disponível em: https://tinyurl.com/yd2846h6. Acesso em: 5 ago. 2025.

Wolynn, Mark. *Não começou com você: como o trauma familiar herdado nos define e como dar um fim a esse ciclo*. Rio de Janeiro: Alta Books, 2023.

Zsa Zsa, Paulo. *Aconteceu com a minha filha: uma história real sobre os abismos sombrios da internet*. São Paulo: Geração Editorial, 2025.

Agradecimentos

Não se faz um livro sem que se tenha muito a agradecer, sendo assim, digo obrigado: ao Afonso Borges, que me apresentou Rejane Dias, esta que quis, desde o início, editar *Agora o meu chão são as nuvens*; à Rejane Dias, por tudo e mais um tanto, por entender de livros, por fazer da leitura sua canção; à Josete e à Clara, as minhas primeiras leitoras, vocês foram pacientes, atentas, incentivadoras, sem vocês, nada de mim; à Bebel Soares, autora da orelha deste livro, amiga que me ensina desde sempre; à Josete, outra vez e continuamente, prefaciadora desta obra, professora, pesquisadora, cuidadosa, preocupada com a vida humana, com o bem das pessoas; à Marília, à Luciana, à Adriely e ao Cláudio, vocês leram os originais, me disseram tantas palavras boas de ouvir, me fizeram acreditar ainda mais no que eu havia escrito; às pessoas que se dispuseram a conceder entrevistas, depoimentos, a compartilhar experiências, a me dizerem seus sentimentos, suas emoções; à Alexandra, à Fernanda, à Isabel, à Christiane, porque sempre me querem por perto e me acolhem; à Ju, porque cuida de mim, porque quer meu bem; ao Charles, que acha que sou melhor do que sou; à Cecília Castro, preparadora/revisora deste livro; à Andréa Avelar, minha irmã lusitana; à Maria José de Sena, minha amiga querida, sempre comigo; ao Humberto Miranda, meu querido amigo; à Marina Oliveira, à Gabi Mora, à Rede Pode Falar; ao Rodrigo Lacerda, porque me abriu tantas portas; às famílias e às escolas, que querem me ouvir.

Este livro foi composto com tipografia Adobe Garamond Pro e
impresso em papel Off-White 70 g/m² na Formato Artes Gráficas.